田纳西·威廉斯回忆录

北京上河卓远文化传播有限公司　出品

上河·文化生活译丛＊主编 陶东风　副主编 郑以然

田纳西·威廉斯回忆录

〔美〕田纳西·威廉斯 著 冯倩珠 译

图书在版编目（CIP）数据

田纳西·威廉斯回忆录 /（美）田纳西·威廉斯著；
冯倩珠译 . —郑州：河南大学出版社，2018.8
（文化生活译丛）
ISBN 978-7-5649-3445-3

Ⅰ . ①田… Ⅱ . ①田… ②冯… Ⅲ . ①威廉斯（
Williams, Tennessee 1914–1983）– 回忆录 Ⅳ .
① K837.125.6

中国版本图书馆 CIP 数据核字（2018）第 186043 号

豫著许可备字 - 2015-A-00000377

田纳西·威廉斯回忆录

著　　者　［美］田纳西·威廉斯
译　　者　冯倩珠
责任编辑　蒋海涛　侯若愚
责任校对　杨全强
封面设计　周伟伟

出　版　河南大学出版社
地址：郑州市郑东新区商务外环中华大厦2401号　邮编：450046
电话：0371–86059701（营销部）　网址：www. hupress.com
制　作　北京大观世纪文化传媒有限公司
印　刷　河南瑞之光印刷股份有限公司
版　次　2018年9月第1版　　印　次　2018年9月第1次印刷
开　本　889mm × 1194mm　1/32　　印　张　10.25
字　数　230千字　　定　价　45.00元

目录

引言　威廉斯先生拯救了我的生命

约翰·沃特斯

田纳西·威廉斯拯救了我的生命。十二岁的我生活在巴尔的摩市郊，当时我常在图书馆的卡片目录中查找他的名字，而他名字下方会写着“请咨询馆员”。我想得到这些“请咨询馆员”的书——我想即刻得到它们——然而在五十年代末的当时（遗憾地说，甚至时至今日），像我一样的乖戾少年绝无可能弄到这样一本书。但我很快便发现，“请咨询馆员”的书籍都放在柜台后一个特别的架子上。于是等那位和善的馆员去帮助“正常”小孩们做读书报告的时候，我就溜到借书柜台后头，偷走了生平第一本想据为己有的书。封面挑战禁忌，书名为《一只手臂》（*One Arm*），这是田纳西·威廉斯的一部短篇小说集。后来我发现，在1954年由新方向出版公司发行精装版之前，这本书只有一种价格不菲的限量版本，在“特定”书店的柜台里才有售。而那时，它是我的了。

当然，我早已知道田纳西·威廉斯是谁。他是个坏人，因为天主教主日学校的修女告诉过我们，如果我们看了那部他写的电影《娃娃新娘》（*Baby Doll*）就会下地狱——那部做了大规模广告宣传，有卡罗尔·贝克躺在栅栏小床里吮吸拇指的镜头，让枢机主教斯贝尔曼在全国大加声讨的电影。我无数次从《巴尔的摩太阳报》上剪下同样的电影广告，将它们贴在私密的剪贴簿里。我打算在幻想中日后要开的色情影院里，一遍又一遍地播放这部电影，它还在我父母的邻里间引起了一阵流言蜚语。

是的，田纳西·威廉斯是我的童年挚友。我渴望受到不良的影响，而田纳西不正是不良影响的最佳代表吗——欢乐，惊人，性别错乱，危险而有趣。我在《一只手臂》里读到《欲望与黑人按摩师》(*Desire and the Black Masseur*)，不太明白它的含义，当时我希望自己有一天会理解它。读完这本书后，我真正了解到的一件事情是，我不必听从老师告诉我们的那些有关社会准则的谎言。我不必非得融入本不愿与之厮混的人群。没错，田纳西·威廉斯知道另一个世界——一个充满了特别之人的宇宙，这些人不想成为墨守成规的沉闷生活的一部分，而我曾被告知必须进入这样的生活。

几年后，田纳西·威廉斯再次拯救了我的生命。第一次走进同性恋酒吧的那年，我十七岁。那家酒吧名叫“小窝”，在华盛顿特区。有人管它叫“小鸡窝”，那里头满是六十年代早期身穿蓬松毛衣的同性恋，他们用酒吧提供的电话一桌桌互相打电话，借此猎艳寻欢。“我可能是同性恋，但我不是这类人。”我记得自己当时是这么想的。那时候我依然读着田纳西·威廉斯所写的各种文字，我知道他会理解我两难的处境。即便如此，田纳西对待同性恋的态度似乎从来就“不正确”，性别不明与性别错乱在他的作品中总是表现得引人入胜又激动人心。据说他曾宣称：“我的同类并不知道我是谁。”即使他笔下人物的性生活不全是健康的，这些人物却着实显得神采奕奕。田纳西·威廉斯未曾融入他所在的少数派群体，所以我也有信心这么做。同性恋不代表一切。

不过，同性恋是个好的开端。“我出柜的时间很晚，并且当我这么做时引起了巨大轰动。”田纳西 1972 年在他的回忆录中这样写道。同年我的电影《粉红色火烈鸟》(*Pink Flamingos*) 在巴尔的摩全球首映。当我首度在全国臭名远扬之时，田纳西正竭力完成《双人剧》(*The Two Character Play*) 的最终版本，他还走上自己的新剧《小船警报》(*Small Craft Warnings*) 的舞台，戏后回答那些外百老汇 [1] 观众的提问，以推动该剧持续上演，此举吓坏了戏剧纯化论者。我从未觉得我的英雄这一行为有何不妥，甚至还试图效法，在我们的污秽史诗 [2] 午夜公映时，我亲自介绍了主演“圣女”(Divine)。“我从来就别无选择，只能写作。”田纳西当时这样回忆道。他始终是我的守护神。我密切关注着他的写作事业。

为什么他的回忆录在 1975 年出版时遭到那样苛刻的批评？“以往难以启齿的那种爱情，现在却喊到嗓子都哑了。”罗伯特·布鲁斯汀在《纽约时报》上写道。如今已鲜有评论家会如此公然发表恐同言论，但田纳西确实喜欢挑衅他的敌人。“他们给了我 50000 美金的预付款。”他说起这本书，“我以为书出版时我已经死了。”他也更为坦然地承认:“我自然可以用整本书讨论戏剧艺术，但那样不会很无聊吗？”这本书当然绝不无聊，它的出版引起了轰动。实际上，田纳西在曼哈顿的道布尔迪书店现身、签售了 800 多本书的那一天后来被称为“第五大道书店暴乱”。

我对田纳西·威廉斯“劣作”的喜爱程度，也许毫不逊于他的

---

[1] 外百老汇指处于纽约曼哈顿百老汇剧院区外的中小型剧院，座位数在 100 至 499 座之间。在外百老汇上演剧目成本较百老汇为低，因此演出更具多元性和实验性。——本书注释均为译注，以下不再注明。

[2] 指《粉红色火烈鸟》。

“佳作”。今年发行了一套田纳西·威廉斯电影的盒装DVD，其中包含他所有最受好评的作品：《欲望号街车》《热铁皮屋顶上的猫》《可爱的青春小鸟》《鬣蜥之夜》和《罗马之春》。而我想要一套盒装的田纳西·威廉斯“劣作”：《富贵浮云》（*Boom*）（史上最失败的艺术电影），由约瑟夫·罗西执导，伊丽莎白·泰勒饰演主角茜茜·戈福思——世上最富有的女人，理查德·伯顿饰演“死亡天使”；《血亲》（*Last of the Mobile Hotshots*）（《默特尔的七次降落》，*The Seven Descents of Myrtle* 的电影版）；娜塔莉·伍德出演的《蓬门碧玉红颜泪》（*This Property Is Condemned*）；甚至《黑与白》（*Noir et Blanc*）——1986年由克莱雷·德韦尔导演的电影版《欲望与黑人按摩师》。田纳西·威廉斯的“劣作”要比同时期大部分的“佳作”更好。

田纳西写回忆录时是疯了，还是喝了酒神志恍惚？如果他原先的经纪人奥德丽·伍德（在1971年遗憾地与之解约）仍在帮他打理事业，会允许他出版这本书吗？“从1955年的夏天开始，我写作时时常依赖外界的刺激物。”他坦言，而后又补充说，“当然真正的刺激，来自深植于心的持续写作的需求。”田纳西是否真的从被他称作“麻醉时代”的六十年代中走出来了？“了解我不等于爱我。”他这么认为。他回忆起相恋多年的男友弗兰克·梅洛因肺癌故世后，他陷入的“七年抑郁”。“我这就要倒了。”田纳西对那些年所有在他身边的人这样宣告，“而几乎没有人，没有一个人扶住我。”

田纳西突如其来的冷静发言常令人吃惊。“我从未怀疑过上帝的存在。”他清醒地写道，而后又承认自己“不信死后世界”。他审慎的乐观态度似乎总能扭转败局。“早晨，我是如此爱早晨！”他兴奋地庆祝“它们战胜夜晚”。自伤自怜？从未有过。“我度过的是美妙又可怕的一生，我不会为自己哭泣——你会吗？”应该不会。

“人有没有可能三十多岁就成了老淫棍？”田纳西在这本书中写道。他忆起自己相当活跃的性生活——这种性生活在现今的回忆录里较多见，在当时则是很罕见的。“老兄，这个人是你的。”每当及时行乐的对象出现，他就这么告诉自己。不过他似乎对安全性行为态度明确，虽然当时艾滋病尚未出现。他建议避免与男妓性交，“因为他们很可能都染有淋病”。他或许是唯一写到过 A-200 的普利策奖得主，那是一种用来除阴虱的产品。当然，他有取舍的标准。有一晚一名年轻水手在同性恋酒吧偷偷跟他说：“今晚我觉得自己能征服一条蛇。”田纳西的回应是：“我很骄傲自己告诉他那就去抓一条蛇吧。”

田纳西也常恋爱。“我的心脏也很奇怪，”他如实叙述，“有时候它好像会在折磨中成长。”还有哪一部回忆录将“寂寞”一词列入索引？麻省的普罗温斯敦——坐落于科德角顶端的这座美丽海滨小镇，似乎浪漫地挖掘出他最好的一面。他不仅在那里遇到两个最好的男友（以及塔卢拉·班克黑德），“我总是指望陌生人的慈悲”这句台词也是他在当地一间小屋避暑时写下的。我对普罗温斯敦有相同的感觉。我在 1964 年搭便车去那里旅行，只因为有人告诉我，“那是个怪地方。”天啊，此话不假。那里也是个同性恋圣地，不过它和别处不同。“我可能是同性恋，但我是这类同性恋。”我当时这么想。我曾有四十三个夏天前往普罗温斯敦，每次经过杰克船长码头或“大西洋之家”的“小酒吧”——田纳西幸运地坠入爱河的两个地方——我便在精神上顶礼膜拜。

田纳西懂得如何以他的名声作乐，他似乎认识我所有的偶像：

简·鲍尔斯、鲁西诺·维斯康蒂、让·马莱、约翰尼·雷、三岛由纪夫。让－保罗·萨特爽过田纳西的约又如何——反正我敢说和萨特见面也不会愉快。田纳西曾帮助威廉·英奇戒酒（瞎子给瞎子指路？），他努力理解挚友玛丽亚·圣贾斯特的夸大妄想症，玛丽亚是史上最难相处的女人之一。在这本书中，连杜鲁门·卡波特都讨人喜欢。不同于杜鲁门，田纳西从不把上流社会那么当回事。他曾与新奥尔良街头的同性恋以及基韦斯特的男妓厮混，后来安迪·沃霍尔的超级明星坎迪·达琳[1]也成了他的好友。他为了写作孤立自己，远离纽约和洛杉矶。每当他心感恐慌，旅行似乎就是解决之道。“我当时在社会中的地位，”田纳西回忆道，“可能也是我在那以后的地位，就是活在波希米亚群体中。”

假设田纳西·威廉斯活了下来，那个可能是用来装药的药瓶盖假如没有噎住他的呼吸道，又会发生什么事呢？他会像爱德华·阿尔比一样迎来事业的第二春吗？还是会因为艾滋病盛行、摧毁许多年轻的新朋友而越加绝望与崩溃？当他得知这一情形，每次艳遇后必定会悸悸不安。不过他会不会像我如今在巴尔的摩见到的一些年长的同性恋一样，在往昔可召男妓的酒吧里等待艳遇，就算明知不会发生？田纳西会和保罗·莫里西合作吗？“我希望他能把我的一篇短篇小说拍成电影。”田纳西这样写。谁知道呢——或许这两个独行其是的人能像道格拉斯·瑟克与法斯宾德一样改造彼此。最重要的是，田纳西会不会真的跌到谷底，从而彻底清醒？他戒了酒，是否还能够一如既往地想出戏剧史上最好的剧名来？虽然滥用药物，田纳西看起来精神矍铄，容颜依旧明朗英俊。但他会不会年近

[1] 坎迪·达琳（1944—1974），美国著名变性人演员。

八十去做面部拉皮而毁了这一切？有没有什么人救得了田纳西？评论家？戏迷？男妓？我们这些读者？有一件事是肯定的，那就是说好话毫无作用。“别人对我说起‘天才’时，”他戏谑地写道，“我会摸摸内兜，看看钱包还在不在。”

我从未同田纳西·威廉斯见面，只有一次在基韦斯特的“码头之家”餐厅看到他，当时他被仰慕者环绕，模样微醺，我认为那或许并非认识彼此的恰当时机。读《田纳西·威廉斯回忆录》当属仅次于见面的美事了——这如同与田纳西在某个美好的夜晚喝上几杯，他对你述说他的奇闻轶事。聆听他的故事也可以拯救你的生命。

2006 年 5 月

序

前不久，我恰好在康涅狄格州的纽黑文市参加一部戏的首演，这场演出被煞有介事地宣传为一场“戏剧冒险”的“全球首演”，戏码叫作《呐喊》(*Out Cry*)，在这本书中我会不时提到它。《呐喊》毅然在 1973 年年初迎来了自己的舞台首秀，诞生于百老汇舒伯特剧院那个宏大古老的产房。

我想读者或许知道，纽黑文出名的不仅有舒伯特剧院，它也是最大的常春藤盟校之一——耶鲁大学的所在地。

在此我无意谈论自己当时的精神和身体状况，只是想说我那会儿得了伦敦流感或者称香港流感，正慢慢腾腾地恢复，同时又受到精神病症的困扰。这种病症的名字源于“潘”，而又不叫“彼得”[1]。

请别介意我强作幽默，这是老同性恋和老编剧极其可怜的特点。刮一刮老编剧的厚脸皮，你会发现能在脸皮上留下印痕的，唯有钻石锋利的边缘，以及某个晚夏午后空气中的点点蒲公英飞絮。

[1] 指恐慌症。恐慌症（panic）一词源于希腊神话中的牧神潘（Pan）。

话说回来——我的剧中人物常这么说，我受邀在前述那场戏剧冒险“全球首演”的前一天下午，出现在一群耶鲁大学戏剧系学生面前。我记得舒伯特剧院楼上楼下有许多座位，还记得很大一部分座位即便在一场“全球首演”时都可能空着。我想到，如果让耶鲁学生觉得这部戏吸引人，也许能铤而走险，将一些当晚无人预订的座位从可怕空虚的深渊中抢救出来。

我已经介绍了接下来这件事的地理、社会、身体及精神背景，现在让我们进入正题。

我获邀与耶鲁戏剧系的学生进行一场座谈会。这场座谈会是由耶鲁大学剧场艺术学系亲切的系主任安排的。我（穿过一道标示着“出口”的门）走进一座比舒伯特剧院小很多的礼堂，而里面的听众相对更少。我想大概只有五十来个人，再加上第一排一位男学生腿上趴着的一只大黑狗。我的座位是一把折叠椅，前面摆了一张折叠桌，桌上放了个大玻璃杯，里面装的看起来像是白开水，我很快便知，的确是白开水。再看眼前那一张张年轻的脸庞，我从标着“出口”的侧门走进礼堂时，他们清一色地面无表情，没有流露任何情绪。实际上，唯一真正表现出兴趣的，只有那只狗。

我不擅掩饰心情，没过多久，我就放弃了所有伪装，真切地感到沮丧。我说着话。我讲着那些陈年老笑话，听起来像是一个贫乏无望的鲍勃·霍普[1]在战败的营地里讲笑话。我感觉自己在折叠椅里越陷越深，这种颓靡的姿态，加上我喘着粗气，抽着鼻子，又一阵咳嗽，促使本就不多的听众又有几位起身退席，在我心中激起

[1] 鲍勃·霍普（1903—2003），美国喜剧演员，第二次世界大战中及战后曾多次作慰问军队的演出。

了不祥的预感。但我听自己继续说着话，只是不再讲老笑话了。我听见自己述说最近在曼哈顿广场饭店的橡木屋酒吧与一位编剧同仁相遇之事。我告诉他们，这次相遇于他于我皆属偶然，他正是我的老友戈尔·维达尔[1]，我热情地拥抱了他。然而，仅一次友好的拥抱并不能使维达尔先生卸下武装，他寒暄中问了几句《呐喊》排演进展，我告诉他，两位演员迈克尔·约克、卡拉·达夫－麦考密克，导演彼得·格伦维尔，制作人大卫·梅里克，他们似乎让美梦成真了，在以往的多次噩梦之后。他带着一种遗憾的仁慈对我笑笑说："我说，伙计，恐怕没多大用处的，你的私生活声名狼藉，再也没什么东西能真正帮助你了。"

说到此处，我看见眼前一张张年轻的脸庞头一次闪现出一丝兴趣。引起兴趣的可能是"维达尔"一词的魔力，也可能是他对我职业走到末路的预言。反正，在愈发减少的听众当中，站起来一位学戏剧的年轻女学生，她问我，戈尔如此评价我的事业在美国的现况，我是否认可。

我沉默地朝她看了一会儿，思忖自己是否真的这样认为，对于这个问题我得不出任何结论。

我的眼光从她脸上移向第一排那位腿上趴着大黑狗的年轻人。

我一向用笑声取代哀叹，而假如找不出有用的方式取代哭泣，我便和哀叹时笑得同样响亮。我的笑声通常长度和响度都会过头一些。这次我缩短了假笑的时间，对这位年轻女士说："问那只狗吧。"

---

[1] 戈尔·维达尔（1925—2012），美国小说家、剧作家、散文家。

事实上，我不知道自己的戏剧工作能否在这个国家再次获得令人信服的好评，对此我并不比那只狗所知更多。

我发现自己身处这种窘境，却并未心生怨恨，也没有惊慌失措。可以说，这看来几乎是我自找的。现在我对观众有着双重态度。我自然希望得到他们的认可，希望得到他们的理解与共鸣。但是近来，观众的许多表现令我觉得，他们固执地排斥我创作的这种戏剧。他们似乎惯于欣赏一种与我希望做的截然不同的戏剧。

其实我自己的戏剧也在转变中：我已弃绝早期为我树立声望的那种剧本。我正在进行全然属于我个人的创作，丝毫不受国内外其他剧作家或其他戏剧流派的影响。我的想法一如既往：用任何适合题材的形式，来表现我的世界以及我在其中的经验。

自《鬣蜥之夜》以来，生活境遇迫使我用越来越不传统的风格创作剧本：我指的是诸如《亲爱的小姐》（*The Gnadiges Fraulein*）、《在东京饭店的酒吧》（*In the Bar of a Tokyo Hotel*）以及最近的、最新制作的《呐喊》。在某种程度上，这本回忆录的风格也是如此。

我要向各位坦承，我答应写这本回忆录是出于经济原因。这其实是我写作生涯第一次为物质利益而完成的作品。但我也要告诉你们，在我动笔后不久，我便忘了谋利的目的，愈发愉悦地沉浸在这种新形式中，不加掩饰地表露自我。

这整本书以某种类似“自由联想”的过程写就，这是我在几次心理分析治疗期间所学的。书中包含对目前事情的记录，有琐事也有大事；也写了一些回忆，大部分都更为重要，至少对我而言。

在对过往的追忆中，我会不时插入有关现时的叙述，因为过去的许多重要事情至今仍萦绕于心。

你们对此是否接受，在一定程度上取决于对一个老人不断奔走于回忆和现况之间有多少容忍。

这本“东西”——我已经这么叫它了——需要你们的诠释。我必须请求你们尽可能记起这个作者的历史。

在书中，我会用大量篇幅谈论爱，大多是肉欲之爱以及精神之爱。作为一个常常濒临毁灭的人，我度过了异常幸运的一生，有许多喜悦的时光，其中有纯洁的，也有不洁的。

“那靡靡之音……”[1]

我仍清晰听见。

那么，这本结构不同寻常的书是否是专业之作呢？我的作品有任何“专业之作”吗？比起“专业”一词的含义，一直以来，我都为了更深的需求写作，我认为这有时候对我的事业造成损害。但这更常常有利于我的事业。事业？用词不当。我应该说——不，没有比“职业”更矫饰的词了。但是说真的，我从来就别无选择，只能写作。

好了，下一项议程是什么？或者引用安娜·马尼亚尼[2]的话，“接下来有什么节目？”

以一般的标准衡量，我在戏剧上的成功来得相当晚，但无论好运来得是早是晚，只要它来了，你就得明白你是幸运的。其余的，就只能去问“那只狗”了。

---

[1] 出自爱尔兰诗人叶芝的长诗《驶向拜占庭》。

[2] 安娜·马尼亚尼（1908—1973），意大利舞台剧及电影演员。

“关于已逝的，将逝的，未来的种种。”[1]

——威廉·巴特勒·叶芝

[1] 出自《驶向拜占庭》。

1

为了使这本“东西”开头的笔调令人印象深刻，我想告诉各位，最近某一年秋天，叶落之前，我碰巧去英国一栋已不多见的宏伟乡间别墅度周末，那座宅邸离巨石阵很近，有一块巨石未能抵达这史前督伊德教朝拜地，坠落在这位女主人的庄园里，也许是由于奴工的崩溃或反抗，这块巨石没有被抬走，任它留在了降落处。这些情况与我下文所述之事仅有十分细微、间接的联系。

当时已是就寝时间，宅子女主人目光锐利地看了我一眼，询问我为何不带上一本好书回房，她知道我睡不安稳。“去书房挑一本吧。”她建议说，手指着这座帕拉第奥式宅邸左翼一间冷冰冰的大屋子。她已经往楼上走去，我别无他法，唯有遵从建议。我走进书房，发现屋里净是大部头的皮装书，年代久远得几乎可与那块未抵巨石阵的石头媲美。无意中，我又见一道密门，从地板到天花板与墙齐高，用一堆假书封面草草掩饰，这还不是我撞见的唯一骗术。那中间有一册真书，书名是“世界名人录”之类的。我很自然地将它从书壳里抽出，迅速翻到索引页，看看自己是否出现。我心满意足地发现书中有大量资料关于那个拥有我的笔名实际却不存在的人物：这些资料包含几处无伤大雅的错误，但很不幸其中一处显然对我的心情造成不良影响。

在我的荣誉与获奖列表中，此书惊人地声称我在四十年代初期某一年曾获一千美元补助金，是的，书里也称之为“一大笔钱”，由美国艺术暨文学学会授予。这笔所谓的补助金，使我耿耿于怀的不是授奖单位，而是授奖年份，因为那一年（在《玻璃动物园》的成功彻底改变我生活的几年前）是我不得不典当掉所有家当的年头，当掉了一台借来的旧手提打字机，当掉了所有旧的、新的、便携的东西，包括所有衣服，只留下一件脏兮兮的法兰绒衬衫、一条马裤和一双靴子，这些是我在密苏里大学有一学期放弃常规的后备军官训练课程、改学马术的纪念物。那一年是我被撵出一间间租屋的年头，只因我付不起微薄的房租。那一年我不得不走上街头问人讨一根烟抽，那是一个吸烟的在世作家早晨开始工作时必不可少的一根烟。也正是在那一年，我常染上法国人所称的“爱之蝶”，因为我没钱买一瓶库普雷克斯——当时常用的阴部灭虱剂。曾有一次光天化日之下，在人头攒动的街上，一阵叫喊令我尴尬不已：“你这混蛋，你昨晚上把阴虱传给我了！”这一喊中断了我在新奥尔良法国区的社交季，使我卷铺盖离开——说来，也谈不上“卷铺盖”，因为我什么行李都没有——一路搭便车前往佛罗里达。以这般可怖的面貌出现在公路上，开车的人在大白天见了我，恐怕都会将油门一踩到底，所以我多半在夜里搭车。我有日志记录那一年的上述回忆，书里却可笑地把我写成那“一大笔钱”的获赠者，而我如今也是这所谓的授奖机构勉强接纳的会员。

我早年是个文弱青年，醉心于戏剧却默默无闻。我认识不少年轻作家和艺术家，与他们关系密切。我们全都不顾海上的小船警报，个个驾着一叶扁舟一往直前，自己既是船员又是船长。我们驾驶航行的小船各自不同，但彼此相望，时而联络，我指的是暴风雨侵袭时，我们聚在同一处岩石嶙峋的海湾，心生一种共同体的温暖之感。近年来有些被称为“长发族”的孩子，他们被恶劣的社会气候逼入所谓的公社，我们当时的感受与他们并无太大不同。

面对着共同的问题，彼此间便仿佛产生爱恋，这种爱常常是我们分而食之的面包。我们有的人活了下来，有的没有，这有时候要看一种叫运气的东西，有时候则要看有没有坚持下去的天赋和意志。我是说，没有谁自愿流离失所，只是偶有被推挤出去的人，而我们中没有谁浪费力气徒劳无益地抱怨自己不曾含着银汤匙出生。

我确信如果我们有时间思考一下，就一定会认为，一个精英们极为富裕的社会——一个金钱数以十亿计的社会，而我们却在其中数着铜板—本可以、也或许理应对年轻艺术家的命运表示多一点的关心。这些艺术家如果有机会成长，完全可能对这个国家（丰富多变）的文化产生某些影响。这个国家无论在当时还是现在都被一小撮人统治着，这些人稳坐在图腾柱顶端，唯恐因俯视众生而头晕目眩。

平心而论，在四十年代，也有某些肥硕无比的钱包施舍了一些小钱给青年人才，并借机大肆宣扬。有时候像哈特·克莱恩[1]这样伟大却孱弱的艺术家在走投无路时能得到古根海姆奖金[2]。也许这笔奖金终究来得太迟，未能拯救哈特于自我毁灭，但它好歹来了，虽然为时已晚。三十年代有公共事业振兴署的联邦作家计划，噢，

---

[1] 哈特·克莱恩（1899—1932），著名美国诗人，于 1932 年投海自尽。

[2] 美国古根海姆基金会自 1925 年起每年为杰出学者、艺术工作者等提供奖金。

天啊，为了得到资助我在芝加哥和新奥尔良费了多大的力气，却被狠狠拒绝了！不久之后，还有洛克菲勒基金会[1]提供的一千美元补助，以及可能追加却极难得到的价值为原始补助的一半的奖金。这笔钱以及增加的半数，我最后倒是收到了。

富翁们对小额金钱的功效有着如此感人的信念。

上一段话我应该加上引号，因为这不是我自己的言论，而是（传奇人物）保罗·比奇洛[2]对我国巴比伦式财阀统治的神圣施舍的简练评价，当然，这施舍也是为了免税。

光阴荏苒，回首往昔，现在谈起这些捐助青年人才的名流，我的语气稍显不恭，但各位可将此归因于上了年纪的刻薄。当我也还年轻有为，与其他青年才俊一起生活时，我们都不曾自伤自怜，至少没有自怜到将自我与其他人群区隔开来。我们当然都知道，某种貌似自怜的情感是人类与生俱来的。但我们没有时间，大多也没有意愿沉溺于此。在我们那一代的艺术家中，我观察到更多的，是自尊之情，有时自尊过度而成了自傲。我体察过，至今仍体察到自尊及过度的自尊，要远远多于自怜。毕竟，自怜只略不同于自轻自贱，这种感情最好留给天生心怀轻贱之人。

1939 年，我在洛杉矶外围的一个小社区养鸽场找了一份拔鸽毛的工作。我听人这样形容那一地区，说它像很多乡村在寻找一座城市。这份拔鸽毛的活赚不了太多钱，但有一种非物质的补偿。每周有几次，一群年轻的男人和男孩会聚在那间“捕杀棚”里。处决鸽子要抓住它们猛烈抽动的双脚，割断它们的喉咙。血流进桶子

---

[1] 洛克菲勒基金会，1913 年创立的美国最早的私人基金会，向教育文化、医疗卫生及其他社会团体提供资助。

[2] 保罗·比奇洛（1905—1988），美国戏剧顾问、编辑，田纳西·威廉斯的好友。

里，直至生命滴尽。这些鸽子都准备被运往洛杉矶的市场，我们每拔一只的毛，就会往标记了各自名字的牛奶瓶里扔一支羽毛，每天放工时，我们依据瓶子里的羽毛数领钱。这是件令我厌恶的事——除了补贴些小钱，我们这些拔毛工在棚子里闲聊，也是一种补偿。我记得，我永远不会忘记，有个老成一些的孩子所发表的一条朴实的道理。

“你们瞧，”他说，“要是你在这边海岸的哪个角落里混得够久，迟早会有一只海鸥飞到你头顶，拉上一泡金屎的。”（这句话我引用过两次，一次在舞台剧剧本里，一次在电影剧本里，但还没有从舞台或银幕上听到过这句台词。不过——）

当我在那里干那份工的时候，的确有一件大好事落到我头上。我收到一封纽约同仁剧团[1]发来的电报，通知我因一组独幕短剧《美国蓝调》而获得了一百美元“特别奖”。这封电报由哈罗德·克勒曼[2]、欧文·肖[3]及已故的莫莉·戴·撒切尔·卡赞[4]共同签署。

大多数人已经不记得，一百美元在三十年代末够吃好久的了。放到现在，你们也知道，这点钱很难帮你弄到一个漂亮姑娘共度一晚。但在那时候，这笔钱不仅够吃好久，而且是一份巨大的鼓励，是对士气的鼓舞。即便在当时，我“沉寂的手艺或艺术”[5]能获得鼓励，也远比任何能兑成现金的东西更为重要。

---

[1] 同仁剧团，创设于1931年的纽约戏剧团体，于1941年解散，曾演出美国剧作家克利福德·奥德茨的名作《等待老左》。

[2] 哈罗德·克勒曼（1901—1980），美国戏剧导演、剧评家，同仁剧团创始人之一。

[3] 欧文·肖（1913—1984），美国剧作家、小说家。

[4] 莫莉·戴·撒切尔·卡赞（1906—1963），美国剧作家，著名导演伊利亚·卡赞的第一任妻子。

[5] 引自威尔士诗人狄兰·托马斯的诗《我的手艺或沉寂的艺术》。该诗描写一位为了艺术而非物质利益写作的诗人。

知道吗，回想养鸽场的同事和雇主对我由衷的祝贺，不带丝毫嫉妒，我这一生都不可能真正厌世。他们都知道我是个作家，理所当然也是个怪人。看，突然之间，这只海鸥就飞临我的角落，用天赐的食物为我加冕，我甚至都不曾在那个角落等待多时。

我完全可以立马买一张汽车票直奔曼哈顿，余下的钱还够我在基督教青年会住上一两个礼拜。但是我花了不到十块钱，买了一辆车况不错的二手自行车，养鸽场主人那个生性快活的侄子也买了一辆自行车。我们为了庆祝，沿一条名为“国王大道”的公路出发向南，踏着车一路从洛杉矶县——确切地说是霍索恩——骑至并越过了墨西哥边境。我们去了蒂华纳和阿瓜卡连特，当时这两个地方还很落后。地方很落后，我们又很天真，在边境的一家小酒馆里，我们遇上了——这么说吧，我们发现小丘比娃娃有时也有掠夺之心，于是我们对墨西哥小酒馆以及里面的客人兴趣大减，我们返程北上，沿着那条国王大道。事实上，我们已经没了沿途夜宿的钱，还好明亮的繁星之下有舒适的野地可以睡。

后来在拉古纳比奇（当年还是个迷人小镇）附近的一座峡谷，我们碰巧经过一家养鸡场，入口处的标牌写着“征帮工”。因为我们也需要征求帮助，便转进那条土路，找到养鸡场主人，向他们介绍自己。那是一对年迈的夫妇，他们要外出度假两个月，想雇人看管家禽。（我也不知为何那时候对涉及家禽的工作如此执着；没有一个心理分析医师为我解释过这件事。）

这对婚姻美满的老夫妇并未靠养鸡致富，实际上他们勉强能买鸡饲料而已，他们令人感动地怀着歉意说，能提供给我们的报酬，只是让我们在场院后头的一间小木屋里住宿。我们向他们保证，对家禽的热情足以吸引我们打这份工。于是夫妇俩便出发度假去了，而我们住进了小屋子，在第一次撒饲料时，就和鸡群建立了友好的关系。

我不知道拉古纳比奇的海滩如今是什么模样，在三十年代，那里是个避暑胜地。日夜都有人在沙滩打排球，有人冲浪，有一处艺术家聚居地，还有各色事物，所有的这些都很宜人。在我看来，最愉快的事莫过于日暮时分骑车上山，那些日子里，天空仍是一首诗。沿路每家农场的狗都冲我们吠叫，没有威胁意味，只是向我们告知它们肩负职责。

我想，那年夏天是我一生最快乐、最健康、最闪耀的时光。我知道那时候我写了一本日记，日记里把那个夏天称为“Nave Nave Mahana”，那是我最爱的一幅高更（描绘塔希提岛的）画作，画名意指“无忧的日子”。

日子就这样持续到八月，那个月份里，夜空会发疯，密密麻麻的流星，即便到日出时也不停，这无疑会影响人类命运。

用四个字概括就是：大祸临头。首先罹难的是那群鸡，然后灾难辐射到我们两个人头上。一个澄澈的清晨，我们俩走出小屋，发现这群家禽约有三分之一或仰或侧倒在地上，双腿挺直，身体已僵硬了。而这场突发疫病的幸存者，状况也好不到哪里去。它们正晕乎乎地在围栏里打着转，仿佛因为痛失伙伴受到了惊吓，不时会有一只咯咯地尖叫一声，随后倒地不起。我们到最后也没搞清究竟是什么病。但那是“Nave Nave Mahana”的终结。

我的同伴不知用什么方式合法弄到一辆破旧的福特车。灾难当天晚些时候，他逃离了现场，留我一人面对这群得了瘟疫的家禽，我几乎羡慕起它们的际遇来。我想那是我人生饿得最久的一段日子。我大概有十天没什么食物可吃，只有些剩余的干豌豆，还有我偶尔从峡谷的一个果园里偷来的鳄梨。我靠着这贫乏的口粮度日，那些英勇存活的病鸡似乎不适合煎或炖来吃，而我自己也患上了一种奇怪的无力症，使我不愿离开养鸡场，何况我身无分文，就算有心觍着脸写信求助，也连邮费都付不起。

然而我体会到，半饥半饱约莫三天后，就不再感觉到饿了。胃会收缩，胃部痉挛消退，不知是上帝还是什么人无形地到来，向你无痛注射镇静剂，于是你会发现自己飘飘然进入一种奇怪的、全然无法解释的宁静状态。这种状态最宜冥想，已逝的、将逝的、未来的种种，照此依序想来。

我多半时间在这种状态下平躺着，直到两个礼拜之后，我听到我同伴那辆散了架的、喷着粗气的车朝小屋驶来，他咧嘴笑着若无其事地走进屋里，仿佛才离开十分钟。

在离开的这段时间，他去了洛杉矶附近的一家夜总会吹奏单簧管，领了一个礼拜的薪水，这笔钱足够我们到圣贝纳迪诺山为各自所受的磨难疗养一段时间了。

那年夏天，我不断收到百老汇许多经纪人的来信，他们在戏剧专栏里看到我的名字作为同仁剧团“特别奖”获得者出现。有一位经纪人说，她对严肃戏剧不感兴趣，而是在寻找好的“搭乘工具”。我回信告诉她，我唯一能提供的搭乘工具是一辆二手自行车。另一位名叫奥德丽·伍德的女士表达了更严肃的兴趣。在莫莉·戴·撒切尔·卡赞的建议下，我选择了伍德小姐作我的代理，这位娇小的女士被她先生称为“美国戏剧界小巨人”——他们夫妇两人都身材纤小——她还未同我见面，就接受我成为委托人。在很长的一段时间里，她一直是我的代理。

1939 年深秋，我把自己关在圣路易斯郊区一所家庭住宅的阁楼上，期间收到剧作家协会时任执行秘书路易丝·M. 西尔科克斯小姐拍来的电报，以及奥德丽·伍德的一通电话，都通知说我获得了一笔一千美元的补助金。两位女士敦促我搭头班“灰狗”长途汽车去纽约市——当时的戏剧文化中心，也许现在仍是。

得奖消息传来时，我母亲——不屈的埃德温娜·（科尔内留斯·C.）威廉斯夫人首先获知。她差点晕了过去。我想那是我第一次见她流泪，那一幕令我惊讶，至今仍深深触动我，那一幕以及她的叫喊：“噢，汤姆[1]，我太高兴了！”

我自然和她一样高兴，但出于某种原因，好运从未使我感动落泪，厄运亦复如是。我只有在观看煽情电影时才会哭，通常还是些糟糕的电影。

圣路易斯在全世界算不上什么大地方，洛克菲勒家族却为我的写作才华投资了一千美元，况且在当时及往后的一段时间里，我的才华还极度缺乏实质证明，这件事自然在当地引起了广泛的兴趣。圣路易斯仅有的三家报纸都邀我去报社，就这笔补助金的话题接受访问。

我们家在冷漠的圣路易斯不曾受过如此热切的关注；实际上我和我姐姐罗丝的童年与少年时期都相当寂寞。而我父亲虽然早前私底下享有国际鞋业公司大人物的名声，但就在洛克菲勒基金会注意到我前不久，他在杰斐逊酒店的一场通宵扑克牌局中惨遭厄运，这场意外未曾公开宣扬，但流言蜚语并不少。牌局中有人骂我爸“杂种”，而我父亲非但是嫡生，且出身东田纳西的名门望族，因此他

[1] 田纳西·威廉斯本名托马斯·拉尼尔·威廉斯三世。“汤姆”（Tom）是“托马斯”（Thomas）的爱称。

将那个混蛋打倒在地，那混蛋爬起来，咬掉了我父亲一只耳朵，至少咬断了一大半。我父亲科尔内留斯·科芬被送进医院做整形手术。医生从他的肋骨取下一块软骨，从他的臀部取下一小块皮肤，他耳朵被咬去的部分最终未能完整还原，只是大概作了弥补。这次事故的传言使我们家在圣路易斯及全县声名狼藉，我得到洛克菲勒补助金时，仍旧受到这坏名声的影响。我可以肯定地说，自那以后，我们一家的起起伏伏始终受到公开与私下的注目……

上周日，我与“伟大”的俄国诗人叶夫图申科共进午餐。他走进“维多利亚套房”与我会面时，已迟到一小时左右。陪同他前来的是一个很胖、很安静的男人，他说那是他的翻译——我觉得奇怪，因为他自己英语说得十分流利。

前一天晚上，他作为我的贵宾去看了我的戏《小船警报》。这会儿一见到我，他立刻抨击起这出戏来。

“你只在这个剧本里发挥了百分之三十的才华，这不只是我的看法，坐在我周围的人也是这看法。”

我听了挺苦恼，但仍保持镇定。

“我很高兴能知道，”我像南方女士一般冷静地说道，“我还剩下那么多才华。”

他滔滔不绝地讲了下去—作为年轻人他风度翩翩，口若悬河—这个口若悬河的翩翩少年一直讲到我下榻饭店的餐厅过了打烊时间。

也不知是他还是我提议去广场饭店，走走就能到。

我们到了广场饭店，在橡木屋酒吧坐下。他告诉我，他是个品酒的行家。说罢他便证明起此事来，他召来了酒保，那份傲慢神气是他在美国行事一贯的样子。他点了两瓶拉菲葡萄酒（广场饭店售价约八十美元一瓶），加了一瓶玛歌。接着他又唤来领班点午餐。他为自己以及那个同样贪吃的“翻译”要了（也吃了）一大碗鲟子酱和一些配菜、最好的肉糜酱以及最贵的牛排。

这时我已经有些不高兴了。我称他为“资本主义的猪”——以幽默粉饰了这句评价。随后我向他发动反击。

“我作为一个同性恋者，”我对他说，“很关心你们（俄国）如何处置贵国像我这样的人。”

“荒谬之极。在俄国，我们没有同性恋的问题。”

“噢，是这样吗！那么比如说，佳吉列夫[1]、尼金斯基[2]，还有别的那些与我同类的艺术家，他们为避免监禁而离开苏联，又是怎么一回事呢？”

“我们绝对没有同性恋的问题。”他依然坚持。

葡萄酒自然醇美，在美酒的作用下，我们的心情有所缓和。他告诉我，我的剧本在俄国累积的版税足以使我成为百万富翁了，我应该住过去，依靠版税过上国王般的生活。

我说：“即便如此，我宁愿离俄国远点儿。”

这顿午餐持续到橡木屋打烊时间，酒吧送来了一大笔账单，明细列了足足三页……

他送给我他最新出版的诗集，题赠辞藻华丽，表达了对我的敬爱之情。

在我们对于苏联有没有同性恋问题的争论中，我对他说：“我希望你不要认为，我提出这个话题是因为想要勾引你。”

---

[1] 塞尔戈·佳吉列夫（1872—1929），俄罗斯芭蕾舞团创办者。

[2] 瓦斯拉夫·尼金斯基（1890—1950），波兰裔俄罗斯芭蕾舞者和编舞家。

我想他一定认为我疯了，我对他也有同样的看法，但也有“敬爱之情”。

在当地关于洛克菲勒补助金的宣传结束之后，我离开圣路易斯前往纽约，乘坐“灰狗”车在黎明时分抵达纽约市。我没有休息也没有刮胡子，就这样面目可憎地来到利布林－伍德公司[1]气派的办公室，位于洛克菲勒广场30号RCA大厦高耸入云的楼层。

接待室里满是来应征音乐剧合唱团成员的姑娘，我的新经纪人奥德丽·伍德的丈夫利布林先生正在筛选。这些姑娘在屋里转来转去，叽叽喳喳，活像一群误食疯草的小鸟。利布林先生从内里的私人办公室冲出来，大喊一声：“好了，姑娘们，排队！”所有人都排起队来，除了我。我仍坐在角落的一把椅子上。有几个姑娘被选中面试，其他人则遭到婉言谢绝，她们又叽叽喳喳地涌出了接待室。这时利布林看到了我，他说：“今天没有你可应征的。”

我说：“今天我也不要什么，只要见见伍德小姐。”

正说着，她恰好走进外面的办公室，一个非常娇小秀气的人，一头红发，皮肤细如瓷器，眼神透着至今仍有的冷静敏锐。

我估计这就是我要见的那位女士了，而我的感觉没错。我起身向她自我介绍，她说：“哎呀呀，你总算做到了。”我回答：“还不算吧。”我不是在说俏皮话，而是实话实说。她一阵轻佻的笑声令我慌张无措。

[1] 利布林－伍德股份有限公司，田纳西·威廉斯的经纪公司，由奥德丽·伍德及其丈夫威廉·利布林于1937年成立。

2

我的青春期有很多困扰，我因此受到伤害，关于这一点我想已无须多言。这些困扰在青春期之前就开始了——我认为它们显然早在童年时期就扎下了根。

在密西西比州度过的人生前八年，是我最为天真快乐的时光。这是因为与我们同住的亲爱的外祖父母戴金夫妇使得家庭氛围慈爱而和谐。还因为有我姐姐和我们家美丽的黑人保姆奥齐所在的那个天然、甜美的半幻想世界，它与世隔绝，别人几乎都看不见，只有我们三人的神秘小圈子能看见。

那个世界与那段迷人的岁月，因我们突然举家迁往圣路易斯而告终。搬家前我生了一场病，被密西西比州一位小镇医生诊断为白喉及并发症。这场病持续一年，险些致命，不仅使我的身体、也使我的天性发生了巨大改变。患病前，我是个精力旺盛、生性好斗、几乎爱欺负人的小男孩。而病中，我学会了一个人玩自己发明的游戏。

仍历历在目的有一种牌戏。不是接龙。那时候我已读过荷马史诗《伊利亚特》，我将黑牌与红牌当作为特洛伊城而战的敌对两军。

王族——希腊军与特洛伊军的人头牌——是国王、王子和英雄；数字牌则是普通兵士。他们以这种方式作战：我将一红一黑两张牌合掌相拍，脸朝上掉落在床的那张算是胜者。罔顾史实，特洛伊的命运仅凭这些牌的小小比武决定。

在生病和独自游戏的这段时间里，我母亲过度热切的关怀种下了我的阴柔气质，令我父亲大为不满。我注定将成为异类，偏离东田纳西拓荒英雄的族谱。

我父亲家世显赫，而今至少在名声上已稍显没落。他是这些人的直系后裔：田纳西州首位参议员、金斯芒廷的战斗英雄约翰·威廉斯，田纳西州首任州长、"诺利查基人"约翰·塞维尔之弟瓦伦丁·塞维尔，以及西部领地（田纳西成为联邦一州之前的称呼）首任总督托马斯·拉尼尔·威廉斯一世。根据公开发表的系谱记载，塞维尔家族可以追溯到小小的纳瓦拉王国，家族一员的保护人曾是波旁王朝的君主。后来家族依宗教信仰不同分为两支：罗马天主教徒与胡格诺教徒。天主教徒保留格扎维埃（Xavier）的姓氏；胡格诺教徒则在圣巴托洛缪大屠杀时逃亡英国，并更姓为塞维尔（Sevier）。圣弗朗西斯·格扎维埃（St. Francis Xavier）[1] 使许多中国人皈依天主教——在我看来，这是一项英勇却不切实际的事业——他是我们家族最为世人所知的一位。

我的祖父托马斯·拉尼尔·威廉斯二世承先人之志，在失败的田纳西州州长竞选活动中，将自己和妻子的家产挥霍殆尽。

诺克斯维尔那座威廉斯家雄伟的老宅子如今已改建成一所黑人孤儿院——也算得其善终。

---

[1] 又译圣方济各·沙勿略，系十六世纪的葡萄牙天主教士，是最早到东方传教的耶稣会士。

采访记者和访谈节目主持人最不厌其烦地向我提的问题是："你出生在密西西比州，那'田纳西'这个名字怎么得来的？"以上就是我笔名的由来了——也显示了我南方人攀附家谱的缺点。

我父亲科尔内留斯·科芬·威廉斯在成长过程中很少受到他母亲温情的影响，因为美丽的伊莎贝尔·科芬·威廉斯女士二十八岁时因肺结核过世。所以，我父亲的性格粗犷而强悍。他在贝尔巴克尔军校就读时，也并未磨砺得温驯些，大部分时间都因违反校规而在禁闭室里度过；禁闭室唯一的食物是大头菜，这是他从不允许我们家饭桌上出现的一种蔬菜。在田纳西大学学了一两年法律之后，美西战争期间，他参军当了少尉，感染伤寒，掉光了头发。我母亲声称，他仍旧很英俊，直到他开始酗酒。我从没见过他戒酒和英俊的样子。

不过，大量饮酒对一个密西西比旅行推销员而言，算不上什么坏事。在电话公司短暂工作之后，他转行做了皮鞋推销员，这个四处走动的工作他做得很成功也很受欢迎，并且对扑克牌和轻浮的女人渐渐养成了兴趣——这也是我母亲的痛苦来源之一。

他的推销工作大获成功，因此国际鞋业公司调他到圣路易斯一家分公司做销售经理——这次升迁使我们全家搬到了鞋业批发公司总部所在地圣路易斯，也剥夺了我父亲赖以寻乐的自由放荡的生活。

爸爸先于妈妈、罗丝和我去了圣路易斯。

他到联合车站来接我们。我们离开那座设计奇特、面临拆毁的灰色石头建筑，经过了门外一个水果摊。我走过摊子时，顺手摘了一颗葡萄。爸爸狠狠地朝我手上拍了一巴掌，低沉地吼道："别再让我逮着你偷东西！"

我父亲个性中不讨人喜欢的方面不胜枚举，但我认为，比这些更重要的，我也希望遗传到的两大美德是：待人接物时的完全坦诚与完全真实，至少他问心无愧。

我们圣路易斯的第一个家在威斯敏斯特街，那是一条宜人的住宅街，路旁种着高大的行道树，看上去简直像是南方。罗丝和我交了些朋友，童年生活很愉快，我们和朋友一起玩“捉迷藏”和“小羊快飞”，在炎夏用花园的水管冲凉。我们家隔一条马路就是洛尔莱游泳池和西区诗歌电影院，我们常绕着街区进行自行车比赛。罗丝走得最近的朋友是一个漂亮小孩，她母亲是个势利眼，常在我俩面前贬低我们爸妈。我记得她有一次说：“威廉斯太太走在街上总是像走在大西洋城滨海大道上，威廉斯先生趾高气扬的，像威尔士亲王。”

我不清楚为什么我们从威斯敏斯特街搬去了泰勒南街5号；也许是在泰勒南街的公寓晒得到更多阳光（我母亲“肺部有个黑点”，正在休养）。反正，这使得我们的社会等级明显下降一级，原先在密西西比州我们从不必考虑此事；先前交的朋友全都弃我们而去——在圣路易斯，居住地点至关重要。住对地方，上私立学校，参加圣路易斯乡村俱乐部或声望与之相近的组织，进马勒舞蹈班，买对车，这些都至关重要。

所以我们只得去结交新朋友。

我很快就和一个闹腾的小家伙要好起来，他叫艾伯特·贝丁格，和连环画《捣蛋鬼》里的孩子们一样顽皮。他的恶作剧我只记得一些：朝一个智障孩子家的窗户扔石头，把林堡干酪抹在别人汽车水箱盖里。还有一个叫盖伊·肖的红头发爱尔兰小鬼，以推我进水沟为乐，这是他表示亲热的戏弄，但我毫不领情。起初，所有空闲的下午，我都和艾伯特一起玩，欢乐地参与他的恶作剧。我对他十分忠实，他对我也是。有一天，我母亲突如其来地下了一道敕令。她说艾伯特对我有极坏的影响，不准我再找他。

贝丁格太太气不过，我记得她来找我母亲理论。

“我儿子，”她宣称，“是个血气方刚的美国男孩。”接着，她皱眉瞥了我一眼，显然在暗示我与此相反。

为和艾伯特重修旧好，我暗地里作过一两次可怜的尝试。但我溜到他家时，贝丁格太太对我冷冰冰的，艾伯特也是爱理不理。

“美国中产阶级”生活中恶性的势利行为，对罗丝和我而言是种全新的经历。我认为这突兀又残酷的发现对我们的人生产生了非常伤痛的影响。我们从没想到，物质上的劣势会切断我们和朋友的联系。大概就在那个时候，十一二岁时，我开始写故事——或许，这是一种补偿……

来说说我和黑兹尔的初次相遇。

克雷默家在我们家这一带很漂亮的一条街上。那条街上全是住宅，一座栽满树木的公园铺展在街中央，街名就叫“森林公园大道”。

一天下午，我听到这条街后的小巷里有个孩子的尖叫声。几个小流氓不知为什么正朝着一个胖乎乎的小女孩扔石头。我上前护住她；我们逃到她家，一路跑上阁楼，就这样开启了我童年最亲密的一段友谊，后来发展为爱慕之情。

我当年十一岁，黑兹尔九岁。我们开始每天下午都待在她的阁楼上。我们两个都是富于想象力的孩子，发明了许多游戏，我记得最常玩的一种，是把我们编的故事画出来。黑兹尔画得比我好，而我编的故事比较好。

黑兹尔的祖母克雷默老太太在圣路易斯的社交圈维持着相当活跃而重要的地位。她是妇女俱乐部的成员，开一辆闪亮的新“电动车”，很有派头。

起初，看到我和黑兹尔玩在一起，而不是和艾伯特·贝丁格或拉克利德街、泰勒南街的野蛮孩子为伍，母亲舒了口气。

黑兹尔是个红发女孩，水汪汪的棕色大眼睛，肌肤如珍珠般通透。她有异常美丽的双腿，胸部发育得很早：她稍稍偏胖，这一点像她母亲（她母亲算是个胖子），不过身高够高。其实当我十六岁、黑兹尔十四岁的时候，她已比我高出许多，在外头和我走在一起，她开始习惯微微弓着背，以免身高悬殊令我尴尬。

我想，可以坦白地说，尽管几年后我开始了同性之爱，她仍是我一生中除了家人以外的挚爱。

当我对黑兹尔的感情发展为恋情后，我母亲便不赞同了，而且埃德温娜女士似乎从来不希望我交任何朋友。男孩子们对她纤弱的儿子汤姆来说太野蛮了，女孩子们，当然又太“庸俗”。

埃德温娜女士对我姐姐的友情和小小的爱恋，恐怕也是采取相同态度。对罗丝而言，这样的态度造成了更多悲剧后果。

比起黑兹尔，埃德温娜女士更不认同的是黑兹尔的母亲弗洛伦丝女士。弗洛伦斯女士一旦走出家门便生龙活虎，热情洋溢，收掩起居家时的绝望衰苦。她弹钢琴不看乐谱，技艺高超，音量也不小，唱起歌来声音美妙又雄浑。每次她来我们家，都会往我们那架立式钢琴前一坐，弹奏几曲时下最受欢迎的歌，在埃德温娜女士听来，自然是很不受欢迎的。

当然，埃德温娜女士对这位留守女士的贬损之词很委婉。

“弗洛伦丝女士，恐怕您忘了我们还有邻居吧。科尔内留斯有时候讲话声大了点儿，楼上的埃布斯太太也会抱怨。”

弗洛伦丝女士常常这样回答，大意是楼上的埃布斯太太可以去死，又不是什么大不了的事……

上次我去圣路易斯，是圣诞节回去看看，我让弟弟戴金开车载我，到我们童年住过的所有老地方绕了一圈。这是趟哀伤的旅程。威斯敏斯特街和森林公园大道已经完全失去了二十年代迷人的外观。高大的旧住宅有的被改建成破落的出租房，有的拆建为毫无特色的复式住宅和小公寓楼。

克雷默家不见了：实际上，他们一家人，包括亲爱的黑兹尔，那时都已不在人世了。

在这本“东西”里，这些话只能作为我对黑兹尔伟大爱情故事的前言，根本不足以表达我的情谊……

我在圣路易斯度过青少年时代，十六岁那年，生命中发生了几件大事。就在那一年，我写了《尼托克里斯的复仇》，第一次在杂志上发表作品，那本杂志是《怪谭》（*Weird Tales*）。那篇小说于1928年六月发表。同年，我外祖父戴金带上我和密西西比三角洲一大批圣公会的女士一起去欧洲旅行。那次旅行的事稍后详述。正是十六岁那一年，我的神经系统出现严重问题，这场危机的破坏性可能不亚于我姐姐二十多岁时持续对她造成精神损伤的那场病。

十六岁的我就读于圣路易斯大学城高中，当时我们家住在恩赖特大道6254号一间狭小的公寓里。

大学城在圣路易斯不是什么高档的郊区，我们住的区域比《玻璃动物园》里温菲尔德一家略胜一筹，不过也只略微好一点而已：那是个丑陋的地方，公寓楼多半长得像蜂巢，水泥车道之间是太平梯和可怜巴巴的小块绿地。

我弟弟戴金做什么事都铆足劲儿，他将我们家屋后恩赖特大道上的那一小块绿地整成了一个叫人难以置信的小菜园。就算里面种着花，也怕是掩藏在笋瓜、南瓜和其他可以吃的植物丛中了。

换作我，一定会在整块地上种满玫瑰，不过我猜也开不出花来。年少时的不切实际，可以说近乎荒诞的不切实际，完全没有带来什么成功的结果。我在圣路易斯及其近郊度过的那些年的记忆中不曾有过一朵玫瑰，除了我生命中活生生的那两朵玫瑰——我的外祖母罗丝·O. 戴金，当然还有我的姐姐罗丝·伊莎贝尔[1]。

我青少年时期的问题，强烈地表现为一种病态的羞怯。如今已很少有人意识到，我一直以来，就算是在身为老同性恋的这些年里，都是一个极其害羞的人——年老之后，我用威廉斯家典型的热心、吹嘘与时而暴怒的言行来弥补这种羞怯。而在高中时期，我没有伪装，没有虚饰。就在大学城高中，我养成了只要被盯着眼睛看就会脸红的习惯，好像我背着别人藏了什么可怕卑劣的秘密似的。

各位应该不难猜到我的秘密，但是在这本“东西”里头，我会为你们详尽阐述，所说的全都是真实的。

我还记得常脸红的毛病是怎么开始的。我想那是在一堂平面几何课上。我碰巧朝走道旁看了一眼，有一个深色皮肤的漂亮女孩正好直直地盯住我的眼睛，我立马感到两颊发烫。我转过头来，脸颊却越烧越烫。我的天，我想，脸红是因为她看我的眼睛，或是我看了她的，假如每一次我看别人的眼睛都这样该怎么办？

我一旦心存这种噩梦般的猜想，它便即刻化为现实。

---

[1] “罗丝”（Rose）一词不作人名用时，有“玫瑰”之意。

其实那次事情之后的四五年里，我几乎从未幸免，只要有一双眼睛——无论男女（大多是女性，因为我大部分时间都和这一性别的人在一起）——对上了我的眼睛，我就会感觉脸发红发烫。

我是个很瘦弱的少年。我认为自己的言谈举止并无女人气，但在我的心灵深处囚禁着一个小女孩，一个红着脸的女学生，很像诗歌中所描写的“你眉头一皱，她就会颤抖”。不过，对于囚禁在我的隐秘自我（而且是多重自我）中的这个女学生，无须皱眉，只要别人的匆匆一瞥便会使她颤抖。

脸红的习惯使我躲避亲爱的朋友黑兹尔的眼睛。这发生得相当突然，黑兹尔和她母亲弗洛伦丝女士一定都对我的新怪癖觉得惊讶又困惑。然而两人都没在我面前明白地表露出她们的困惑。

有一次在一辆拥挤的电车上，我紧张地沉默了一会儿，黑兹尔开口对我说：“汤姆，你不知道我从没讲过伤害你的话吗？”

这的确是事实：在我们亲密相伴的十一年中，黑兹尔从来没有讲过一句伤害我的话，我对她的情谊发展成感情上完全的依赖，也就是一般人眼里的爱情。我觉得弗洛伦丝女士爱我如子，她同我讲话时又当我是个大人，讲她与专横的父母同住时寂寞而艰难的生活，他们所住的大房子在公寓楼和太平梯附近的那条住宅街上。

我相信是在青春期，我第一次发现自己对黑兹尔有性欲望，当时的地点是在德尔马大道上的西区诗歌电影院。我坐在她身边，电影开演前，我突然注意到她裸露的肩头，想要去触碰，也感到生殖器的蠢动。

还有一次，我们在一个夏夜沿着森林公园的一条“情人巷”开车，车上还有弗洛伦丝女士和她的一个言语秽亵的女朋友。黑兹尔那辆绿色帕卡德轿车的大灯照到了一对正久久热吻的年轻情侣，弗洛伦丝女士的女朋友尖声大笑说："我打赌，他的舌头已经伸进她喉咙一码深了！"

这三位女士夏日傍晚常在公园的"情人巷"开车消遣，把车停在艺术山山顶，那里也有一对对情侣搂着脖子亲热。

我们看得开心，受到震惊我也觉得开心。

有一天晚上，我带黑兹尔坐"J. S."号游览船游河。她穿了一件浅绿色雪纺绸无袖礼服。我们走到昏暗的上层甲板，我一手搂住她的香肩，就这么在白色法兰绒长裤里"高潮了"。

我当时可尴尬死了！我们俩都没提及我裤子前面那片昭然若揭的水渍，黑兹尔只是说："我们就留在这儿，在甲板上走走，我觉得现在别去跳舞了……"

夜里坐船游河，在三十年代的圣路易斯是一项很流行的消遣。我曾经和肖托家一位美丽的小姐约会，肖托家族的显赫家史可以追溯到圣路易斯仍属法国领地的时候。我记得那是一次两对情侣的约会，罗丝小姐也在。

我对肖托小姐很着迷，之后那个周末——当时我在皮鞋公司做事——我打电话给她，邀她再次约会，却遭到了这样的奚落："噢，谢谢，汤姆，可你知道吗，我患上了非常严重的'玫瑰'花粉热。"

我想她并不是在暗指我姐姐，说的应是真的玫瑰，但我此后没再打电话约过她。她是位富家千金，在她初入社交界的时候，我绝非她可以为众人接受的约会对象。

我应该照着年代顺序叙述，但不知怎么的，就是没法做到。

现在我的思绪又跳回十六岁，外祖父带我去欧洲——在那里发生了一段神奇的插曲。

外祖父负担了我欧洲之旅的费用。爸爸还给了我一百美元零花钱。

（零花钱在巴黎被扒手偷了，确切地说，是在观赏埃菲尔铁塔时。）

外祖父一行人乘的是“荷马”号，这艘船曾是威廉大帝客轮船队的旗舰。我们在午夜起航，那是场盛大的仪式，有一支铜管乐队演奏，也可能有几支，船和码头之间抛撒了一大片彩色纸带。我记得应该还有许多气球，当然大家也少不了叫喊、饮酒和欢笑。那场面非常像菲茨杰拉德和泽尔达的生活。

我尤其记得平奇·赛克斯，她有一头染成红色的短发，脚蹬一双细高跟舞鞋，当船鸣笛广播“开船”之时，她兴奋得手舞足蹈（在甲板上，我和外祖父在她身边）。平奇，一朵未婚的南方之花，我猜当时她已年近五十。她未婚想必是有什么法律程序的原因，因为她早年绝对是个尤物。其实她风韵犹存，只是脸上的妆化得怪模怪样，为了拼命掩饰实际年龄，又穿上鞋跟很高的鞋、短裙和其他少女的装扮。

我很喜欢平奇小姐。虽然我仍旧为羞怯所苦，却几乎不怕她。

在海上航行的第一天，我喝了生平第一杯酒精饮料。那是一杯绿色的薄荷甜酒，在甲板上的酒吧喝的。

半小时后我就晕船得厉害，之后大约五天的航程中一直都晕船，待在一个没什么通风设备也没有舷窗的客舱里——我们一行人住的不是头等舱。

乘客里头有一位舞蹈教师，在 1928 年夏天这第一次横渡到欧洲的航行中，我记忆中最愉快的时光，就是和这位年轻女士共舞，特别是跳华尔兹的时候。当年我舞技精湛，我们如泽尔达所说，“在舞池中旋转，旋转，又旋转”。

那位舞蹈教师年约二十七岁，她在舞会上跟一位德沃船长惹人注目地互相调情。我记得某天晚上的一段神秘对话。我是指，这段对话当时在我听来很神秘，且令我很不安，如今我还记得一清二楚。

德沃船长不喜欢我和舞蹈教师老待在一起。航行临近终点的那天晚上，我们三人在船上酒吧里的一张小桌边坐着，德沃船长看了我一眼，对舞蹈教师说:“你看得出来他将来会是哪种人，对吗?”

她说:“我觉得，十七岁的年纪，还不能确定那种事。”

当然，各位知道他们谈的是什么，但是当时的我还困惑不解——至少现在看来，我听到那段对话时是困惑的。

我就要讲到自己早年发生的一次极可怕、近乎精神错乱的危机了。我恐怕那次危机的发作难以为人理解。

它起始于我在巴黎一条大道上独自漫步的时候。我想尽量详述一下，因为这对我的心理特质有重要影响。我走着走着突然想到，思考的过程是人类生活中的一个谜，复杂得惊人。

我感觉自己的脚步越来越快，仿佛试图将这个想法抛在身后。它已经转化为一种恐慌。我加快脚步，开始流汗，心跳加速。当我走到我们一行人下榻的罗尚博酒店时，已浑身发抖、大汗淋漓、魂不守舍了。

这次旅行中至少有一个月的时间，我都被这种对思考过程的恐慌所包围，而且这一恐慌愈演愈烈，我觉得自己离发疯只有一步之遥。

我们沿着蜿蜒的莱茵河作了一次美妙的游览，从北普鲁士的一个城市一直航行到科隆。

在河船的露天甲板眺望两岸，满是郁郁葱葱的山丘，山上有不少带塔楼的中世纪城堡。

这些我都看在眼里，尽管内心快要发疯。

科隆最主要的观光胜地是古老的大教堂，那是我一生见过最美的大教堂。它自然是哥特式的，对一座普鲁士的教堂来说，设计得非常精致优美。

我对思考过程的恐慌达到了高潮。

我们走进大教堂，美丽斑斓的光芒透过巨大的彩色玻璃窗涌进来。

我惊慌得喘不过气，双膝跪地祈祷。

同行的人离开后，我仍跪着祈祷。

接着发生了一件十分奇妙的事。

我要说，我并不轻易相信奇迹或迷信。但当时发生的是一次奇迹，宗教性的奇迹，我向各位保证，我告诉你们这件事，并非想谋求圣徒的地位。其时，好像有一只无形的手放在我的头上，那触碰的一瞬间，我的恐慌便如雪花般轻盈地消散了，即便它之前像铁块似的快要把我的头顶压碎。

十七岁的我没有丝毫怀疑，那是我们主耶稣的手怜悯地触碰我的头，驱除了逼我发疯的恐慌。

每当我离开外祖父的视线，离开同行的女士们，外祖父总要担惊受怕。他不爱责骂，也不是个严厉的人，但等我回到他身边时，他说："我的天啊，汤姆，我们回到车上，发现你不见了，可把我们吓坏了。有位女士说你跑出了教堂，说我们能在酒店找着你。"

在那之后的大约一个星期里头，我的心绪都出奇地安宁，这才开始体会到初次欧洲之旅的乐趣。但无止境地穿梭于艺术馆，依然只能偶尔引起我片刻的兴趣，此外的时间，我仍旧觉得身体不胜劳累。

不过对于“思考过程”的恐慌已全然驱散，大约一周没有出现了，身体的疲劳也渐渐随之消失。

这次游览最精彩的行程在阿姆斯特丹，更具体地说，是当年在阿姆斯特丹举行的奥运会。我们看的是马术比赛，就在观赏这场比赛时，我的恐惧症有过一次短暂而轻微的复发。

我原以为，科隆大教堂的那次“神迹”已完全驱除了恐惧症。这次复发虽然较为轻微，却令我十分困扰。

当天晚上，我独自出门，走在阿姆斯特丹的街道上。这时出现了第二次“神迹”，消除了我的恐惧。神迹发生时，我正在作一首小诗。那不是一首好诗，除了最后两行可能还不错，但既然要记起它来很容易，请允许我引用在此。

街上的陌生人走过我身旁
一群一群源源不断：他们行进的步伐，
在我耳中单调地踏响
麻痹了我的感觉，抚平了我的恐慌，
我听见他们的笑声与悲叹，
看着他们无尽的双眼：
忽然间我炽热的哀伤
冷却如余烬飘落雪上。

这首小小的诗是对于身为众生之一的认知———一种很重要的认

知，至少在追求心神安宁时，它或许是最为重要的认知——多样的人类有多样的需求、问题和情感，自己身为其中一员，并非独特的造物，而只是众多同胞中的一个，是的，我觉得，这是我们所有人不论在何种情况下都应形成的最重要的认知，尤其在当前时期。认知到我的存在、我的命运可以像灰烬落在一大堆雪上那样轻轻消散的那一刻，我以相当不同的方式重新体验了在科隆大教堂的经历。我不知道这是不是前一次经历的续篇和发展：首先，那只神秘的手触碰了我孤僻而痛苦的脑袋，随后是温和的教诲或者说宣示，使我明白尽管我的脑中危机正盛，这个头脑仍只是街上拥挤人群中的一员。

我从欧洲回国后，在圣路易斯大学城高中还有一年的学业。我的学校生活也比以往更好过一些了。比如，在英语老师的建议下，校报邀请我记叙我的欧洲之行，我写了一系列小品文，没有一篇提到在科隆和阿姆斯特丹发生的神迹以及我经历的心理危机，不过这些文章使我在同学中有了一席之地，我不只是全校最腼腆的男孩，也是唯一去国外旅行过的人。

但一如既往的是，我几乎完全无法在教室大声说话。老师们已经不再问我问题，因为以前他们问我，我回答的声音没什么人能听清，我会慌乱得收紧了喉咙。

至于那种恐惧症，对思维活动的可怕本质所抱有的恐慌，再也没有出现过。

我向各位诚实起誓，我从未怀疑过上帝的存在，当我处于危急状况，在我认为需要求得主的垂顾和—我深信—主的介入时（这种状况不少），我也不曾忘记跪下祈祷。

你们之中一定有些爱挖苦的人会觉得，我在和玛丽·璧克馥[1]抢风头，她写过一本书，叫《不妨与上帝亲近》。

没事。如果有必要这么讲的话，我这把年纪，在当年已可以和璧克馥小姐相爱了。

[1] 玛丽·璧克馥（1893—1979），美国电影演员。

3

1929年初秋，我即将上大学，家里却突然没有钱缴学费了；要不是外婆在这紧要关头拿来一千美元救急，我就上不了大学了。我的一生中，外祖父母戴金夫妇曾许多次像这样为我时常混乱的状态带来平静与秩序，或者鼎力支持我完成某事，这一方面因为他们创造了快乐的家庭气氛，另一方面是因为他们有近似魔法的力量，以他们微薄的财力为我提供经济支援。

于是我离家去了位于迷人的哥伦比亚市的密苏里大学。

我没有参加“招新周”的活动，我无法想象自己会被哪个兄弟会接受，也不想成为兄弟会成员。

我爸对此很失望。他在田纳西大学就读时，是“Π K A”兄弟会的成员。他决意立刻为此事采取行动。

埃德温娜女士陪我到了哥伦比亚；我没有参加招新的事，她倒是毫不在意。我们头一天晚上在旅馆下榻，隔天，她为我挑选了她心目中合适的寄宿宿舍。那所宿舍男女隔离，有两栋楼房，归一位生龙活虎的中年女房东所有，她是个寡妇，开一辆鲜红的别克敞篷车。

男女学生只在用餐时碰头。餐厅里有一架钢琴，有两三个女生会弹琴，我觉得这样的安排实在赏心悦目。

忘记说我在哥伦比亚头一晚的事了。我用旅馆的纸笔写了一封信给黑兹尔——她当时就读于威斯康星大学——向她求婚。一周后，她寄给我一封表示感谢但婉拒的回信，解释说，要考虑这种事，我们还太年轻……

我和一个有梦游症的年轻人同住一间寝室。有天晚上，他在睡梦中下了床，横穿过房间，走到我的床边，上来和我躺在一起。我记得他是个瘦长的农家孩子，金发，脸上长了些青春痘，但不难看。

当然，他爬上我的床时，我惊恐地叫出声来。他嘟囔了几句，又摇摇晃晃地穿回去，到房间另一头自己的单人床上去了。

我再坦白一件好笑的事。

有几晚，我都等待着他的梦游症再次发作，希望他会被引到同一个方向来。

不过，只发生了那一次而已。

但是一天晚上在他回寝室之前，我把他床架的螺栓给卸了下来。这样他上床睡觉，床就会塌掉。

我想，那时候的我不太正常。不管怎么说，他一睡上去，床还真塌了。然而，他迅速而沉默地把床又给装好了，神秘莫测地看了我几眼。

我在宿舍住了大约一个月后，有三四个穿着考究、风度翩翩的年轻人来找我，他们来自“ATΩ”兄弟会。

原来，他们来访是由于我爸的干涉。我爸有两个旁系表亲梅里韦瑟兄弟在田纳西大学念书，他们是那里“ATΩ”兄弟会的风云人物。他们写信给地方分会“ΓP”，说国际鞋业公司一名主管的儿子

“躲藏”在一所寄宿宿舍，这不合适，因为他是东田纳西威廉斯与塞维尔家族的后裔，也是有作品发表的作家及周游世界的旅行家。

其中一名兄弟会成员极力表达了感人肺腑、也可能真实的热情；他坚持要我直接随他去兄弟会住所瞧瞧，说我马上就会发现那儿比“死气沉沉”的寄宿宿舍强多了。

换作现在，光从他后来显露出的样子判断，我当然能辨别出这位“兄弟”来。我在下文会称他为“梅莫特”[1]。

他的同性恋特质可明显了……

但是在当年，他给我的印象，仅仅是一个特别优雅、有魅力的人。

我去了兄弟会的住所。路上，我们经过一栋正在建造的新房子，那是栋宏伟的仿都铎式建筑，看起来还挺漂亮。在我走进“Γ Ρ”分会的临时宿舍前，我已打定主意要加入他们，我是说宣誓效忠[2]，如果他们真要我这么做的话。

第二天，他们真的接受我了，我眼含感激地看着兄弟们，迫不及待地答应了。

刚开始，“ΑΤΩ”兄弟会密苏里大学分会热诚地迎接我，但后来困窘之事却越来越多。

他们想必从未遇过如此古怪的青年，更别说让他入会了。

每周会有一天午夜举行“私设法庭”的活动。在这庄严肃穆的法庭上，会当众宣读每个新人所犯的过错，给予他们的惩罚是打板

---

[1] 著名英国作家奥斯卡·王尔德（1854—1900）曾因“鸡奸罪”入狱，1897年获释后，化名“塞巴斯蒂安·梅莫特”独往法国。田纳西·威廉斯在他的独幕剧《夏日痴魂》（*Suddenly, Last Summer*）里，为一个同性恋角色取名“塞巴斯蒂安”。

[2] 加入兄弟会正式成为会员前，有一段“宣誓效忠”的新人考核期。

子。有些打得轻，有些打得重。

我受罚的时候，脊椎差点被打断。

惩罚时，一名兄弟站在长条形的前屋，手举板子、摆好姿势。受罚的新人则奉命俯身，将臀部对着举板子的兄弟，护住自己的睾丸，因为兄弟施罚时并无意施以阉刑。

接着，手拿板子的兄弟从刑室的另一头奔过来，朝受罚者的臀部猛打。

我经常受到十大板的最高惩罚。他们行刑的力道常使我难以走回楼上睡觉……

我犯了哪些错呢?

名目繁多。事实上几乎数不胜数。

当时，一种无政府主义精神进入了我的思想。这一来是出于对以前那所寄宿宿舍的想念，二来是因为我爸每月给我的零用钱不够。我时常缺少替换的衬衫，在那个年代，你出席兄弟会宿舍的晚餐，必须穿上干净的衬衫和夹克。

六点响晚餐铃，而我从来都准备不好。饿倒是饿，却总被铃声吓到。

我会等住同一楼的兄弟们都下去地下室的大餐厅之后，匆忙溜进别人的房间，抓起一件白衬衫套上，下楼吃饭，饭后再神不知鬼不觉地还回去。

我不善此道，很快就被发现了。

接着要坦白的是一件非常糟糕的事。我在那时养成了“开空头支票”的习惯。每当我去赴“午茶约会”(jelly-date)——那时候都这么称呼下午的约会——在餐厅发现自己没钱付账，我就会写一张没有账户的银行支票。餐厅会把这些空头支票贴在收银柜上。

那一年我脑袋里究竟在想些什么呢?

现在也完全记不清了。

兄弟会大约每月举行一次正式舞会，他们会给新人一张名单，上面列有姐妹会中适合邀约作为重大场合舞伴的女生名字。我总是不顾名单，带去的姑娘不是没参加姐妹会，就是来自某个无足轻重的姐妹会，例如“ΦM”、“AΔΠ”，那些姑娘都被人私下起过“饭后妞”这样不雅的绰号。

有这么一个我常带去舞会的“AΔΠ”姐妹会的女孩。那女孩是个歇斯底里的花痴，但长得非常非常漂亮。她只有一件晚礼服，是条闪闪发亮的深褐色缎子礼裙，遮不住丰满的胸部，也蔽不了撩人的臀部。

虽然带她出席舞会被视为羞耻，但随着天色渐暗，兄弟们便越发频繁地来夺走我的舞伴，直到她在舞池里晕头转向，她受欢迎程度不输“KAΘ”姐妹会的蒂皮·史密斯和“KKΓ”姐妹会那个我忘了名字的皇后。

过了午夜，兄弟们会全权接管我的舞伴。他们和她跳着跳着，就依次跳进黑暗的小图书室。在里头发生了什么，我无法可靠地描述出来，但也不难猜想。用当年的词儿来说，他们会在她身上“过干瘾”。

我自己和这个女孩的亲密行为倒是不多：有一次在汽车里，我抓住她一边的乳房，她近乎癫痫地抽搐起来。

男孩和女孩在一块儿，故事就没完没了……

我念完大一之后的暑假，在圣路易斯还真的找到一份正规工作，做了一阵子。

我的工作是挨家挨户地推销一本著名的“妇女杂志”。这份活是怎么得来的，我已不记得了。不过我干这份活的目的，自然只是为了取悦，或者说安抚我老爸。

有个类似区域销售经理的人雇了我们十来个人，他在格兰德大道的一家二流旅馆里为我们提供食宿。我们这一群杂七杂八的什么人都有。我们被两两分组，每一组负责一条街道的一侧。和我配成一组的年轻人来自俄克拉荷马州。

他给我的印象是，行为出奇的怪异。说来，那时候我对同性恋的世界尚不熟悉，不知道这位年轻搭档其实是个举止妖媚夸张的同性恋。我记得他一头金发，长得很漂亮，不过我觉得他有趣仅仅是因为枯燥的工作能有这么一个好玩的同伴。我们俩推销妇女杂志都不怎么成功。家庭主妇们多半会让我们吃闭门羹——当然，那是经济大萧条的第一年。我记得，这份工作我和那个同性恋搭档都只做了两周左右。我们很快就被解雇了，不过这个塔尔萨来的孩子留在了圣路易斯。有天晚上，我们和黑兹尔还有她一个名叫露西的朋友一起约会。我很惊讶这个塔尔萨男孩毫无兴趣与女孩子约会；他说：“我们去酒吧不是更好玩吗？”我从未去过“那种酒吧”，他没有明说是哪种酒吧，我当时自然不明白，也从来没想到有这种酒吧存在。

领到杂志推销的一点点佣金后，我们坐上一辆双层敞篷巴士的上层，去了黑兹尔家附近。夜晚的空气似乎让我的搭档兴奋得有点癫狂。他不断地喊着“露西”的名字，后来欢快地用高音吼叫起来，扯着嗓子发出歇斯底里的声调。

我相信那时候黑兹尔对性知识比我了解得更多一些。她让这个俄克拉何马来的孩子进了家门，棕色的大眼睛带着惶恐打量他。整个晚上，他都像只小鸟一样叽叽喳喳，提到“露西”的名字时还会特别加重语气。我必须承认，露西这样的女孩是不会被邀去兄弟会舞会的：她长得人如其名，高而瘦削，给人“露西”的感觉。但我搭档的言行着实过分了，这一次“两对情侣”的约会就这么不明不白地结束了。我和黑兹尔相识这么久以来，她似乎第一次对我表示出不悦。

我说黑兹尔那时候对于性比我了解得更多一些，其实自己也不太清楚这句话的含义。她做了我五六年亲爱的女友，但我们之间的爱是维多利亚时代的人眼中的纯洁之爱。告诉各位一件难以置信的事，黑兹尔每年只允许我吻她嘴唇两次，一次在圣诞节，一次在她生日。回想起来，我不知她是否是心理医生所称的“性冷淡”，还是故作端庄卖弄风情，以勾起我更积极的态度。我倾向于相信后者，因为我记得十三四岁时的一天下午，我们去森林公园艺术山山顶的圣路易斯艺术馆参观，她径直走向一间古雕像展览室，里面有《垂死的高卢人》这件雕像，那人全身只盖了片叶子。相信我说的，这绝对是事实：那片遮羞的叶子可以揭开，黑兹尔知道这事。她揭开叶子，问我：“你的也像这样吗？”

我没有回答，只是像少女般羞红了脸……

我把这件小事写进了我最好的短篇小说之一，发表在《纽约客》上，真的：小说名为《夏日比赛的三名选手》。《纽约客》把这一情节删去了，但我把这篇小说收入小说集《硬糖》时，又把这段叶子的事复原，我觉得理应如此，因为故事里的小女孩是以童年的黑兹尔为原型的——也包括那辆旧“电动车”。黑兹尔的祖母克雷默太太有一辆“电动”汽车，这位自命不凡的老太太喜欢坐进那个玻璃方盒子里，慢悠悠驶过城里较时髦的住宅区。她很宠爱黑兹尔，有时候会允许黑兹尔开她的车带我兜风。那辆电动车时速顶多二十英里左右。后来克雷默家给了黑兹尔一辆浅绿色帕卡德轿车，那是很久以后的事了……

我不知道为什么那个俄克拉荷马的男孩一直留在圣路易斯，那里的夏天酷热难耐，但他就是留在了那里，还不断建议我们去“酒吧”——我总是婉拒。他总有令我不安的地方，等他终于回老家去后，我才好歹松了一口气。（后来我收到一封从塔尔萨寄来的示爱信。）

说到这里，回到大学时代，回到一个有着明亮大眼睛的少年，他的双眼在夜晚闪烁，像炯炯如炬的猫眼。

当时我已是“ATΩ”兄弟会正式的新成员了，我有过这样一个室友，他有美丽非凡的眼睛，一头黑发，体格健硕——姑且称他为“斯米蒂”。

每年秋天，“ATΩ”都会举办一次“旧友联欢周”，那栋宏伟的仿都铎式建筑会拥满校友。联欢周的周末，每个人的床铺晚上都要挤两个人。我在宿舍三楼和斯米蒂合睡一张床，睡在——不，应该说躺在——一条很轻的毯子下面，大量校友返校，寝具供不应求。于是，那天晚上发生了一次奇特的经历。他和我两人都是穿着贴身衣裤睡的。我穿了汗衫和内裤，他好像只穿了内裤。

宿舍熄灯后，我感觉他的手指抚摸起我的上臂和肩膀来，起初几乎难以察觉，不过，后来——

我们两人朝着一面侧躺，他开始用力顶住我的臀部，我颤抖得像暴风中的一片落叶。

但事情就到此为止了。

几周后，我们回到各自的床铺，我爬到自己的上铺，这个男孩突然也跳了上来。

纯真的我不由自主地问道：“你想干什么？”，也可能是“你在干吗？”

他胆怯地笑了，又从上铺跳了下去。

我想那天我应该是整夜都没睡着，咒骂自己不经意“喝止”了这一（在当时看来）十分大胆的举动。人怎么能这么糊涂，这么无知！

有另一个男孩晚上常常来我们的寝室，他和斯米蒂只是单纯聊天，用如今孩子们的说法是“扯淡”。有一天晚上，斯米蒂朝这个男孩咧嘴一笑说：“你知道我今晚打算干吗吗？我要通通汤米[1]的‘玉米洞’。”

我听不懂这话，那时候我还从没听过这些表示肛交的俚语。

我们三个在下铺懵懂地嬉戏过。我们都只穿着内裤，彼此的腿缠在一起玩了一会儿，但也仅止于此。

斯米蒂和我曾经同史蒂芬斯学院的两个女生一起约会过，我们两人都很沮丧。那两个女孩不太放得开。

我又想起有那么一天晚上，我们没有和史蒂芬斯学院的女生约会，而是约了两个从男女同校的大学来的，那两个女生很狂放，显然不属于哪个姐妹会。她们其中一个有辆敞篷跑车，我们开去采石场，在月光下停在附近。然后，斯米蒂说：“你们俩为什么不沿着这条路走走呢？”

于是我们在路上走了走——什么也没发生。

我们回到车边时，斯米蒂的女伴正喝着自家酿的酒，斯米蒂的

[1] 汤米（Tommy），“汤姆”（Tom）的爱称。

裤裆拉链敞开，肿胀的下体挺立着，使我有些惊惧。那看起来不像是身体部位，更像一件武器。

然而那猫眼般的炯炯目光以及高大健壮的身材消除了我的厌恶。随着那一年过去，我们对彼此的爱恋越来越深，但仍旧没有通过肉体接触释放情感，至少没有到泄欲的程度。

我记得春天来临时，我们曾在夜晚躺在空旷的草坪，他把一只手硬塞进我的衬衫，用粗大的手指抚摸我的上身。我总是像落叶一样颤抖，也总是不说任何话、不做任何事去鼓动他。

显然，我们的恋情渐渐引起了兄弟们的困扰。

斯米蒂被兄弟会除了名，闷闷不乐地搬进一个出租房。不过，我们依然不间断见面，有一天晚上，我们去了一家露天的地下酒吧，与我后来在《俄耳甫斯降临》（*Orpheus Descending*）里描写的那家酒吧一模一样。一道长长的山坡上零星搭了些小凉亭，售卖私酿的酒，情侣们在凉亭里行暧昧之事。亭子里点着棉纸灯，这些灯会一盏接着一盏地被熄灭。

我记得有时候我们也会把灯熄掉，但仍旧没发生什么事。

然而一天晚上却真的有事发生了。

那天我们喝得醉醺醺的，疯疯癫癫地又笑又喊。突然间，我们冲出凉亭，跑下长长的山坡，直奔山底的栅栏而去。我醉得翻不过栅栏，便摊开四肢躺进了又深又湿的草丛中，而他在我身上躺了下来。我们激情地扭作一团，不过也仅此而已。然而他说："去我那儿过夜吧。"

我们坐出租车去了他的住处，他好几次开玩笑地试图吻我的嘴，都被我推开了。

有点蠢，是吧？我想是的……

我们一进他的卧室，我就吐了一地。

他用毛巾把地板擦干净，然后脱下我的衣服，扶我上床。他也躺上来后，用双臂和双腿将我紧抱住，我激烈地颤抖起来，震得床吱吱嘎嘎地晃动。

他抱了我整晚，我也颤了整晚。

此刻我也许可以说，“啊，青春”，就这样一笔带过吧……

考试结束（他没有通过）后，大家口中的“疯狂之夜”便来临了，那是大学生离校返家的前一天晚上。我和斯米蒂还有几个同学挤进一辆大汽车，在城里到处开，寻找私酒。我们全部都醉得厉害。我们喝光了买的酒，又开车到一户贩卖私酿酒的人家。我和斯米蒂还有另一个男孩留在车上，其他人进屋去买酒。就在我们等待的时候，斯米蒂把一只手搁到了我的裆部。我的老二直直地站了起来。

他见状开起了玩笑。

“汤姆觉得我是梅莫特那样的人。”他叫嚷着，把手从不妥的地方抽开了。

他提到梅莫特，我们干脆来讲讲几周前学校兄弟会在宿舍开的一次奇怪会议。

那是一次秘密会议。梅莫特不在场。气氛庄重得令人毛骨悚然。

兄弟会一名干部做了发言。他说，我们一定注意到了梅莫特缺席，这是有原因的，而原因令人震惊，令他难以启齿。

他目露凶光，缓缓说道：“有人发现梅莫特是个兔爷。”

一片畏怯的肃静。

这时有一位兄弟——愿上帝保佑他——站了起来。

“不是这样的。”他说，“我做了他一整年的室友，我知道兔爷什么样，他不是。”

站起来的这个男孩是个非常非常英俊的黑发爱尔兰裔。我认为，照理说梅莫特会试图勾引他的。但梅莫特是个聪明人。

那个干部说:“抱歉，我们恰好十分肯定这是真的。”

他接着告诉我们，梅莫特有天晚上喝得烂醉，在另一栋宿舍挑逗几个男生，求欢不成，又跑进我们自己的宿舍，向一个兄弟发动攻势。

因此，会议决定，梅莫特必须即刻退出兄弟会，而且必须辞去兼职，离开城里。不出一个礼拜，他销声匿迹，我记忆中再也没有听说他后来的境况。

再回头来说点斯米蒂的事。

大约每月一次，我会搭便车回圣路易斯——我是指回到大学城，回到恩赖特大道的那间公寓。有一个周末，姐姐罗丝的房间碰巧空出来给我和斯米蒂住。罗丝去巴恩斯医院做检查了，她长期不明原因的消化不良又发作了——这是她精神崩溃之前的事。

斯米蒂和我同睡在她的象牙床上，那是张双人床。我们两人彻夜未眠；他紧紧搂抱着我，装作睡着，而我——还是浑身发抖，牙齿打战。

一生是否够长，足以包容我对这段美妙而无果、疯狂却甜蜜的爱恋所抱的遗憾？

我昨天决定，就像几天前以及再之前决定过的那样，我要再度在《小船警报》中饰演医生一角，以此吸引观众来看戏。演出之后，我陪同坎迪·达琳去了附近一家叫“P. J. 克拉克”的餐馆，后来凑了一伙大概八个人。晚饭吃到一半，我红酒已喝得微醺，我说:“知道吗，我现在只能一个人睡了。你们瞧，我睡不踏实，屋里只要有别人，我就会一直醒着……”

“我也这样。”坎迪说。我们向彼此投去同病相怜的目光。

我还说了很多别的事，大多关于我对上帝与祈祷的信仰，但没提到我看似矛盾地不信死后世界。我还说，我相信天使多过相信上帝，原因是我从未认识上帝（此言是对是错？），但一生中认识了好几个天使。

什么？

“噢，我说的是人间天使。”我解释道。这话可绝对是真的……

昨晚我回归舞台出演医生一角，结果着实令人失望。我已不再是票房保证，不似我初次在纽约新剧院登台，戏结束后还举办了一系列“座谈会”。周二晚上我复出表演的第一场，倒是座无虚席，作为演员重新活跃于舞台的兴奋之情持续了整晚，虽然我忘了几句台词，还有些炫技。

而昨晚，我刚走进男演员化妆室，就被布拉德·沙利文[1]挫了锐气。沙利文在戏中扮演可悲而自负的风流男子比尔。他老爱贬低我，至少在我看来是这样，我也不明白为什么。我一直随和亲切地待他，这是我从排演开始就想要建立的对其他演员的态度。我得承认，其他演员多半也如此待我，至少在绝大部分时间里如此。其实无论年纪与性情，我都与大卫·胡克斯这位优秀演员最接近，此次代替他演了医生的角色。

我再次出演这个角色，也是为票房救急。夏天非常炎热的那几周，售票量下滑得很厉害。我现在的经纪人比利·巴恩斯问我是否愿意再演一次这个角色，因为今夏早些时候我登台的那一周，吸引

[1] 布拉德·沙利文（1931—2008），美国性格演员。

了大批观众。

但是盛况已退。昨夜，上座观众明显减少，或许演员们也都看在眼里，我已不再是之前那个票房保证。幕间休息时，饰演蒙克的吉恩·范宁埋怨我开场独白的“对话性”不够。我认为这评价有失公允，我对吉恩相当失望，他在以前的演出中助我良多。毕竟，我是在双重困境下艰难演出的。一直有人说我诠释人物时不够投入，要我全场面对前排的观众“弄虚作假”。然而，我需要不时扫一眼吉恩与他建立联系。舞台监督也不让我好过。他说我漏掉了一些重要的台词。诚然，我这个加了戏的角色少说了几段一两句话的台词，但这些缺损无关紧要。而且我认为，没有吉恩的帮助，我也将这几处失误掩饰过去了，或许这出对白过多的戏反倒因为这些删减而有所改善呢。

此时男演员里只有比尔·希基为我辩护，虽然帕特里克·贝德福德也还是一如往常地对我很友好。但可能是受伤的自尊心作祟，演出结束后，我觉得很恼怒，我表面上打趣说，从今往后我要用女演员化妆室或者坎迪·达琳的私人化妆室——坎迪是异装癖者，有专门安排的房间。顺带一提，她现在也成了全体演员中与我最亲近的朋友。

身着戏服离开剧院前，我去了坎迪的房间，请她和我一起去乔·艾伦餐厅。戏剧界人士在深夜常出入这家位于西四十六街的餐厅，前一天晚上坎迪还赞叹过这家店。她一身华丽的五十年代风格打扮，非常合宜的金色假发，头上戴了一顶黑色天鹅绒钟形帽，帽檐的一排宝石坠到额头。

我们走进乔·艾伦餐厅时一定很引人注目，因为坎迪身高六英尺多，而我才五尺六。我戴着“种植园主帽”——一顶三十美金的斯特森毡帽，宽宽的帽檐向上卷翘，这是我买来在戏里戴的。

餐厅经理热情地招呼我们，我们聊得很愉快。坎迪背了一首她写的名为“星尘”的诗，非常动人。我们谈论各自私下的生活，谈生活的寂寞，以及“和男人相处”的苦处。然后我送她回家——基督教科学会（她说居住于此感觉极佳）旁的一套复式公寓——到了她家门口，她邀请我进屋，我婉辞了。我很累，不想再喝酒了。

我在密苏里大学的第三年过得比较平淡。我爱慕的斯米蒂再也没回学校，当时的室友丝毫引不起我的兴趣。那年春天，我和一个名叫安娜·琼的非常迷人的女孩有过一段深刻而单纯的短暂恋情。我对她有着浪漫的感情。她住在街对面的“AXΩ”姐妹会，人长得很漂亮，还有令人愉快的幽默感。我写过一首关于她的小诗，哦，想来其实有好几首。以下是其中一首：

我能否忘记
你倚在门边
等待的那个夜晚——
还能如何将心意
更坦率地表白？
只为得到更多。
你念了一首短诗
讲年轻的爱情
当时我们并立
呼吸着雨中
树林

甜蜜的香气。

我是个傻子，
不知
你在等待什么。
于是你笑了
轻轻地
合上了门。

这是我念过的三所大学之中第一所的最后一年。我的英文和其他一两门学科的成绩很好，但是没有通过后备军官训练课程，还有另几门课成绩很差。

我回家后，爸爸宣称他无力再供我念大学，要为我在国际鞋业公司的分公司谋一份工作。

这份工作持续了三年，从 1931 年至 1934 年。我每个月领六十五美元工资——当时正值经济大萧条。

说真的，那三年即使分文不取我也甘愿，因为在那期间我了解到，白领工人的遭际对大公司来说，是多么可耻的事。

我能得到这份工作，是因为这大陆制鞋分公司顶头上司的职位也是爸爸帮他介绍来的。（这是在老爸那次牌局意外之前，也是他事业衰败之前。）经理们自然急着找借口把我赶出公司。他们让我干最枯燥、最艰巨的活儿。每天早上我得在样品间擦掉几百双鞋上的灰尘，然后花好几个小时打出工厂订单。数字，净是数字！大约下午四点，他们会派我送几大箱鞋子去杰西潘尼百货公司，看他们收下还是退回。箱子很沉，搬它们可不容易，我抱着箱子走半条街，就得搁下歇口气。

不过，我在那家公司对领着微薄薪水的同事间的情谊体会颇深，交了几个很好的朋友，特别是有一个名叫埃迪的波兰人，他将我保护在羽翼之下。有个叫多蕾塔的姑娘，埃迪对她可着迷了。还有坐我隔壁桌的那个老姑娘——矮矮胖胖的诺拉。我们会一边工作，一边小声聊天，讨论城里好看的电影和舞台剧，以及像《阿莫斯与安迪》这样的广播剧。

在那里工作的头一年适逢我成年，我登记为选民，投下了我的第一张、也是最后一张政治选票。我投的是诺曼·托马斯：我当时已成为社会主义者，原因我已说明。

黑兹尔还在威斯康星上学。她在电台唱歌，大获成功。我依旧会去看望她的母亲弗洛伦丝女士，至少每周一趟。

我开始在夜里写作。我每周会写完一篇小说，一完稿便寄给著名的小说杂志《故事》(*Story*)。那时年纪轻轻的萨洛扬正是在该杂志发表《勇敢年轻的空中飞人》(The Daring Young Man on the Flying Trapeze）而引起轰动。一开始编辑们还会写几句评语鼓励我，但很快我就开始收到那些可怕的“模版”退稿信了。

我在大陆制鞋分公司每周六下午休假。对于这愉悦的放松时间，我有一套不变的安排。我会去远在圣路易斯市中心的商业图书馆，在那里如饥似渴地看书；在一家惬意的小餐厅吃一顿三十五美分的午餐。然后搭乘“服务车”回家——静下心来写那一周的短篇小说。周日全天当然专心致志完成小说。

工作日我就写诗：恐怕都是些平庸之作，有一次还写出一首可能是史上最糟的十四行诗。现在想来也是很好笑，引全诗如下：

我见她们全身包裹躺在墓中，
这片土地所有的女诗人，
在各自神秘莫测的小洞，
歌从唇边掠去，笔自手中盗走。
而如今，与石头一样寂寥，
现如今，比冬草更加逊色，
这堆干枯的肉体与褪色的骨头
也曾构筑美的不朽信条。
死亡猛然攫住，萨福光辉之琴断裂，
巴雷特与怀利无歌而去。
他不在意燃起祭祀大火
径自粉碎陶瓮。
然而，死亡，我宽恕你夺走一切
仍留给我璀璨的米莱。

我当时在周末浓咖啡刺激下所创作的短篇小说作品，相比之下要好得多，这些作品现在大多收藏在德克萨斯大学的档案馆里。

我的心血管毛病初发于1934年春天，此后便落下病根，发作起来轻重迥异，轻的时候注意不到，重的时候无以脱身。

1934年春天这第一次剧烈发病，是由两件事引起的。第一，黑兹尔出乎意料地嫁给了一个名叫特伦斯·麦凯布的年轻人，她是念威斯康星大学时和他交往的。我觉得仿佛天塌了，对此的反应是开始每晚写短篇小说，靠黑咖啡克服疲劳。

有一天晚上，我在写一篇名为《渐近的脚步声》（The Accent of a Coming Foot）的小说，或许是那段时间里我创作的最为成熟的短篇小说。我正写到一幕高潮，突然感觉心脏悸动，还会漏跳几下。

家里没有镇静药物，连一杯酒都没有，所以我做了一件疯狂的事：我从打字机前跳了起来，冲到大学城的街上。我越走越快，好像这样就能将心脏病抛到身后。我一路从大学城走到圣路易斯的联合大道，每走一步都预备着倒地不起。这是种动物本能的反应，好比猫或狗被汽车撞了之后狂奔，横冲直撞直至倒下，或者像砍了脑袋的鸡扑腾翅膀、恐怖地乱飞。

这是三月中旬。街道两旁的树抽出新芽，我一边往前冲，一边仰头看这早春新绿，不知怎的，逐渐有了平静之感——悸动缓和下来，于是我转身回家。

我没有对家人说这次经历，到星期一，我去看了医生，医生告知我有高血压，还有性质不明的心脏病。

我仍旧对家人只字未提，继续每天去鞋业公司工作。

那个周末，姐姐和我去城里看电影，看的是莱斯利·霍华德演的《红花侠》(*The Scarlet Pimpernel*)。我感到心情紧张，无法集中精神看电影。散场后，我们坐服务车回家。服务车是经济萧条时期出现的市内交通工具，乘客花十五美分车费可以从圣路易斯市中心坐到市郊的大学城。

当我们沿着德尔马大道向大学城行驶时，我的紧张感持续加剧，还出现了令人恐惧的症状。我的双手失去知觉，手指僵硬，心脏猛跳。

临近圣文森特医院时，我倾身对驾驶员说："请送我到医院大门，我心脏病发作了，也可能中风了。"

我在心脏科病房住了一个礼拜到十天。我出院回家，正是罗丝第一次出现明显的精神障碍之时……

我记得她晃进我的小房间里说："我们大家一起死吧。"

这个建议没有引起我丝毫的兴趣。

不出一周，我向爸爸的朋友、大陆制鞋公司的弗莱彻先生递交了辞呈，收到措辞委婉的批复："衷心祝愿你早日康复。我们都很欣赏你的'诸多优秀品质'。"（其中引号是我自己加的。）我真希望这封信还在，可以用银框镶起来……

爸妈决定，要我和外祖父母在他们孟菲斯的小房子里同住一个夏天休养休养。

因此，我收到的二十四岁生日礼物，是从圣路易斯鞋业批发公司永久离职，以及初次得到充分机会在我"沉寂的手艺或艺术"（狄兰·托马斯如此描述写作这一职业）上趋近成熟。以我自己而言，写作时常让我费尽心力以至绝望，但我从未发觉它有任何沉寂之处。哪怕是最好的诗人，有时也会对一件事描述不当，比如斯蒂芬·斯彭德[1]写过"在夜晚对爱肃穆的渴求"[2]。生殖器的渴望有何肃穆可言？无论一个人有多浪漫，这种"占有"[3]的冲动也很难被视为限于夜晚时发生的肃穆之事，就像是圣公会高教派的晚祷。Chacun, chacun,[4]或许有些诗人将这件事与在主祭台前跪地祈祷搞混了：有时候那可能是个实用的姿势，但场所绝不合适。

现如今的我爱逗人发笑。这恐怕是重读我那部滑稽的情节剧

---

[1] 斯蒂芬·斯彭德（1909—1995），英国诗人、小说家、散文家。

[2] 出自斯蒂芬·斯彭德《真正的伟人》一诗。

[3] 原文"lay knife aboard"，出自莎士比亚《罗密欧与朱丽叶》第二幕第四场。

[4] 法语，意指"每个人"。

《大地王国》（*Kingdom of Earth*）后的感受。迈克尔·卡恩[1]答应我要在普林斯顿重导这部戏，他将再次施展在美国莎士比亚剧场及康涅狄格州斯特拉特福的热猫剧场展现过的导演才华。

所有的事都要等到下一季，下一季，我感觉下一周都仿佛遥遥无期！

我向上帝许愿能拥有布里克托普[2]的精神。她是前天晚上制作人查克·鲍登晚宴上的惊喜嘉宾。当天是她八十大寿：她唱着《深情爱我》走进公寓，在罗马威尼托街她开的夜总会里，我常常请她唱这首歌。随后她又唱了许多我喜欢的曲目，她的嗓音、吐字和抑扬顿挫的表达，一如既往地美妙。

迈克尔·莫里亚蒂也坐在钢琴前自弹自唱。我仍旧认为他是我们当今最有前途的年轻戏剧演员……

出演《斯卡皮诺》（*Scapino*）的吉姆·戴尔[3]弹唱了一曲他自己写的歌《富有活力》。

我的第一个剧本是在我24岁那年上演的，那是1934年夏天，我正住在孟菲斯外祖父母家中。这个剧本（《开罗，上海，孟买》，*Cairo, Shanghai, Bombay!*）由一个小剧场剧团“玫瑰花亭”在孟菲斯成功演出。外祖父母戴金夫妇在斯诺登大道有栋温馨的小房子。那里隔一两条街是西南大学，离得更近的是诺尔·罗兹及其夫人、母亲和猫的住处。罗兹教授这个小家庭是我们要好的朋友。他们是弗吉尼亚州的上流人物。后来罗兹教授当上了大学校长——记得

---

[1] 迈克尔·卡恩（1937—），美国戏剧导演。

[2] 布里克托普（1894—1984），本名埃达·史密斯，美国歌舞表演者。

[3] 吉姆·戴尔（1935—），英裔美国演员、创作歌手。

1934年夏天，他还是英语系主任。他让我使用大学图书馆，那年夏天的午后，我多半都在那里或者商业街的市区图书馆里看书。

那年夏天，我爱上安东·契诃夫的作品，至少迷上了他的许多短篇小说。这些小说使我体验到一种在当时极有共鸣的文学上的敏锐感受力。如今我发现他保留过多。我依旧爱他作品中细腻的诗意，也依旧认为《海鸥》是现代戏剧最伟大的作品，或许仅次于布莱希特的《大胆妈妈》。

人们常说劳伦斯在文学上对我影响最深。是的，在我的文学成长过程中，劳伦斯的确是个极为亲切的人物，但契诃夫的影响更在其前——这是说，除却我自身孤独的秉性，如果确实有什么别的特别影响的话—这种影响的效果我至今不能确定，也许永远难以确定……

昨晚唐纳德·马登[1]提醒我，我曾许诺重新改编《海鸥》(我们俩都觉得，这个剧本从未挣脱翻译的束缚，连斯塔克·扬的译本也不例外)，还说过渴望有一天自己执导，由马登饰演特利果陵，安妮·米查姆饰演尼娜或阿尔卡津娜太太。

但昨晚我对有关这宏伟计划的提醒摇了摇头：我说——不带半点自怜地说——我认为现在没有时间从事写作性质的工作，除了这本“东西”—我的回忆录，或许还有《牛奶车不再在此停留》(*The Milk Train Doesn't Stop Here Anymore*)的最终定稿，该剧将由迈克尔·约克安和吉拉·兰斯伯瑞出演……

[1] 唐纳德·马登（1928—1983），美国演员。

1934年我初初成为编剧的那个夏天，外祖父母孟菲斯的家隔壁住着一户犹太人，他们有个热心又活泼的女儿名叫伯尼斯·多萝西·夏皮罗。她是孟菲斯一个业余小剧团的成员。他们的演出场地在一个罗斯伯勒（Rosebrough）太太家后面的一大片斜坡草坪上，这便是剧团名字“玫瑰花亭”的由来。多萝西要我与她合写那个剧团的一部戏——她知道我会写作，而她不会。我写了一个名为《开罗，上海，孟买》的剧本，是一出小小的荒诞却感人的喜剧，说的是两名水手和两个“轻薄女子”约会的故事。伯尼斯·多萝西·夏皮罗为剧本写了一段毫无必要，而且老实说，也毫无特色的开场白。感谢上帝，这段开场白很短——这是我记忆中它唯一的长处。

这部戏在那年夏末上演。整部戏也不长，但对于剧团可说是巨大的成功。节目单上我署名为合著者，排序在多萝西之后。然而，自己写的喜剧所收获的由衷而响亮的笑声令我陶醉。

此时此地，戏剧与我找到了彼此，此后甘苦与共。

我知道它是唯一拯救了我生命的事。

在孟菲斯1934年的那个夏天，我开始充分意识到察觉已久的自己对戏剧写作的兴趣，也开始更充分地意识到察觉多时的自己对年轻男人的兴趣。还认识到自己的体弱多病。

一天下午，我和两个年轻的大学生一起出去玩，他们是外祖父的朋友。他们两人英俊非凡：一个黑发棕肤，一个金发闪闪。

回想起来，我才明白他们两个必定是情侣。他们带我去孟菲斯附近的一个湖畔，那儿有个游泳场。我当时蠢蠢欲动，对那个金发男孩起了色欲之心。我相信我与他互相吸引，因为有天晚上他邀我在皮博迪酒店共进晚餐。我们喝了啤酒；我敏感的心脏突然悸动，我怀疑啤酒是引起心悸的真正原因。我恐慌起来，金发男孩也惊慌失措。有人请来了一位医生。那是位女医生，也是个极差劲的医生。她给我服了一片镇静药，阴沉地告诉我说，我的症状实在很严重。

“你任何事都必须小心地做、慢慢地做。”这位杞人忧天的医生说。她告诉我，凡事谨慎缓慢，我可以活到四十岁！

“噢，很高兴你能告诉他。”可怜的金发男孩说，“就一个有心脏病的人来说，他在街上走得实在太快了。”

这件事的结果是，那年夏末，本已渐渐缓和的心脏神经症又复发了。

此后发生了我第一次、也是最后一次、唯一一次和女性之间完整的性关系，那是 1937 年秋天，我在爱荷华大学的戏剧系又念了一年。那个女孩，我认为她是个十足的花痴，这里权且叫她“萨莉”。她不光是花痴，还是个酒鬼。她全无预兆、来势汹汹地向我表示出兴趣，那时正值我的第二部（半专业的）长戏《逃亡者》（*Fugitive Kind*）由圣路易斯“伶人”剧团上演前不久。在圣路易斯有一部上演的戏，这让我那年秋季在爱荷华出了些锋头。我想，萨莉便是因此对我产生兴趣的，当然，我也是个长相不错的青年。当时我练得一副游泳健将的匀称体格，左眼尚未患白内障。萨莉的脸有着伊特鲁里亚人的轮廓，这是指她的额头和鼻子呈一直线，嘴唇饱满性感，鼻息永远带着烟草和啤酒的香味。她身材标致，尤其胸部，应该是校园里最丰满的了。

那年初秋的一天晚上，她为引诱我，从朋友那里借了一间公寓。我记得公寓收音机里播的净是些合时宜的老歌，像是《再吻我一次》《拥抱你》《答应我》等等，好似我们点了歌。我们不久便赤身裸体上了沙发，我硬不起来，怎么都没办法，突然间，我因为喝了酒、神经紧张又尴尬，只觉一阵作呕。我冲进洗手间呕吐，吐完围了条毛巾走出来，未能证明自己的男子气概使我羞愧难当。

“汤姆，你触动了我最深的心弦——母性的那根弦。”她说。

隔天晚上，我送她回她的租屋。她身穿深红色滑雪裤，白毛衣下凸起一对硕大的乳房。她关了客厅的灯，示意我移步到沙发。

她的爱抚极为有效。她拉开滑雪裤的拉链，我大衣都没脱就和她做了。她的室友们回来，打断了我们一两次。她拉上裤链，我扣起大衣纽扣，这样也瞒不过谁，但也没人在意，这本来就是个放荡不羁的租屋。室友们迅速上楼，我们就立马回头疯狂突破我的处子之身。

我如鱼得水，乐在其中。她变换了几次姿势，爬到我身上，把我的老二当木马骑，然后她到达了高潮，我从未想象过这样的事，她的体内迸发出又热又湿的液体，裹着我的下身，她喘着气发出低低的叫声。

我还未爱上萨莉，不过相当自鸣得意。将近凌晨我才回家。我径直走进“ATΩ”宿舍的厕所。有一个兄弟也在小便，我说：“我今晚上了一个姑娘。”

“哦，哦，怎么样？”

“噢，就像在干苏伊士运河。”我说着咧嘴一笑，感觉自己已长大成人。

之后的两个半月到三个月，直至圣诞假期前，我们夜夜共处。我们重复着同样的场景，我相信，双方都得到了越来越多的满足。我学会了如何抑制自己的高潮。在当年，我高潮后还能保持勃起。

我们两人有过一个周末的间歇，那时我的一个剧本首演，由我在圣路易斯合作过的半专业剧团“伶人”演出。

随后我第一次尝到了批评家的厉害。

这部戏比我的第一部长戏《为太阳点灯》(*Candles to the Sun*)好得多，更有望成功，但批评家们却贬低它。演出后，大家在闹市区一家酒店某人的房间里开了个聚会，喝得烂醉如泥。我突然冲向窗户，被人给揪住了，我也不能肯定地说当时是否意图跳楼。

关键是我已经知道，写作是我的生命，它的失败即是我的死亡……

那段时间，我有一些知心好友，我认为自己也配得上他们，因为对于任何滴水之恩我都能做到涌泉相报。萨莉安慰我，对于《逃亡者》的惨败，她没有表现出半点失望。我们之间的关系一如既往。

有天晚上，她在起居室沙发上对我耳语：“汤姆，你看着。”

说完她往我下身探去，我吓坏了，制止了她。

到了圣诞假期的前一晚，我们在城里一家昏暗的旅馆开了个房间，第一次光着身子在床上一起过夜。不知为何，那晚有点及不上在她租屋沙发上的夜晚。她在床下放了啤酒，做爱休息时不停喝酒，呼气有些发酸。

我们睡了一会儿，醒来后我想要吻她，她说：“不要，不要，宝贝，我觉得嘴里都是臭掉的鸡毛味。”

放假回来后，她就不想见我了。她说发生了些事，晚点再告诉我。我们再见面时又过了几天，她告诉我她怀孕了。

我不相信她。我怀疑她和别的男孩在交往，我猜对了。

我们之间的这段恋情不长，却很深刻。我以为只要我能满足她，她就爱我，而如今她觅得一匹真正的种马，便放我走了。

和萨莉在一起的日子以及其后的几个月，我对与我同性的人毫无兴趣。

在她选择了那个新家伙，一去不复返之后，我设法同别的姑娘交往。

不知怎的都没有成功。

大学剧场上演的一部简·奥斯汀小说改编的戏里，有两位十分俊美的年轻演员。其中一位当年名叫沃尔特·弗莱什曼[1]，多年后他在讲述瓦伦蒂诺生平的电影中首次亮相银幕。他有着完美无瑕的体格。这部由简·奥斯汀《傲慢与偏见》改编的戏中另外那位英俊的年轻演员一天晚上邀我共进晚餐——他说，他有烦心事，但不知从何说起。几杯啤酒下肚，他知道如何说了。

“跟你说，昨晚我去弗莱什曼的卧室，他全身光着，我……嗯……我不知道要怎么说，我有种想要碰他的感觉，就像男人想碰女人的感觉，你明白的。”

他睫毛长长的双眼始终盯着桌面，脸色显出美丽的绯红。

我有了个理想的机会，我怀疑他是有意给我机会的。

我终于开口，对他说道：“这没什么好担心的。”

“这是不正常的事。”他低声说。

“不，这很正常。”我说，“这事完全正常，你别犯傻。”

我送他到他的宿舍，握手互道晚安。

为了可以有个私人的地方和萨莉做爱，我选择与一个恶迹昭著

[1] 沃尔特·弗莱什曼（1913—2001），艺名安东尼·德克斯特，美国演员。其长相酷似著名默片演员鲁道夫·瓦伦蒂诺（1895—1926），在1951年电影《瓦伦蒂诺传》中饰演瓦伦蒂诺。

的年轻中东学生合租一间公寓，暂且叫他“阿卜杜勒”。

阿卜杜勒追女人臭名远扬，因为招数过激，当地警察常找他麻烦。

不过，在我四处找房的时候，他正好有一间想寻人合租。他是个骨瘦如柴、深色皮肤的年轻人。公寓自然不怎么样，里面还总有他煮饭的气味，一种浓烈的发甜的气味。

他算个不错的伙伴，只是有时候会一身酒气地回家，还告诉我只要他一喝醉，女的、男的或是一只山羊，他都可以干。有一次他试图爬上我的床，受到了我凶猛的抵抗，这使他相信，我不愿意作女人或山羊的替代品。

有天晚上他被拘捕了，打电话到公寓来，求我去拘留所保释他。幸亏他的钱够付罚金。我去了牢房，只见他和一个眼神迷离、胡子拉碴的老酒鬼关在一起，阿卜杜勒正尝试与他交流。他对着他不断大喊：“你也撒尿吧？你也撒尿吧？”

这一次，阿卜杜勒似乎是因为在酒吧后头的巷子里撒尿而被拘留的。

我设法引诱萨莉来公寓只成功了一次，她和新男友一起来的，这有点像用西伯利亚盐揉搓我的伤口，阿卜杜勒为我们做了晚餐，她吃饭时双手一直没从男友身上挪开。

她还是给了我几分钟，在角落里单独谈了谈。

“我爱你，汤姆，我不想伤害你，亲爱的，但我不是什么好女人，我没怀孕，那是我编出来的，其实我以前动过一次手术，摘掉了一个卵巢，关键是我性瘾成癖，和一个男人做完，就想和另一个做，我会把你的生活搞得一团糟。”

她让我吻她，抱了她一会儿，随后她回到年轻的新男友身边。

我孤苦伶仃了一阵子。后来，我和一个名叫洛马克斯的年轻人以及他的黑人女友成了亲密挚友；他们两人是我极好的伙伴，也念戏剧系。

我在《波尔多的理查德》[1]一剧中饰演一个小听差，他们说要为我化妆。他们给我擦了腮红，抹了口红，还把头发卷成一绺绺小卷。然后洛马克斯帮我套上了小听差的行头，领我去接受那个黑人女孩的检验。

“看出我的意图了吧？”他问她。我不清楚他的意图是什么。后来我照了照镜子才懂。我看起来像个小姑娘……

我这个男仆的角色只有一句台词。我那可怕的羞怯的毛病还没好转。有我出现的那一场戏，我必须一直坐在台口擦拭一顶头盔，我的嗓子持续变得越来越紧，为那一句台词惴惴不安。我只需要说，大门口有人来了。但是轮到我说话的时候，从我紧缩的喉头发出的声音已难以听清，引得哄堂大笑——我的声音听起来像老鼠吱吱叫。虽然他们说这倒是挺生动。不过我怀疑，我能上台是因为洛马克斯为我化的妆太好了。

我记得自己在爱荷华大学大剧场的舞台上还演过另一个角色。那出戏讲天主教苦行会，我被征召去演一场年轻修士们自笞的戏。我永远也忘不了其中的一句台词，是学生自己写的。一名演员光着膀子在台上挣扎，一边鞭打自己，一边高声喊道，“今夜莫拉达将充满荣耀”（莫拉达是施行自笞的地下室）。

饰演基督的形象——钉在十字架上的受难者的，是弗莱什曼，

---

[1] 《波尔多的理查德》（*Richard of Bordeaux*），戈登·达维奥1932年剧作，1933年上演时由约翰·吉尔古德（1904—2000）执导并主演，获得巨大成功。戈登·达维奥即英国著名推理小说家约瑟芬·铁伊（1896—1952），原名伊丽莎白·麦金托什。

他是学校那一年最重要的年轻演员。他几乎全身赤裸地被抬上十字架——正是他年轻的阳刚之美把我拉回自己主要的性倾向。

萨莉开始从我的性冲动中淡出。

同性的人开始淡入。

有一次排演《波尔多的理查德》，莱缪尔·艾尔斯在一场戏前赤身裸体地在男演员化妆室里走来走去（莱缪尔是爱荷华大学的研究生，跟我一样，他是令戏剧系主任 E. C. 梅比颇感不满的学生）。他宛如意大利文艺复兴时期油画中走出来的年轻圣人——一头乌黑发亮的卷发，一副完美无瑕的体格。

有一天黄昏，我们在一座山丘上的小动物园里相遇。四下无人。正在我们目光交接那一刻，响起了一大片振翅之声。

“那是什么？”

“珍珠鸡回窝。”他答道。

我们逗留了一会儿，我还想待久一点，但我觉得莱姆[1]习惯与更主动的人相处，他笑了笑便慢慢走开了。

那是个寂寞的春天。和阿卜杜勒合租公寓用去了我一大笔钱，我有一个月几乎只靠吃鸡蛋维生，那年春季鸡蛋产量过剩，价格很便宜。我现在虽然胆固醇过高吃不得鸡蛋了，却依然是爱吃的，但你要光吃鸡蛋的话，过一阵子就食之无味了。

后来我结识了一个活力十足的爱尔兰青年，他常常带我去爱荷华河久久地泛舟；他会将我们的船划到一处僻静角落，我们在那里唱爱尔兰民谣。城里有嘉年华会，他也带我去过。

我对学业已失去兴趣，所以那个学期没通过，必须夏季学期继

---

[1] 莱姆（Lem），“莱缪尔”（Lemuel）的爱称。

续念才能取得学位。那年夏季学期，我一直和洛马克斯以及他可爱的黑人女友玩在一起。

我对拿学位不感兴趣，我不想离开大学。我们正处于经济大萧条时期。

那时候发生了两件可怕的事：罗丝接受了脑叶白质切除术，她是美国首批做这种手术的人之一；姑姑贝尔在诺克斯维尔过世，这是她一颗智齿感染，毒素在体内扩散的结果。

姑姑埃拉在信中写道："你们可怜的贝尔姑姑周身围了一道坚实的祈祷之墙，但死神穿墙而入。"

当时我刚开始写出个人风格来。我记得写了短篇小说《诅咒》(The Malediction)，还有几首不错的小诗。

夏季学期结束后，我取得了文凭。洛马克斯和他的黑人女友邀我同去芝加哥，他们说我可以在那里参加公共事业振兴署的作家计划。而实际上我们在当地一家疯狂的夜总会认识了几个在里面表演的古怪的黑人同性恋。我记得其中一个尤为热情，他说："你知道吗，我每次出门都带着床单。"意思是他在性行为中喜欢作被动的那一方。我试图加入公共事业振兴署的那个计划，但遭到拒绝，因为我的家庭还称不上贫困。我剩下大约十块钱，要在芝加哥撑过那段时间，我只好给家里拍电报讨钱，以便回到圣路易斯县的家中。

克拉克·米尔斯·麦克伯尼[1]从巴黎回到圣路易斯，我们重拾友情；那是一个生气盎然的夏天。还有些别的朋友，我们在梅勒梅克河畔野餐，玩乐消遣几乎从不间断。爸爸让我把家里的斯图贝克汽车开出去很多次：他还在努力让我克服见到他就胆怯的毛病。我

[1] 克拉克·米尔斯·麦克伯尼（1913—1986），诗人、翻译家，田纳西·威廉斯的同学。

对爸爸来说很重要，因为继承了他父亲托马斯·拉尼尔·威廉斯二世的名字。

既然前文谈到爱荷华大学的话题，让我同各位说说学校戏剧系那个老主任 E. C. 梅比。多年来，梅比深受一个无法手术的脑肿瘤的困扰，它据说是良性的，但有时会影响他的行为，使他乖僻无常。

他为爱荷华大学里那座由他兴建的宏伟剧场倾情付出，每一部新戏的彩排现场总有他的身影。

有一天晚上，一出即将上演的戏彩排状况堪忧，梅比大发雷霆。他摘下眼镜，朝演员们身上掷去，后来他命令他们彻夜排练，直到作品改得称他心意。

梅比对我和莱缪尔·艾尔斯都有偏见。他常暗示说艾尔斯这个从普林斯顿大学来的研究生是同性恋——我猜他的确是，但也是个很有才华、讨人喜欢的同性恋，完全不应受到梅比的迫害。

此处插一段话。过了好几年，1943 年的一天晚上——我当时住在西海岸为米高梅电影公司工作，说是为他们工作，其实只是每周领取他们有义务支付给我的干薪——莱姆·艾尔斯邀我在贝弗利山庄他漂亮的小房子里过夜。早晨醒来，映入眼帘的是莱姆迷人的身影，赤着身子，在楼上走道里踱步。他亲切地向我道早安。当然我脑中有了台词:“进来吧，莱姆，我早就见过你裸体了。”但是羞怯之情阻挠了我，那最后一次黄金机会永远离我而去……

莱姆真是我所见过而未曾尝试勾引的最美的、性格又随和的年轻人——可能除了……不，还是谨慎点为好。

我怎能真心地说出“Je ne regrette rien”[1] 呢——借用“小麻雀”伊迪丝·琵雅芙的话。

在爱荷华的那年夏天，我依然寂寞，习惯晚上漫无目的地在街上游走，以逃避我房间里令人窒息的闷热。街道种着许多高大树木，城里散发一种老式的魅力。晚上，这里看起来俨然是南方。我又寂寞又害怕，不知道出路何在。我终于全然确信自己是同性恋了，但又不清楚要怎么办。

偶尔几次有男孩愿意对我献身，我甚至不知如何接受。

昨天，星期六，我做了一件对我来说非同寻常的事，也着实觉得愉快。在一个年轻朋友的陪同下，我在中央公园里逛了大约五个小时，我们是从七十二街和中央公园西大道交叉的那个“同性恋角”进去的。我们买了柠檬和樱桃冰淇淋，向湖对岸踱去，那块空地全被同性恋给占了。在白天，他们是挺和善又优雅的一群人。我注意到，他们排斥娇弱、阴柔的人，这一大堆人聚在一起，在我看来毫无吸引力。我年轻时住在青年会是喜欢和那些阴柔的同性恋做伴。不过我最亲近的朋友们尽管和我一样能表现出阴柔气质，却不是最“明显”的那一型。

我刚“出柜”时，在新奥尔良倒认识几个非常“明显”的人。譬如有一个人，姑且叫他“安托万”，他走在法国区的街上，会随身带一个小小的雕花玻璃瓶，瓶子里装的是液体嗅盐。一走近哪个

[1] 法语，意指“我无怨无悔”，引自法国女歌手伊迪丝·琵雅芙（1915—1963）的歌曲《我无怨无悔》（“Non, je ne regrette rien”）。

女人或女孩子，他就会停下脚步，倚到墙上，苦恼地轻唤一声“毒物”——嗅着他那有抵抗作用的小瓶子，直到那位女士走过；甚至女士走过后他仍装出一副崩溃的样子……

我觉得他很滑稽，不过安托万也有严肃、天才的一面，我们这种人大多如此。他不算一个杰出的画家，但独特而卓有成效的才华后来使他成为纽约一名成功的设计师。

我记得曾有一天晚上，安托万在图卢兹街他布置精致的公寓里上演了自己制作的《三幕剧中四圣人》[1]——演员全部是同性恋者——他们没有矫揉造作，呈现出真正的格调，这是我看过斯泰因剧本最好的一次演出。

我还记得，在接触了纽约组织得更为严谨的同性恋圈子之后我回到新奥尔良，游说我法国区的同性恋朋友们，劝他们在行为举止方面不要跟在异性后面亦步亦趋。我告诉那些听得进劝的朋友说，那样的言行只会让本来有兴趣做爱的人，在性方面对他们产生嫌恶……而且也太“老套”了。

当然，“娇弱”、“阴柔”是自嘲的产物，是我们的社会强加在同性恋者身上的。那些令人反感的自嘲形式很快便会消失，因为同性恋解放运动正在严肃进行中，逐渐成功地为这些被真正误解和迫害的少数族群确立自由的社会地位，这个社会将允许他们尊重自己，只要以个体而言，他们值得尊重——我认为，他们值得受尊重的程度远高于普遍认定的程度。

我毫不怀疑，男女同性恋者比“正常人”拥有更强的感受力，

---

[1] 《三幕剧中四圣人》(*Four Saints in Three Acts*)，美国女作家格特鲁德·斯泰因(1874— 1946) 的剧本。

这相当于拥有更多才华……

（为什么呢？因为他们需要弥补的东西太多。）

顺着这种沾沾自喜的心情，我发现自己在纽约已经建立了或正在建立一批我个人的追随者。比方说，昨天我和一位友人走进一家门面不大却价格昂贵的男装店。我看中一套棉与涤纶混纺的红棕色西装，稍加修改就会很合身。我掏出信用卡时，老板对我大献殷勤，为表诚意，他赠送了一条三十美金的丝绸领带给我，与那套西装十分相配。本周三，我会穿起这一身，与坎迪·达琳一起上访谈节目《正午》，为《小船警报》做宣传。

尽管在晚上 10 点夜猫场的《小船警报》结束后我已精疲力竭，但还是和主演海伦娜·卡罗尔一同去见了唐纳德·马登。除了马龙·白兰度（不，不对，迈克尔·约克现在也是其中一员，这就有三个人了），马登是唯一我会专为其编写剧本的演员，至少会专门设定角色，而且不止一次。各位要知道，我在六十年代仍有能力恋爱，《在东京饭店的酒吧》排演阶段——虽然我的精神和身体状况都濒临崩溃——我“疯狂迷恋那个男孩”[1] 马登，但是我克制自己，没有表明心意，因为他参演了我的作品。

我对马登的爱现已理智地转化为柏拉图式的感情，这基于我对作为演员的他怀有深深的敬意。我认为当今美国没有比他更好的演员了……（或许有朝一日迈克尔·莫里亚蒂能挑战他的卓越地位。）

[1] 《疯狂迷恋那个男孩》是 1932 年音乐剧《锦绣云裳》（*Words and Music*）中的歌曲。

4

我想要跟大家讲讲，在黑兹尔和萨莉之后我生命中另一个重要的爱人，也是我第一个挚爱的男性恋人。1940 年初夏，我的朋友保罗 · 比奇洛让我坐上了一列驶往波士顿的火车，继而转车前去普罗温斯敦——一个我连听都没听过的地方。我当时终于为《天使之战》（*Battle of Angels*）与戏剧家协会签下一纸标准的戏剧家协会合同，取代他们一开始提出的半价非正式协议：这意味着我在上演准备期的津贴是每月一百、而非五十美元。我觉得很宽裕了。不过比奇洛认为我最好出城去。那段日子里，总有人让我坐上火车或巴士，就好像我是个过河卒子。话说回来，我一定是想要别人这么对我。别人也真是这么对我的。在那遥远的岁月里，那些人对我多好啊！这话是真心的……

我从波士顿搭每日渡船去普罗温斯敦。刚到那里的头几天，我住在一栋租屋里，那是栋简陋却迷人的老式楼房，外廊里装着一架秋千。这栋楼的房客是些同样不拘小节而迷人的年轻人。我住进去的第一晚，便有个金发青年屈服于我贸然的追求。

是的，告诉各位，那时候我终于已经彻底出柜；我不是一个走在街上令人瞩目的俊美青年，当时蓝色牛仔裤和 T 恤还没流行，否则倒是对我有利，因为我有一副游泳健将的健硕体格。我的左眼由于过早患上白内障，瞳孔已变成灰色。我仍旧很羞怯，除了喝醉的时候。噢，几杯酒下肚，我就判若两人了。

(那段日子里，我常常和另一位年轻作家结伴去时代广场猎艳，在这件事上他应该想要隐姓埋名。他会派我去水手和大兵聚集的街角，冒昧而直白地与他们搭讪。我的直言不讳没有惹得他们当场宰了我，也算是奇迹。我会走上前去同他们言语几句——有时候他们误以为我是帮妓女拉皮条的，会回答说："好啊，姑娘们在哪儿？"我就得解释，对象是我猎艳的同伴和我本人。这时出于某种原因，他们会惊愕地盯着我看一会儿，然后放声大笑，围作一团讨论片刻，而后多半会接受我的拉客，跟去我同伴在格林威治村的寓所，或是我在青年会的房间。)

至少可以说，这么做自然能满足我早年在曼哈顿时沉迷其中的不乏怪癖又极度亢奋的性欲。就像在动物身上一样，性欲也是人自然天性的一部分。动物有发情的季节。而对我来说，这是件全年无休的事。

有时候我思忖，去猎艳有几分是出于享受与搭档做伴及招蜂引蝶的乐趣，又有多少是真的为了交合行为本身重复而肤浅的满足感。我知道，此时我尚未在"同性恋圈子"里体验过爱情，爱情能使猎艳行为成为更高尚的事。我认识不少同性恋，只为猎艳而活，这"地狱中的孽火"[1] 存续到中老年，在他们的脸上刻下印记，甚至从他们如狼似虎的眼神中折射出来。我认为自己能免于这种命

---

[1] 原文"rebellious hell"，出自莎士比亚《哈姆雷特》第三幕第四场。

运，是因为我总是以工作为第一要务。是的，即便在爱情真的来临时，工作仍是我首要关注之事。

那是1940年夏天的头一个月，在普罗温斯敦这个欢闹的科德角顶端，我在一栋木结构租屋的外廊里遇见了那个金发男孩。带走廊和廊上秋千的木结构租屋都有一种魔力，无论是在北方还是南方。而且那是天色将暗未暗、蓝得纯净之时，衬得金发少年分外迷人。

我在门廊的秋千上挨着金发男孩坐下。黄昏模糊了我左眼灰暗的虹膜。尽管他申辩自己是“正直的”，我记得不出十分钟便说服他，只有在我怀里度过一晚，他的人生才会完整。

(《欲望号街车》里布兰琪有一段台词。密奇对她说，他以为她是“正直的”，她答道：“什么叫正直？一条线或者一条马路可以是正直的，可是人的心，噢，人心可不是，它像山路一样蜿蜒！”)

1940年的那个夏天，我还未满三十岁，沉迷欲海，将至极限。

这个金发孩子只是一夜伴侣，一段稍纵即逝的小插曲。

无论如何……

也就两三天之后，我在普罗温斯敦的杰克船长码头邂逅了基普。

一天中午，有个熟人带我去码头，天空蔚蓝澄澈。码头边潮汐中的木桩上建着一座两层楼小木屋。屋里炉边的那个青年，正是我后来将自己的第一本短篇小说集献给他的那个人。我进门时，他背对着我，面对炉子自顾自地煮着新英格兰风味的蛤蜊浓汤，这是他和他年轻的（保持着纯粹友谊的）朋友乔因经济拮据那年夏天用以充饥的菜肴。他身穿紧身蓝布工装裤，我那只健康的眼睛就像鱼儿上了钩。他全神贯注地煮着汤，都没回头看一眼打一声招呼。小屋的另一个房客便是名叫乔的年轻人，他喜欢东方舞蹈。而基普喜欢的是现代舞。他从炉边转过身来时，如果我再头脑发热一点，可能会以为自己看到的是年轻的尼金斯基。后来他曾带着迷人的自恋得意地说，他的体格和尼金斯基差不多，容颜也非常相像。他长着一双微微斜挑的翠绿色眼睛，高颧骨，小巧的嘴唇。我永远也忘不了看到他的第一眼，他背对我站在两眼炉灶前，我从未见过如此宽阔有力的肩膀和线条优美的臀部！他没怎么说话。我想他察知了我对他的感觉，慑服于其强烈程度。

没过几天，乔和基普邀我去那座普罗温斯敦杰克船长码头的两层楼小木屋与他们同住。他们在一楼为我准备了一张折叠床，摆在乔的床旁边。

码头上挤满了住屋，隔着几户人家住着一个二十八九岁的漂亮姑娘，有天晚上她邀请我们去她家吃饭。她的收音机里播着《甜美的莉拉妮》。我被音乐冲昏了头脑。我仍记得那首老套却撩人的夏威夷歌曲——没过多久，我和基普就回到我们那座小木屋，两人单独待在一楼，我发了疯似的对他滔滔不绝地吐露自己的欲望。他沉默了片刻，然后说：“汤姆，我们上楼去我房间。”

那间卧室是个小阁楼，有一扇大窗子兜住了半边夜空。

我们没有开灯也没有关灯，基普脱下了衣衫。昏暗之中，他赤裸地站在那里，背对着我。

此后，我们每晚都在阁楼的双人床上同眠，我的欲望不可抑制，夜里我会再三摇醒他，要求做爱。要知道，那些日子里的我丧失了理智，不明白即便对方是一个温顺的伴侣，他的激情也总会被消磨殆尽。

就在此时，我一与人对视就会脸红的旧习又犯了，这是种折磨，使我的白天很难熬，但阁楼卧室里雾气迷蒙的夜色会祛除这份羞怯。

我记得第一晚过后的这天，我们一行人穿过沙丘去一位舞蹈批评家的海滨小屋拜访。我和基普慢慢走在其他人后头，基普对我说："昨晚你让我知道了美好的疼痛是什么意思。"

在那个阁楼里，我写下自己唯一的诗剧《涤罪》(*The Purification*)。我支起一张小书桌——一个摆放了我的手提打字机的木箱子。在这个剧本里我找到了出口，用文字宣泄这份感情带给我的狂喜，同时也透露着对它终将不果的隐忧。

毫无预兆地，基普的情绪变得阴晴不定。有时候我们一起出门，他会突然不见人影，失踪几个小时后，当他回家睡觉时，又会温柔地解释说："田，我之前觉得头痛。"

我接到一封电报，召我七月回曼哈顿一星期。那个星期里，我回到和唐纳德·温德姆[1]、弗雷德·梅尔顿[2]合租的一间小公寓，在那里为基普写下了一首又一首诗。一星期的公事结束后，我立刻赶回了普罗温斯敦。

如今回想起来，基普曾羞愧地与我讨论过他在美国自食其力的困难。他是个逃兵役的加拿大人，在美国没有正当身份，他不敢向任何雇主透露此事，只有一位颇具同情心的雕塑家聘他当授课时的模特。我似乎错误地向他保证过，到了秋天，我的经济状况也许能缓解他这方面的忧虑。这很可能是我们两人无言的默契。

我知道基普爱我，虽然起先他有些不知所措。我也知道，一晚上被摇醒四五次，不断满足我的欲望，这不是一件轻松事。

---

[1] 唐纳德·温德姆（1920—2010），美国小说家、传记作家。

[2] 弗雷德·梅尔顿，平面艺术家，唐纳德·温德姆当时的男友。

这不是爱情故事的写法，我知道。

八月末，一个女孩出现在我们的故事里。我并未将她视作威胁。有一天，我和一伙人在沙丘上闲逛，其中有当时还默默无闻、无人赏识的抽象画家杰克逊·波洛克。后来在画作之外，他成了一个“隐秘”人物，但是我记得那年夏天他喧闹、微醺的习性。那时候，他是个体格健壮的年轻人，只是啤酒喝多了，体重略微超出了能吸引我的范围。他常常把我架在肩头，无忧无虑地戏水。

噢，那真是黄金时代，那年夏天，虽然世界正在发生战争，但我们每个人都逍遥快活！

就在那年夏末的一天下午，我和这群伙伴在沙丘上，基普跑了过来，面色凝重。

“田，我得和你谈谈。”

我坐在他自行车前杆上，他载我回镇里。途中，他小心翼翼、极其温柔地对我说，闯进我们生活的那个女孩提醒他，我正将他转变为同性恋者，而他已足够了解这个圈子，知道必须抗拒它，知道它以不可接受的方式妨害着他的为人。

再也毋庸置辩，至于那座双层小木屋——基普不愿再与我分享阁楼。于是我们搬去了一栋更大的双层居所，屋里少有陈设，只摆了三张折叠床、一张桌子和几把椅子。

我深受打击。基普保持着沉默，苦恼地疏远我。

我想好了计划，决定逃往墨西哥。当年，若有人想搭乘汽车去别的城市——以我而言，去别的国家——可以通过刊登广告，联系有意开车去那个方向的人，和他商量分摊路费，搭车同行。我依旧愕然地回到曼哈顿，使用这个办法，通过介绍迅速联系上一个年轻的墨西哥人。他开车来纽约参观 1940 年世界博览会，在曼哈顿娶了一个妓女，现在要带她回墨西哥城见他富有的家人。这位年轻女士和她的墨西哥新郎之间语言完全不通。她体态丰腴，他也一样，不过说一个男人、一个新郎体态丰腴，那可不算是赞美。

我们南下的旅程很奇妙。一行人中还有另外三个墨西哥男人，他们轮流驾驶。有时我们会绘制路线图，但他们不会照着走。我们自然不断绕远路，有几次偏离正确路线数百英里。我出发前得了严重的咳嗽，在车上偶尔咯出血来。换作平日，这症状定会令我不安，而此时我已经顾不上了，我唯一能想到的，是在墨西哥城的富国银行是否有一封基普的信在等着我。

我们渐渐接近得克萨斯州边境，那位妓女新娘想到即将踏进夫家大门，变得越来越紧张。我很快便感觉到，这对夫妻的床笫之私并不和谐。她的神情一天比一天阴郁，与新郎和他那几个单身汉朋友也愈发疏离，她开始朝我使出不安的眼色，对我耳语暗示她的忧虑。

（我从不害怕墨西哥人，但我的母亲对他们心怀恐惧。她有一次和我一同住在加利福尼亚州拉霍亚的一家旅馆里，我和一位老友决定带她穿越边境去蒂华纳。我们把车开到海关，我才向母亲说明意图。她这才注意到自己正在进入或即将进入墨西哥，立刻惊慌失措起来。“噢，不，噢，不，噢，绝不！”她简直像昔日情节剧中受到侵犯的女主角。但我们无视她的抗议，继续前行。到了蒂华纳，我们请她下车，她一见有成年墨西哥人走近，身子就紧贴到墙壁上。我们只好带她去就近的餐厅，一吃完饭就赶紧回美国了。）

稍稍离题了，回头来说 1940 年八月那对夫妻的墨西哥蜜月之旅。我们在蒙特雷的一家汽车旅馆登记入住。我住进一个狭小闷热的房间，挂了蚊帐的床上放着一本书。我安顿下来，只听见一串急促的敲门声：是那位新娘。

她几乎情绪失控。“亲爱的，我都不晓得让自己陷入了怎样的处境。你明白我的意思吗？”

我告诉她我能猜想到。

她接着坦承自己和丈夫尚未圆房，还坦白了一些别的事，惶惶不安地恸哭了一个小时。她坐在我的床沿，越来越不想离开，最后，我觉得最好告诉她，我很不适合当她新郎的替身，并且向她道明了原因。她难过地点了点头，继而是一小段缓和情绪的沉默。或许《大地王国》就在这片刻沉默中萌芽于我的戏剧宝库。后来她终于叹了口气，站起身来。

“我想你很幸运，亲爱的。女人的卫生问题可比男人复杂多了……”

我们到墨西哥城后，同伴们把我放在了青年会。对物质的不屑一顾，使我把许多衣服留在了后车厢里。我记得五六年后，那位新娘从墨西哥城将这些衣服寄还给我，随包裹还附了一张亲切的纸条，表达了对我们共同旅行的快乐回忆。

我一生中被施予了太多善意，而我从未好好致谢。

1940 年八月，在墨西哥的青年会，我度过了寂寞的一周。那一周里只有一件事我还记得。有一次我走下楼梯，碰见一个上了年纪、脸上化着妆的美国同性恋。他像相识已久的好友一般同我打招呼，很快便邀请我去他房间看他的纪念相册（那种可称为“同志”相册的照片集锦）。其中有一张照片令我记忆犹新，拍的是风华正茂的格伦韦 · 韦斯科特 [1] 正在清澈的山间湖泊里裸泳。

[1] 格伦韦 · 韦斯科特（1901—1987），美国小说家。

在首都待了一个星期后，我坐长途汽车前往塔斯科。在那里我与一群美国学生结伴，他们开车载我去阿卡普尔科。我们在黄昏抵达一个叫托德普莱斯的海滨胜地，那里有着迷人的原始风光和汹涌起伏的海浪。我们当晚迎着滚滚海浪跑去游泳。我有意装作被浪头反复冲到最漂亮的那个学生身上。我觉得他大概明白我的意思，但又不好和同伴们分开。

后来我住进了绿色海岸酒店，俯瞰雨林和风平浪静的海滩，那正是创作《鬣蜥之夜》的背景。那年夏天，墨西哥大部分地区遭纳粹德国侵占。绿色海岸酒店也来了一伙德国人，他们为当时正在进行的伦敦大轰炸欢欣鼓舞。这伙人当中有个漂亮姑娘，一天早晨我对她说了句“你好”。她瞪了我一眼，低沉地吼道：“对不起，我不会说意第绪语。”显然她认定所有的美国佬都是犹太人了。

也是那年夏天在阿卡普尔科，我结识了简·鲍尔斯[1]和保罗·鲍尔斯[2]夫妇。他们住在城里一栋膳宿公寓里，保罗一如往常为日常饮食和肠胃问题苦恼。我们共度的那个夏夜，一直讨论他在阿卡普尔科吃什么才能消化，可怜的小简不停地说：“噢，泡泡，你就只吃玉米片和新鲜水果就好了！”诸如此类的话。她的建议没有一句能缓和他消化不良的苦闷。

我觉得他们是一对古怪而可爱的夫妻。

那年夏天除了游泳，我都在写一本名叫《通往屋顶的楼梯》（*Stairs to the Roof*）的剧本初稿，还常与另一位青年作家愉快长谈，因为战乱，他迫不得已刚撤离塔希提岛的住所。我们躺在凉台毗邻

[1] 简·鲍尔斯（1917—1973），美国作家、剧作家。

[2] 保罗·鲍尔斯（1910—1999），美国作曲家、作家、翻译家。

的吊床上，边喝朗姆椰汁边聊天，待到为数不多的那几间小卧室凉快下来，才进屋睡觉。

有几个墨西哥男孩真的抓到一只鬣蜥，绑在凉台底下，等养肥了吃——但再也没人为它松过绑。

戏剧协会预支版税的支票不知何故一拖再拖，迟迟没有寄来。我记得就在绿色海岸酒店女老板快要撵我出门的时刻，支票未附一字地来了。直到我坐上过境回国的长途车，才在《纽约时报》的戏剧专栏里发现，米利亚姆·霍普金斯小姐将出演《天使之战》，而且排演即将开始。

基普在二十六岁那年死去。当时我刚结束与米高梅电影公司毫无建树的合作，到圣路易斯在主显节看着外婆过世，不久前回到纽约。

一天，电话铃响，一位情绪失控的女士在电话那头说："基普只剩十天可活了。"一年前有人告诉过我，基普切除了一个良性脑瘤，手术很成功。因此，我听闻这个消息震惊不已。

他住在时代广场附近的综合医院。

你们也知道，当听说爱过的人生命垂危，爱情会如何涌回心头。

唐纳德·温德姆陪我去医院探病，我害怕独自前往。我走进基普的病房时，有一位护士正在用调羹喂他进食：餐后的甜点糖渍杏子。他的样子从未如此美丽，虽然糖浆从他嘴边滴落。他的太太也在他身边。他们平静地讨论着坐卧铺火车去西海岸旅行的事。

基普的思维似乎和他那双斯拉夫人的蓝眼睛一般清澈。

但是他的视力变差了。

“田，坐到角落来，好让我看清你。”

（我想，脑癌晚期患者的视域都会变得很有限。）

我坐在那里，他探问我在西海岸的生活。

我多么渴望一跃而起，上前抱住他，但还是遵守了强颜欢笑的礼节。

“好像是去年切掉肿瘤的时候，他们留了几根缝线在我脑袋里，所以我的情况又恶化了。”

“说得对。”他太太说，像是在确认一个婴儿讲的话。

“等他们把缝线清出来，我就会没事了。”基普说。

但是他的眼睛不断向我诉说的话，却否定了他有失尊严的呀呀童语。

“之前都没什么事，后来我走在街上开始踉跄了。”

“你以后就不会了。”他太太说。

“基普累了。”那位护士说。

我站起身来，向他伸出手，而他找不到我的手，我只好握住他的。

我和唐尼[1]离开医院后，径直去了最近的一间酒吧。

几杯酒下肚后，我跑去一家日本商店，为基普买了一件漂亮的米色山东绸长袍，隔天便带去给他。

“谢绝访客”，他的病房门上挂了这样的牌子。屋内，是一片死寂。

“我可以把这个留给他吗？”

他的太太，同样被阻隔在死亡病房之外，她点点头，收下了

[1] 唐尼（Donnie），“唐纳德”（Donald）的爱称。

包裹。

基普的兄弟从加拿大为我寄来基普给雕塑家做模特时拍下的快照，这几张照片在我的皮夹里存了二十几年。在六十年代，不知怎的照片就不见了。

可是啊，基普，你活在我残剩的心脏里。那时候的你是多么温柔体贴，骑车去普罗温斯敦的海滩，叫我坐上前杆载我回家，在途中，你多么温柔又诚恳地告诉我，我们的恋情结束了，就现在，因为它正将你转变成同性恋。

我可曾告诉过各位，那个女孩是伊莱恩·邓迪（泰南）[1]的姐姐，那年夏天在普罗温斯敦，她来我们的住处接基普，我正在阳台打点衣物准备搬出去，抓起一只马靴就朝那位小姐扔了下去——没有击中她，但可不是故意避开她的……

同一年夏天在普罗温斯敦，我躲去墨西哥之前，结识了塔卢拉·班克黑德。她是我考虑《天使之战》的演员时首先想起的人，我当时正希望这部剧本能够上演。我记得，她那时候在丹尼斯港剧场演一部皮内罗[2]的戏。我从普罗温斯敦骑车去看她的戏，她演技精湛，十分美丽，我铁了心认定她应该当《天》剧的女主角。我到后台去，经人介绍与她认识。她友好可亲，说很乐意读一读我的剧本。然而，此后我没有得到塔卢拉对这部戏的回复。塔卢拉没有陷入《天使之战》，我为她高兴，同时也替可怜的米利亚姆·霍普金斯感到遗憾，因为她出演了。这部戏自然是彻底失败，可怜的米利

---

[1] 伊莱恩·邓迪（1921—2008），美国作家、演员、剧作家，曾与英国戏剧评论家、作家肯尼思·泰南（1927—1980）有一段婚姻。

[2] 阿瑟·温·皮内罗爵士（1855—1934），英国剧作家。

亚姆也和我一样受到了牵连。

我和塔卢拉熟识之后，总是很钦佩她的诚实、勇敢和不怕羞。这种特质在某类南方女性身上能找到。如果对女性出言不逊，有几类南方女性可称为荡妇。我想，塔卢拉可以说是个优雅的荡妇。我记得她从不愿为身体机能原因而打断一段对话，如果她正和我聊得起劲却必须去解手，她会叫我陪她去洗手间，让我坐在浴缸边缘，听她讲完话，同时解手完。这没有使我错愕，实际上这种率直以及对尴尬感的失察，让我很高兴。这种特质安娜·马尼亚尼[1]也有。我想安娜也可以说是一位南方女性，只不过是意大利南方女性。总之，我不喜欢过分讲究礼教的女士，除了我母亲和姐姐。她们两个都是过分讲究礼教的受害者。而与那些不但能容许且最适应自由自在的生活方式的女性相处，我自然觉得更轻松。当然，我和姐姐的感情是例外。

从没有人了解塔卢拉·班克黑德。至少他们笔下的她，没有显示出任何对她本质的真正理解。塔卢拉并非沉溺肉欲的人。我认为性对她而言无甚重要。她是个自恋的人，是我们这个时代的一位幽默大师，也是我认识的所有人中极其机智的一个。

现在来同各位讲讲一部原计划在百老汇上演、结果在波士顿停演的戏，以及一群纽约制作人的慷慨大度，这个团体在当时是美国戏剧界资金最丰厚、最有声望的……唉，何需顾忌呢，这个团体健在的人士如今对此也毫不在意了。我说的就是戏剧协会，而这部

[1] 安娜·马尼亚尼（1908—1973），意大利演员，凭借电影《玫瑰文身》获奥斯卡最佳女主角奖。

戏，当然就是《天使之战》了，当时是 1940 年圣诞节前后。

这部戏在那时候看来相当怪异，有不少策略上的错误，比如中心人物兼具笃信宗教和性欲旺盛的特点。批评家和警方审查员似乎认为这部戏和城里出现的黑死病同样可怕。

我被叫去波士顿公园丽思卡尔顿酒店的一间套房。戏剧协会的大人物们都在场，除了剧本读评人约翰·加斯纳，正是他说服他们上演我的这部戏，他缺席也就不难理解了。在场的有英国的玛格丽特·韦伯斯特理事，还有浅紫色头发、娇小优雅的特里萨·赫尔本女士，她和戏剧协会创始人劳伦斯·兰纳先生同是协会管理者。

“我们要停演这部戏了。”他们简单明了地告知我。

“啊，你们不能这么做！”我大喊出声，“我可是在这部戏里倾注了心血的！”

一阵略带尴尬的沉默之后，韦伯斯特女士颇为动人地大声说出这句诙谐的话：“你不能掏出心来，让乌鸦们乱啄。”[1]

赫尔本女士说：“至少白花钱的不是你。”

此时，我的经纪人奥德丽·伍德精明地问道：“钱呢？”

这句话之后的沉默是算计多于尴尬。

我仍旧注视着赫尔本女士或兰纳先生，希望我的眼神不带哀怜。而他们则是第一次注视，也可能只是瞥了一眼我经纪人泰然自若的脸。

“这个……”兰纳先生说，“我们会给他一百元，让他去什么地方重写剧本，如果春季能再次交稿，我们会考虑在下一季上演。”

当时的经济状况是这样的。我已经用完了洛克菲勒基金会的

---

[1] 英语习语，意指袒露自己的感情，出自莎士比亚《奥瑟罗》第一幕第一场。

一千美元补助，波士顿两周的版税也不怎么够预支的钱，所剩的大概只有回纽约的火车票钱和青年会的住宿钱。

这一百块在这种状况下显得很重要，那年头一美元还值一美元。这一百块钱把我带去了佛罗里达州基韦斯特，在那里我认识了玛丽昂·瓦卡罗，住进她母亲经营的膳宿公寓后头的一间小木屋，拼命地重写《天》剧。

讲述这段经历时，我会说几件和玛丽昂·瓦卡罗长年友谊中的几件趣事。曾有一段时间，她可能是我最忠诚的友人，她也是南方女性的典型。她们一家是佐治亚州人。她的父亲乔治·布莱克先生是一位圣公会牧师，据我所知，他有酗酒的习惯，他们家也因此过着漂泊不定的生活。这么说吧，他在一个教区待不久，他们不断地从一个教区搬到另一个教区。说起来，大家都知道牧师的工资有多微薄。我的外祖父戴金也是圣公会牧师，他每月工资才一百美元。玛丽昂的父亲可能也领差不多的薪水，所以玛丽昂在拮据的家境中长大。她得到史密斯学院的奖学金；她受过良好教育，文学素养很高。而且，她还是位才华横溢的诗人。

但是她对自己的诗才太过谦逊，从未想过将诗歌付梓。她的哥哥如今仍生活在迈阿密椰子林区，他曾答应把已故的玛丽昂的诗寄给我，我设法出版，但直到今年才寄来一小部分她早期的作品。早前他给过我一幅玛丽昂美丽的肖像，现在还挂在我基韦斯特家中卧房里，那是我1941年初识她时的模样。很可爱，一脸俏皮。她不算是标致的美人，但极具魅力和活力。1941年，她的母亲在基韦斯特一栋大别墅里经营着古朴的膳宿公寓，公寓名为“信风”。《天》剧在波士顿惨败后，那年一月我第一次去基韦斯特，遇到了玛丽昂和布莱克一家。我会选择基韦斯特，其实是因为游泳已是我生活不可或缺的一部分，基韦斯特是美国的最南端，我想在那儿重写《天》剧时还可以游泳。话说我有个好友吉姆·帕罗特，就是在拉古纳养鸽场一起干活的孩子，他 1941 年住在迈阿密。他是个可爱的家伙，不过不是同性恋者。或许应该说，要是每次我提起一个男人，都推断他是同性恋的话，那是不正确的。相信我，我认识也喜欢许多并非同性恋的男人。总之，我先在迈阿密见了吉姆，他开车南下带我到基韦斯特，我们把车停在这栋非常漂亮的木结构房子前。这栋房子由桃花心实木建造，楼上楼下四面都有门廊，还有一个我印象中俗称“望归台”的屋顶平台。一栋美丽非凡的建筑。遗憾的是，布莱克家搬离这栋房子后，它遭人纵火烧毁。在 1941 年，布莱克太太很热诚地接待了我们，当我提到自己是牧师的外孙时，她认定我必然是位绅士，真是个匆促草率的结论。她让我们留宿。起先是她留我和吉姆下来，在楼下为我们安排了一间卧室。然后隔天早晨，吉姆得回迈阿密——他在那里工作——而我实在不愿意离开这栋漂亮房子，也不愿离开科拉·布莱克太太，她太有魅力。她看出我的心思，便说:“汤姆，这儿后面有间小屋子，不知道能不能给你派上用场，你一个人住倒是够大。”她带我去看屋子。我说:“这儿很理想，布莱克太太，我不喜欢住太大的地方。”这是实话。于是她很客气地为我安顿好屋子。她为我装了淋浴器，只收我每周七块五的房租，就在那里我重写了《天》剧。我经常骑着租来的自行车去一家古巴餐厅喝浓烈的古巴黑咖啡醒脑，医生当然不会建议有心脏病的人这么做。然后我骑回我的小屋，一页接一页源源不绝地写各种东西——不只是《天》剧，还有诗和短篇小说。那种古巴咖啡真的很够劲。这对我的心脏没有好处，但我的心脏也很奇怪，有时候它好像会在折磨中成长。

那段日子里，基韦斯特有一群优秀的艺术家聚居。其中有阿诺德·布兰奇和他的女友多丽丝·李。还有日本艺术家国吉康雄的夫人。创作了《美国哥特式》的画家格兰特·伍德也在。那是他人生的最后一年。他长得矮墩墩的，一头蓬乱的白发，非常非常和善。脸上总是泛红，倒绝非出于窘迫。我们大家晚上时常聚在海明威以前爱去的酒吧“邋遢乔”。海明威已经离开此地，但他的前妻波林·法伊弗·海明威还在，她住在怀特黑德街那栋西班牙殖民时期建的漂亮老房子里。“邋遢乔”酒吧有一支舞曲乐队，是一支十分好的黑人乐队，演奏的乐曲绝佳。基韦斯特那年头有种很纯正的边境气氛，让人心情愉悦。就连那时的天气都似乎更好。“邋遢乔”也远比今日更多彩多姿。以前有一个贯穿酒吧前后的吧台；现在的吧台是马蹄铁形状。海明威的旧友们 1941 年仍然在那里流连，我和玛丽昂晚上常去那里跳舞。

玛丽昂的丈夫是我生平见过最糟糕的酒鬼。他算讨人喜欢，但是他给玛丽昂和布莱克太太带来一大堆麻烦。他不喝酒的时候就吸乙醚。非此即彼，不是酒就是乙醚，他就是这么爱喝。他挺喜欢我，常常在我想要工作的时候来我的小屋。我害怕闻到乙醚的气味。我儿时切除了腺样体和扁桃体，同时也割了包皮，就是用乙醚麻醉的，打那以后就得了麻醉性休克。

这个家伙常常口吐乙醚气味走进我的屋子，用他的一只玻璃眼珠瞪着我。那时候我脾气一定比现在好很多，从没把他赶出去过。当然，我可能是赶不了他，他体魄强健。话说，他是当地挺有意思的一号人物，但是他让玛丽昂日子很不好过，而她无比坚韧地忍受了下来。他是“标准”果品公司的主要财产继承人。玛丽昂应该是二十多、没到三十岁的时候嫁给他的。她结婚晚，我认为是因为她从史密斯学院毕业后必须自食其力，弗洛伦兹·齐格菲尔德[1]雇她作小孩的家庭教师。玛丽昂带了这几个孩子很长一段时间；她对友谊十分忠诚，到最后和齐格菲尔德先生的遗孀比利·伯克成了好友。

那年冬天，吉姆·帕罗特偶尔会来看我，在布莱克家度周末。有一次他过来，恰巧遇上“信风”公寓的一场家庭危机。我和吉姆被主人请去吃饭，席间，也没什么明显的原因，瓦卡罗先生摘下他的玻璃眼珠，朝他岳母掷了过去。它掉进了岳母的汤碗里。只有真正的贵妇人才能沉着应对这种事。克拉拉女士不动声色，只是从汤碗里捞出玻璃眼珠，用汤匙递给玛丽昂，平静地说：“妹妹，里吉斯好像掉了这个。”

那天晚上，他又跟城里开赌窟的流氓起了冲突。他们威胁要他的命，命令他立刻滚出基韦斯特。能办到这一点的唯一的交通工具，就是吉姆·帕罗特的破旧福特车。

逃亡的一行人有克拉拉女士、玛丽昂、吉姆，还有我，不省人事的里吉斯盖在一条毯子底下，躺在后车座的地板上。

这辆福特车水箱漏水。行一段路我们就得停下来，在路边舀起海水，灌进冒烟的水箱。

1946 年在新奥尔良，我和玛丽昂才重续友情。她热衷于各种赛马，我经常陪她和她母亲去新奥尔良赛马场。在新奥尔良，她们住在杰克逊广场侧边庞塔尔巴大楼一间温馨的公寓里。《玻璃动物园》的巡演剧团来城里时，玛丽昂和克拉拉女士为他们办了丰盛的酒宴，整只整只的火鸡和火腿，各色酒类饮之不尽。

---

[1] 弗洛伦兹·齐格菲尔德（1867—1932），美国百老汇著名演出制作人。

几年后，玛丽昂和克拉拉女士在椰子林区买下一栋漂亮房子。(里吉斯已经过世。）玛丽昂和克拉拉女士对房地产兴趣浓厚，而且嗅觉灵敏。当时我正考虑将罗丝小姐和一位随侍护工接来佛罗里达。玛丽昂也觉得这个想法不错，她为她们在椰子林区海湾边找了一个住所。这房子陈设齐全，我买了下来，价格十分便宜，才四万美金。这幢房子外观倒不怎么漂亮，灰泥墙，马蹄形，西班牙布道院风格，带一座尖塔，塔顶有一个布道钟。不过庭院很赏心悦目，面朝海湾，种植着十分繁茂高大的王棕树。

很遗憾，接我姐姐来佛罗里达的想法没实现，所以我把房子租了出去。我租给一个在《生活》杂志工作的人。他和家人入住不久后，海湾就遭到飓风侵袭，家具被吹得七零八落，但房子安然无恙，惊人的是，王棕树也都屹立不倒。

之后多年间，这一带的房地产涨价不少。最近一次有人想买这处房地产，出价是 150000 美金，但我没有卖，我预计价格还会涨。

我在房地产方面很好运，牌运也好——有时候恋爱的运气也不错。

那为什么我还自暴自弃呢？也许是因为我在戏剧上的尝试常常失败吧。

在卡斯特罗执掌古巴以前，我和玛丽昂经常周末去哈瓦那狂欢。玛丽昂和我一样喜爱哈瓦那欢闹的夜生活，我们每次都去同样几个地方度周末。就连卡斯特罗执政后，我们还去过。卡斯特罗胜利之后我们头一次去哈瓦那，欧内斯特·海明威将我引见给他。而我与海明威相识，是通过英国戏剧评论家肯尼思·泰南的介绍。那时候我住在哈瓦那国家酒店，泰南打电话来说：“你想认识海明威吗？”我说：“我看不好吧，你说呢？我听说他对我这种性格的人会很不客气。”泰南说：“这个嘛，我会尽量在旁帮你一把的。我觉得你该见见他，因为他是你我的时代最伟大的作家之一。”我说：“好吧，我去碰碰运气。”于是我们前往小佛罗里达酒馆，海明威不出海时，那里就是他日夜出没的地方。海明威本人的魅力无以复加。他和我的预想截然不同。我以为他会是个十分阳刚、威风凛凛的男人，盛气凌人，讲话粗声粗气。相反，海明威给我的印象，是彬彬有礼，露出一种动人的腼腆气质。

泰南曾幽默却不太准确地描述过我们的初次见面。我自然很局促不安，说了些不得体的话。比如我对他提及他最近故世的前妻波林，表达了我的难过，然后我问道：“她是怎么过世的？”海明威似乎没有动气，他只是（有些吞吞吐吐地）说：“这个……她就是死了。”说完他继续喝酒。我们后来开始聊斗牛。我不是斗牛迷，不懂得个中技巧与妙处，只是喜欢斗牛的壮观。前一年夏天，我和安东尼奥·奥多涅斯成了好友，他可以算是欧内斯特·海明威的偶像。我对海明威说起我认识安东尼奥·奥多涅斯。我觉得海明威听了很高兴，他也很高兴我对斗牛同样有兴趣。

海明威说：“你知道吧，古巴这场革命是很好的。”我知道这是一场很好的革命，因为我在巴蒂斯塔掌权时期去过古巴，他有折磨年轻学生的劣习。他常命令学生坐上电椅——或是连接通电装置的椅子，令他们严重烧伤。他有时候还会把他们去势。他是个恐怖的虐待狂。在我看来，美国犯了一个巨大的错误。如果美国意识到缓和关系的可能性就好了。毕竟卡斯特罗是位受过良好教育的绅士。也许古巴能被友好地拉入我们的势力范围，古巴本该属于美国后院，但我们的国务院却决定干掉卡斯特罗先生。结果，我们与古巴为敌，古巴转向苏联寻求支持。而我初识海明威时，这些还没发生。

总之，海明威为我写了一封介绍信给卡斯特罗。肯尼思·泰南和我一起去了宫殿。当时卡斯特罗正在召开内阁会议。他的会议持续了很久。我们坐在会议室外面的台阶上等待。等了大约三个小时后，有人推开大门，将我们领进屋内。卡斯特罗很热情地迎接了我们两个。肯尼思·泰南介绍我时，这位最高统帅说："哦，就是那部猫。"他说的是《热铁皮屋顶上的猫》，我听了自然受宠若惊。我无法想象这位最高统帅对我的戏有任何了解。他接着为我们介绍他的全体内阁阁员。他们用咖啡和利口酒款待我们，这次会面十分愉快，值得三小时的等待。

回头说说玛丽昂。我深深地爱她，虽然可能不如她爱我那般深厚。我有几个最亲近的朋友都是女的，她是其中之一。玛丽昂很可爱，她喝酒也喝得很凶。我们常一起旅行。

有一次我们两人住在国家酒店，一天下午，我们在泳池旁的凉棚里打金罗美牌，看到让-保罗·萨特和西蒙娜·德·波伏娃坐在另一个凉棚里，我说："玛丽昂，我觉得我们该去见见他们。"她没有反对，于是我走过去向萨特先生作了自我介绍。他很亲切，我说："您来和我们一起喝杯酒吗，先生？"他和德·波伏娃女士走过来加入了我们。德·波伏娃女士冷若冰霜，让-保罗·萨特却十分热情客气。我们交谈了很久；我提到玛丽昂会写诗。她前一天晚上给我看了几首特别优美的诗。他说："哦，我很想拜读一下！"我说："玛丽昂，你介意我让萨特先生看看你的诗吗？"她说："哎呀，汤姆，不要吧。

我只是乱写的。我就是晚上自娱自乐，瞎写了这些东西。”我说：“可是，玛丽昂，在我看来那几首都是很优美的诗。”萨特先生说：“噢，上去拿来看看吧。”于是我上楼把那些诗取了下来。萨特读过后非常非常地欣赏。我必须说，德·波伏娃女士仍旧冷冰冰的。我想那就是她的风范吧。曾经在巴黎，我期待萨特出席一场由我举办的聚会，而他未能前来，因此他这次的热忱令我相当惊讶。

回到 1941 年春天，我首次来到基韦斯特的时候。随春天而来的，是洛克菲勒基金会的朋友们额外给我的五百美金。靠着这笔钱，我带上重写的《天》剧回到曼哈顿，把剧本交给了戏剧协会，他们经过几周考虑之后，兰纳先生和我通了电话。（我指的是，我打电话给他，他接了电话。）

“关于这次重写，田纳西，你已经像是卡拉维拉斯县的跳蛙了，你知道吗，马克·吐温的那篇小说，我是说你写得太像跳出县外的青蛙了。”

这就是他的回答了。

他挂断电话后，我悲伤地回忆起与兰纳先生的初次相见，我至今仍然很喜欢他，对他也有愉快的记忆。他有一张总统办公桌那么大的书桌，我见他那一天，桌上堆满了剧本，我从没想过世上竟有这么多剧本。他大手一挥，将桌上所有的剧本扫到地上，只留下了我的，他说：“我对什么都不感兴趣，除了天才，所以请坐吧。”

（那天之后，别人对我说起“天才”时，我会摸摸内兜，看看钱包还在不在。）

在曼哈顿开电梯——五十年代，我曾做过这工作，最有意思的一段日子是在以前的圣哈辛托酒店值夜班，那幢在麦迪逊大道上的酒店大楼如今已拆了。这家酒店真可以算是供家道中落的孀居贵妇住的养老院了，她们愿意把最后一分钱花在一个好住所上。并不是所有的贵妇都合得来。酒店里有两个老太婆，一个姓高贵的“奥金克洛斯”，每当她在电梯里和另一个老太婆不期而遇，都会躁狂发作，因为那个人的姓氏有同等的威望。

和我一起值夜班的还有个年轻诗人。他是电话接线员，他提醒过我，就算是圣哈辛托酒店着了火，我也绝对不能让这两位贵妇搭同一部电梯。

结果，这事真的发生了：她们进了同一趟电梯。电梯内的景象犹如一场斗鸡鏖战正酣。而且（你们猜怎么着），电梯卡在了两层之间！我想要把电梯开上奥金克洛斯住的那一层楼，另外那个贵妇却尖叫道：“不要开上去，下去，下去！”我扳动手柄，电梯停在了九层与十层之间，半夜的这场骚乱一定吵醒了整幢酒店的人。（我现在相信，老太太们对中风是免疫的，尽管有许多意见相反的报道。）

我还记得那家酒店住了一位绝妙的资深性格演员，名叫科拉·威瑟斯庞。这位可爱的女士已经故世，我想如今可以不避讳地说，她当时吗啡上瘾，我和那个诗人得去通宵营业的药房为她配药。

吗啡本应是镇静剂，却总能让威瑟斯庞女士兴奋。

她常常和我还有那个诗人在圣哈辛托的大堂闲聊到快天亮。她用一次剂量的效果直到第一声鸡鸣才会消退。然后我和诗人会半扶半抬地把她搬进电梯，诗人打开她的房门，我将她放在床沿，让她倒在床上。

“要是没有你们两个孩子，我该怎么办？”她会这么咕哝，带着老人温和而哀伤的智慧，因为他们知道“一切都会过去”。

（剧场内外，还有谁比季洛杜在《金屋春宵》[*The Madwoman of Chaillot*] 中那样更了解老太太不可抗拒的勇敢和魅力呢？凯瑟琳·赫本不够老也不够疯，展现不出老太太那种疯癫的个人魅力。）

1941 年年末，我和一位抽象画家同住在西村的仓库区。小心地说一句，这位朋友，是一个无可救药的精神病：我是说他是个疯疯癫癫的瘾君子，而那时候疯癫尚未成为时尚。

那段时期，我曾短暂受雇于一家名为“乞丐酒吧”的小酒馆，老板是一个逃离纳粹德国的了不起的难民，名叫瓦勒斯卡·格特。

她是一位哑剧舞蹈演员，而她的才华远不止于此。我在酒馆工作光赚小费。她的酒馆只获准出售啤酒，但她扩大了一点营业范围，提供杯子和冰块让客人自己调酒。酒馆卖的食物是些类似德国蒜肠和泡菜的东西。有一个驻唱歌手，我一直不清楚那人是男人还是女性异装癖者。永远在店里的人就是无与伦比的瓦勒斯卡。

有时候，我还会朗诵自己写的打油诗赚取赏钱，以图提高小费。

我的诗在当时算很露骨，因此算是酒馆的一个亮点，收到的小费颇为可观。

有一天晚上，老板把侍应都叫来，宣布要改变一项规定。

她说侍应（我们一共三人）必须把小费归到一起，然后管理人员参与平分，管理人员也就是她自己。

就是这一天的傍晚，我的三五好友和熟识到酒馆里来，那个抽象画家也在。瓦勒斯卡宣布新规定的时候，他也在场，当时刚过打烊时间，我们聚在“乞丐酒吧”的厨房里。

我对这位女士说，我完全无意与其他侍应一起归拢小费，也不想和管理人员——即她本人平分。吵嚷声把抽象画家引来了厨房。厨房门口摆着一箱汽水瓶，他一进门就拾起瓶子朝这位著名舞蹈演员扔去。他扔了至少一打瓶子，终于有一个砸中了她。有人叫来了警车和救护车，老板头上缝了几针，不必说，我丢了这份酒馆的工作。

不久后一个寒风凛冽的周五，那是1942年新年伊始，我意外地被喜怒无常的画家朋友赶出了公寓。我这个朋友睡觉时常心神不宁，却仍旧渴望有人同眠，每天晚上他都会派我去格林威治村的街上仔细挑选某些类型的人带回家来过夜。我乐意效劳，另一个被我们叫作“引水鱼”的朋友也愿意一起去；那年冬天多数晚上，我们都让神经质的年轻画家得到愉悦的消遣。然而有一天夜里我和“引水鱼”带回来几个品性不良的客人，第二天早上，画家发现家中几样贵重物品不见了。清点财物后，他悲伤地决定摒弃我的陪伴与效力：我被逐出了公寓，怀揣“中国佬”洗衣店的取衣单却没钱去取，口袋里的零钱只勉强够买一张地铁票。

绝望地度过两日后，我生平头一次也是最后一次以个人名义发出直接的经济求援：我打电话给一个作家工会的剧作家分会，这个工会致力于援助关怀贫困作家。他们借给我——是的，“借”给我整整十美金，使我在春天雪融之前不必流落湿滑的街头……

我虽然糊里糊涂，却着实是个机灵又真诚的人，当年在某些人眼里也是楚楚可怜；那十块美金用完后，我为了和一位相当成功的“流行”音乐作曲家共进晚餐，造访了他在麦迪逊大道的顶层豪华公寓，结果不仅享用了晚餐，还留宿四个月直至春天来临。

而后到了夏季，另一个不那么富裕但同样好心的朋友获悉我在曼哈顿的处境，从佐治亚州梅肯写信来邀请我去他那里度过夏天。

我抵达那个南方腹地小镇，发现我朋友住的是一间阁楼小屋，我被安置在阁楼的另一半。

当时正值仲夏，我们位于佐治亚州中部，我的房间只有两扇形同气窗的窗户。我只能说那是个湿热的夏天，虽然滴雨未降。

朋友屋里有一台摇头电扇，他下颌骨感染，疼得不开电扇就睡不着。而我没有任何降暑电器，漫漫长夜只能朝着逼仄走廊对面的房间干瞪眼，看朋友躺在床上，被那台西屋电扇吹拂着头发，对着《纽约客》上的漫画咯咯直笑。直到今天我只要看到这本优秀杂志，还会冒出一身大汗来。

八月三伏天里，又有一名房客住进了这座佐治亚的阁楼，是一个在大洋超市工作的有些迟钝的年轻人。这位房客虽然挥汗成雨，几乎要脱水而死，但他从不洗澡也不换袜子。我得告诉你们，这个老实乡下孩子身上散发的气味渐渐弥漫阁楼，如同尤金·奥尼尔剧本中的死亡气息。如果要对这件事详加细述，我想补充的是，在八月末的一天晚上，有一只臭鼬搬进了阁楼，天没亮它又搬出去了，只为逃避这绝望的气味。

我记得就是在这个时期，仍是四十年代初，我在美国陆军工程兵团的一个南方分局短短工作了一阵。可能还有人记得，在战争年代的那段日子里，人力严重短缺，就连我这种人都被人事主管视作可雇之人。他派我值大夜班，即晚上十一点到早上七点的工作，值班时办公室只有两个人——一个从精神病院提前出院的壮硕青年，以及当时尚未入院的我。我们的任务是在电传设备上接收并确认深夜不时传来的加密消息。我的这位同事个性沉默寡言，偶尔用那双充满杀气和疑虑的眼睛瞟我一下。我完全没有被吓到，和这样的人相处我总是很自在。空余时间很多，我都用来写短剧本。我骑自行车上下班，住在青年会，室友是一个在著名酒店当行李员的少年。

我们每天早晨差不多时间回到青年会，他会把身上的口袋一个个翻出来，抖落一地的小费，都是五块、十块、二十块的纸钞——战时经济似乎收益颇丰，在召开各种大会的酒店当行李员尤为如此。

工程兵团的夜班工作每况愈下。我和那位同事各自夜游梦境，上司不断恳请我们不要逼他将我们解雇，就这样持续了三个月后，有一天夜里电传机上发来一条非常重要的消息，我们彻底搞砸了，于是上司决定最好还是让我走，留下那位精神病患。

接着聊聊我从二十九岁至三十四岁断断续续动的几次眼部手术。我没有蓝盾保险，也没有联邦医疗保险，纽约一位有名的眼科医生愿意让我赊账做白内障手术。账上记的手术费用是每次一百美元，不过这位善良的大夫直到 1945 年我发迹后才催我还款。

得白内障是桩怪事——我的长在左眼，自己从没怎么注意过，直到在酒吧里有人管我叫“白眼儿”我才意识到，当时我才二十几岁啊！不过我这一辈子常遇上稀奇古怪的事，年轻时的怪事也不比年老时少。

那时候的白内障手术是局部麻醉后用针挑治的，病人的头和身体牢牢绑在手术台上，最危险的是手术过程中病人可能会阵发性呕吐，这样针头穿过虹膜刺进晶状体时就会轻晃。晶状体正常情况下是液体物质，它会随着白内障的生长而凝固。不断的固化致使晶状体呈现灰色，最终泛白。很不幸的是，我的眼睛一直被认为是我外貌最吸引人的地方。

医生说我童年时左眼一定受过伤，才引发了现在的白内障。我的确在童年游戏时，因暴力打闹伤过眼睛。那还是在密西西比州，我们玩的是印第安人和早期白人开拓者的游戏。白人开拓者困在一间棚屋里，已经被红皮土著包围。我是个好胜的孩子，打头阵冲出屋子，被一个“印第安人”用棍子击中了左眼，他也受到我重重的还击。我眼睛倒是肿了好几天，但直到快三十岁才出现这持久损伤的迹象。

我的白内障手术也是稀奇古怪，为去除混浊的晶体做了三次针挑手术，我每次都在术中呕吐，并因呕吐物噎在喉咙里而快要窒息，以致只能无奈地咽回去。最惨的一次手术是在一所医学院免费做的。他们分文未取，是因为我同意在一班眼科医学生面前施行手术，学生围坐在手术台边，外科教师边做手术边讲解，俨然上演一出戏剧。

“病人就位了，绑上皮带。绑紧一点，再紧一点，他有术中呕吐的病历。固定眼睑以防眨眼，瞳孔麻醉。针头要穿透虹膜了。现在进入虹膜。现在穿透晶体了。噢，噢，呕吐了，护士，呛住了，食道插管。我的天啊，这病人真是！我是说，病人当然很好，只是病例不常见。”（当然我并非逐字引述，你们可以大概了解当时的场景。）

年轻、有天分、一贫如洗，左眼患白内障，肠胃敏感。不过，我的眼睛依然吸引人……

前不久的一天晚上，我兴致勃发，和同伴走上新奥尔良的街头。我对他耳语说我“很热”，于是我们又去了波旁街那个臭名昭著的有趣的夜总会，那里的特色是裸上身和裸下身的舞男——全都是男妓，有些长得十分漂亮。最吸引我的一个舞男是招呼我们这一桌的——他们身兼侍应之职。我立马问了他的名字。他叫莱尔。他看上去有些营养不良，但身材比例不错，脸蛋干净可爱，臀部圆润上翘。男孩子们身上只穿丁字裤，所以到手的是什么货色一清二楚。不过我奉劝，避免与他们性交，因为他们很可能都染有淋病。我还建议给他们洗个澡，因为他们长时间工作，大汗淋漓。还有，最好备一瓶 A-200 之类的除阴虱药。

这个年轻的莱尔和我相约清晨五点见面，在我四点半要开始写作前，他已经来到我家阳台下。他按了电铃，进入大门，此时我走到阳台低头对他喊道，我才刚醒，能不能请他大约三小时后再来，因为我还有工作要做。我问他需不需要钱，他答说不用，和气地转身走进迪迈纳街黎明前微亮的阴影里，答应八点左右回来。

他长相柔和而性感，讲话一口南方口音——我不打算与他有超越肢体触摸的亲密行为，也就是单纯用手指感受他的肌肤。我这般谨慎地限制自己，是因为我对青霉素过敏，最不想染上的就是淋病。

1943 年，有个朋友在百老汇的旧河岸剧院做引座员，他得知我正当青黄不接之际，便告诉我河岸剧院需要一名新的引座员，只要前任引座员的制服我穿着合身，就可以得到这份工作。所幸前任碰巧和我差不多高，体型也相似。于是我就上任了。当时河岸热门的电影是二战经典影片《卡萨布兰卡》，是早期为英格丽·褒曼和亨弗莱·鲍嘉量身定做的戏，他们两人炙手可热；片中演员还包括魅力十足的“胖子”[1]悉尼·格林斯特里特、彼得·洛尔和保罗·亨雷德，还有杜利·威尔逊自弹自唱那首不朽老歌《任时光流逝》。

---

[1] 指悉尼·格林斯特里特在 1941 年电影《马耳他之鹰》(*The Maltese Falcon*) 中饰演的角色卡斯珀·古特曼。

那年头上映这么一部热门电影，百老汇的电影院都挤得水泄不通，在准许观众入座前，引座员们得用绳索把走道围起来。起初，看守一条走道的入口也是我的工作。一天晚场，有一位肥硕的女士突破天鹅绒绳子的阻挡冲进走道，显然打算抢着进场坐到银幕上。我试图拦住她，她用像是装着金砖的手提包敲了我的头。我只记得之后我依旧在河岸工作，不过被调到了入口附近的灯光下，戴着白手套引导人群。“这边，女士们、先生们，请走这边。”“所有观众请稍候。”不知怎的，《卡萨布兰卡》上映的几个月里，我常常进场看到杜利·威尔逊弹唱《任时光流逝》的那一幕。

我的薪水是每周十七美元，付掉青年会的房租后，还剩七块钱吃饭。我很喜欢这份工作……

之后有一天，伍德小姐把我叫去办公室，告知我她把我卖给了米高梅电影公司。那是一笔一揽子交易，其中还包括了莱缪尔·艾尔斯和一位年轻舞蹈演员尤金·洛林——就是首创“比利小子”芭蕾舞剧角色的人。

奥德丽说：“你能拿到两百五。”

“一个月两块五！”我大叫起来，这惨淡的前景令我目瞪口呆。她说：“不是，每周两百五十块。”当时我就知道此事必有蹊跷；果不其然，蹊跷还不少。他们安排我将一本糟糕的小说改编成剧本，使其改头换面，从而为一位年轻女士量身打造一部电影。这位女士离开她的紧身羊绒衫就不会演戏，却是雇我写剧本的制片人的亲密好友。很快他们告诉我，那位女士理解不了我写的对白，虽然我已避开一切寓意复杂的语言和多音节的词。后来他们又要我专门为一位女童星写个剧本，我直接认输了。

其次，让我难以置信但千真万确的是，我发现无论是否被委派任务，我在六个月内有选择履行或放弃合约的权利。

我不顾新朋友克里斯托弗·艾什伍德[1]忧心忡忡的反对，买下了一辆二手小摩托。我到好莱坞不久后就结识了克里斯；我最早的支持者之一林肯·柯尔斯坦[2]为我写了一封介绍信给他。我发现克里斯托弗住在好莱坞的一座修道院里。我去那里敲门，门开了，我说："我想找克里斯托弗·艾什伍德。"有人把食指放在嘴唇上，示意要我等候。克里斯托弗跑出来对我说："我们正在冥想。"他说："进来和我们一起冥想吧。"于是我进门坐了下来。我没有冥想，单单坐在那里。与自己崇拜的人这样相会真是不凑巧。他后来打电话给我，我们成了很好的朋友。我们常去圣莫尼卡的码头吃鲜鱼大餐。那是在二战灯火管制期间。我们几乎彼此爱慕，但这感情最终未形成恋情，而是发展为深厚的友情，是我生命里极为长久和重要的一段友情。

我来到加利福尼亚州并在米高梅电影工厂开始工作后不久，找到了圣莫尼卡一个理想的住处。那是海洋大道"帕利塞兹"大楼里的一间两居室公寓。管理大楼的是一个了不起的女人，她有一半吉卜赛血统，与一个罹患癌症日渐衰竭的粗鲁小个子男人被婚姻铸在一起。对她以及她暴躁矮小的丈夫的描述，可以在我一篇较好的短篇小说《西红柿地旁的床垫》(The Mattress by the Tomato Patch)里找到。至于那年夏天，和后来在罗马的夏天一样灿烂。

上文提过，我不适合米高梅的工作，没过多久便与之解除了关

---

[1] 克里斯托弗·艾什伍德（1904—1986），英美小说家、剧作家。

[2] 林肯·柯尔斯坦（1907—1996），美国作家、演出制作人。

系，但是在有权选择去留的六个月里，我仍有薪水可领。

我的小公寓离圣莫尼卡的帕利塞兹陡崖很近，那里是太平洋海岸的高耸岬角，遍布如玛丽恩·戴维斯这样的电影明星的富丽宅邸。

那时我已经理智地把小摩托换成了一辆自行车，每天晚餐后我都会骑车去帕利塞兹公园。公园里种满了王棕，崖边围着一道长长的石头回栏：沿路每隔一段距离便有小凉亭和庇荫处。那年夏天，加州海岸往内陆延伸七英里的范围夜间施行灯火管制，以防日军空袭。帕利塞兹公园里到处是年轻军人，可说是人满为患，只要有哪个吸引了我好色的目光，我就会掉转车头，停在他身边，和他一道假意陶醉于风景中。

我会随即划一根火柴点烟。如果第一眼看到的魅力在火光中得以确认，我便会告诉对方我的公寓就在几条街外，对方通常会接受我的邀请。如果头一两个看得不满意，我就继续找第三个。有些人令我难忘，尤其是一个同性恋海军士兵。要不是我在那年夏天的日记里记录下来，我都不敢相信那晚和他做了七次。

每周有几天晚上，我都会去好莱坞看电影。我坐公交车回家，在车内灯光依灯火管制熄灭之前，我会认准一个边上有空位的男人：熄灯后就坐上他身旁的空位。没多久，我的右膝会放松，触碰他的左膝。如果他容许这种接触持续，我就知道在圣莫尼卡下车后，我不必前往帕利塞兹公园了。

吉卜赛女房东对我的艳遇满不在乎，实际上她还好脾气地拿这些事打趣。毕竟她也找了一个年轻的拳击手在床上替代她那乖戾的矮丈夫，性道德是她最不关心的事。

每天清晨我都会在饭厅兼厨房的屋子里煮浓烈的黑咖啡，隔壁就是我神圣的卧室。房东会过来和我一起喝咖啡。她订了《每日工人报》[1]，会一边给我读报上的新闻，一边笑谈她和我的生活水平。所幸我从未对共产主义产生兴趣，也就对她的博学多闻不以为意了。喝完两杯咖啡，我就会把她打发走，化身为一座高炉投入早晨的工作中。那时候一连写六到八个钟头并非罕事，工作告一段落后，我会去码头吃上一顿鲜鱼餐，细细欣赏肌肉海滩上的男孩子们，然后往威尼斯方向骑车去我参加的俱乐部，那里有个大游泳池。

难以设想比这更称心的夏天了，何况还有艾什伍德、莱姆·艾尔斯和尤金·洛林这样的朋友做伴。后来马戈·琼斯也来帕萨迪纳剧场制作《你抚摸了我》（*You Touched Me!*）。我常常在她帕萨迪纳的房子过夜。那里只有两张床，一天晚上又来了一位年轻英俊的诗集出版商，他只能睡沙发了。

屋里关灯之后，我走到起居室门边，邀请他睡我的床或者与我同睡一张床，他相当客气地婉拒了我的美意。

我不常遇到如此彬彬有礼的拒绝。想起某天晚上在好莱坞一间酒吧的事情，当时我目不转睛盯着一个迷人的年轻水手，他终于无法对我的暗示视而不见，于是大口喝光了手中的啤酒，跌跌撞撞地走过来对我说："今晚我觉得自己能征服一条蛇。"

我要自豪地说，当时我叫他去捕蛇……

我想写上几句昨晚的事，昨晚我正等候时机理清我"未被驯服的头脑"，使一些对我的人生更重要的想法浮出水面。

我受一位外百老汇制作人之邀前往法尔岛与他共进晚餐。他做的意大利面是我在国内吃过的最好吃的。他向我保证还另有款待，

[1] 美国共产党于 1924 年至二十世纪五十年代发行的日报。

包括全是男舞伴的大型舞会。自从 1945 年夏天在墨西哥城学会跟舞，并在那里成为周末龙舌兰舞会上的花魁，长久以来我一直很喜欢和男孩子跳舞——这些事往后再说。

正当我准备在法尔岛一夜狂欢之际，一通电话打来提醒我得去彼得·格伦维尔的豪华寓所看两位才华横溢的年轻演员试戏，他们一男一女，都是克拉伦斯·德温特奖的得主。

这次为《呐喊》试戏也是多此一举，虽然那位女演员很有天分。我和经纪人比尔·巴恩斯最终意识到这部戏若没有“明星”出演费利斯和克莱尔，就绝无可能登上百老汇或伦敦西区的舞台，年轻有为的演员演得再好，少了明星气派，戏就站不住脚。有些部分很出色，但撑不了全场。为什么呢？部分原因是在这冗长的作品中只有两个演员，正如克莱尔对哥哥费利斯所说的：“这是两个明星演员的表演练习。”你瞧，我常常难以自制，谈论自己的作品时开诚布公，即便这些年来的经历使这份坦诚痛苦不已。

不过我仍未对这部戏绝望。我在芝加哥演出期间费尽心机删去的大量内容又被格伦维尔补了回去。不管他是否同意，我现在必须再删一次。

5

我想树叶并不知道自己会变得火红，同样地，在芝加哥为《玻璃动物园》排演的所有人也不知道。事实上除了洛蕾特·泰勒之外，所有人都手忙脚乱；更确切地说，还要除去朱莉·海登，她从来都是兴高采烈的，至少在我眼里如此。

这部戏由埃迪·道林导演，他还在戏中饰演汤姆，已故的马戈·琼斯协助导演。一个名叫路易斯·J. 辛格的神秘人物资助了这部戏，他经营一批利润丰厚的廉价连锁旅馆。他并不看重这次投资——与投资廉价连锁旅馆相比，这笔钱数额不大——但是他唯一一次来看排演时，在排演厅的所见所闻让他差点中风而死。

洛蕾特·泰勒看来是没记住阿曼达·温菲尔德的台词，几乎一段也背不出，有几句大概记得的，还说得带一口南方口音，这是受她以前的黑人家佣的影响。念其他台词，她会睁大眼睛专心回想，看上去像精神失常。饰演劳拉的朱莉欣喜若狂的举止，也给人同样的印象。

我坐在角落，心想接下来自己又得沦落到去做何种卑贱的工作了。这时，只听见有人突然大喊一声。那人正是神秘的辛格先生，他喊道："埃迪，埃迪，你怎么能这样对我！"

他似乎是认为这整个演出计划是埃迪·道林对他实施的一场恶作剧。

这声嘶力竭的呼喊自然中断了排练。洛蕾特并未因此感到丝毫不安，我也没觉得惊讶。

我和洛蕾特、马戈一起去附近早早吃了午餐。洛蕾特的欢快令我和马戈很诧异。她的心情似乎从没这么好过，虽然我也从不曾见她沉浸于哀伤中，无论是在多么需要哀伤情绪的场合。其实，洛蕾特知道戏上演之前她不一定非得背好台词，所以她在看别的演员，观察并等待他们的表演。但当时我们并不了解情况，我只觉得她记不住台词，其他人也都记不住。(道林还说："噢，可怜的人儿，可怜的小姐，脑袋进水，记不得台词。")

话说朱莉那时候已经很喜欢已故的乔治·吉恩·内森[1]，内森先生珍视她的情意，对《玻》剧表示出一定的兴趣，那天晚上，他和埃迪碰头，两人为埃迪写了一场醉酒的戏，他们认为这是唯一可能拯救该剧的办法。这场戏里有一个红白蓝相间的酒瓶，有埃迪唱《我忧郁的宝贝》，以及其他难以启齿的内容。

这场"醉酒戏"显然是他们在醉酒的状态下写出来的，第二天我溜去看排练时，这场戏已是"既成事实"。

我对自己说："这下死活没戏了。"

我同马戈秘密商议此事，她对醉酒戏的观点与我一致。而且，她说她打算去向不再神秘的辛格先生和可怜的埃迪抗议，这种作风

---

[1] 乔治·吉恩·内森（1882—1958），美国戏剧评论家、编辑，1955 年与女演员朱莉·海登结婚。

曾为她赢得“德克萨斯龙卷风”的绰号。

一如既往，这种情况下我们采取了折中的办法。我说他们可以留下醉酒戏，但我不接受任何人合写。

我自己写了这场戏，现在仍保留在剧本里，也确实觉得它无伤大雅。

一两天后，我们请《胜利之翼》（*Winged Victory*）全剧演员来观看预演，那时才发现洛蕾特的能耐。这位女士记得每一句台词——还不止于此。她自行加了一些台词，但非删不可，因为那些纯粹是洛蕾特本人的话。她是一名很好很好的演员。如今已没有人这样演戏了，莫林·斯特普尔顿很接近，安娜·马尼亚尼曾经也接近。埃德维热·弗耶尔在《可爱的青春小鸟》欧洲公演时有出色表现，这名优秀的法国女演员曾在法兰西喜剧院磨炼，她的演技比杰拉尔丁·佩奇更胜一筹。

弗耶尔、安娜·马尼亚尼和洛蕾特·泰勒是演过我的戏的三位杰出女演员。男演员里，马龙·白兰度很出众。我认为他可能是当今最伟大的演员；我认为他比劳伦斯·奥利维尔更优秀。我不大情愿地去看了《巴黎最后的探戈》（*Last Tango in Paris*），因为听说这是部色情片。它并不色情，我认为白兰度在片中的演出是我看过最好的一次。保罗·纽曼也非常好。他揣摩角色速度不快，但只要揣摩出来，他的表演就绝妙无比。

显然，这本“东西”到目前为止叙述的大多是我在生涩贫瘠的写作生涯初期经历的往事。我希望，我报忧不报喜的讲述不会使我看起来性格阴暗。我并不遁世，也不忧郁。实际上我堪称滑稽之人，待人接物几乎像个无法自制的喜剧演员。有时候我的幽默是黑色的，但仍旧是幽默。这一特点在过去的十几年里被众多采访者设法利用（我不确定这对我是利是弊）。或许我不该用“利用”这个词以偏概全。我想自己在接受采访时夸夸其谈，为提供“好素材”语出惊人，往往是出于本能反应。原因为何？我猜想是自己需要让世人相信我的确还存在着，并引起公众的关注与好感。

有一次我在哈佛大学遇到一位姓拉尼尔的威严的教授。我向他提起我也是美国第一代拉尼尔家族的后裔，据说国内所有姓拉尼尔的人同属一系。他冷冰冰地看着我，漂亮地奚落道：“拉尼尔家族的分支真是良莠不齐。”

如此善于辞令的奚落，我倒是不介意的。

我在哈佛法学院的宿舍里写完了《玻》剧，那间屋子住的是一个放荡不羁的男孩，我是1944年夏天在普林斯顿认识他的。这男孩是“垮掉的一代”的始祖，我的意思是在“垮掉的一代”正式出现之前，他就已经是那样的人了；他身材瘦长，长相漂亮，黑发，浅色眼睛，说话有口吃。这孩子出现在普林斯顿时，据说是“直的”。但我有天晚上把他带回我的小屋——他倒没有缩成一团，而是流露出小狗般温暖顽皮的天性。临近那年夏末，我尚未完成《玻》剧终稿，也没做好准备带着这稿子回曼哈顿。这个名叫比尔的男孩在哈佛有一群朋友，都疯疯癫癫的，只是程度不同。其中一个在那几天前企图割腕——我记得自杀行为使他在这群朋友当中出了风头，也记得他拆了手腕的绷带后向友人展示伤疤时腼腆中显露的骄傲。

我认识比尔的时候，他是个偷窥狂——这是他的性障碍，也可以说是他的性行为，如果你愿意的话。说来好笑，他有一张剑桥市地图，上面打叉标注着窗帘里头可能有好戏上演的地点。他会在午夜十二点出发，照着地图走精心安排的路线，完事儿之后，约莫凌晨两点回来——有时候他会喜出望外地向我描述透过那些窗户幸运得见的亲热画面。

记得在一两年后，比尔开始去我在纽约住的各家酒店套房拜访我，那是在我和弗朗基·梅洛[1]搬进曼哈顿的公寓之前，也可能是之后——比尔当时早已大方出柜，他常常喝醉，但醉后状态不错，我是指他醉后精力充沛，床上表现很不错。

他的死法令人震惊。当时他嗑了不少药又喝得烂醉，在纽约一列地铁上把身体探出车外，向月台上的朋友们大声道别，列车却突然往前驶去。

他被地铁里的一根柱子撞断了头部。

《玻》剧在百老汇首演当晚，演员们一再鞠躬谢幕，最后他们还想把我拉上舞台。我坐在第四排，有人向我伸手示意，于是我走上台去。我觉得很尴尬，没有任何获胜的美妙感受。我认为写作是在不断追求一种难以捉摸的目标，你永远不能真正达成心愿。

在《热铁皮屋顶上的猫》的一个版本中，我写了一篇短文，坦诚地谈及我的写作目标与我想要做的事。我的目标只是设法捕捉生活中一闪而逝的特质。如果做到了，我便有所成就，但我认为不如意者十之八九。我从未感觉自己是个得到自我实现的艺术家。我写《玻》剧的时候，并不知道自己将会成功，我同意布鲁克斯·阿特金森[2]的观点，剧本中的叙述不合宜。当时我并未意识到这一点。

---

[1] 弗兰克·梅洛（1922—1963），美国演员，田纳西·威廉斯的伴侣，与田纳西同居相伴十多年直至1963年过世。弗朗基（Frankie），“弗兰克”（Frank）的爱称。

[2] 布鲁克斯·阿特金森（1894—1984），美国戏剧评论家。

感谢上帝，在 1973 年的电视剧版本中，他们把叙述给删掉了，原本的叙述太过冗长。没有那么多叙述，这剧本也站得住脚。

或许我是一部机器，是一名打字员，不由自主地打字，不由自主地写作。但这就是我的人生，这本回忆录里所写的大多是我热情澎湃的人生的细枝末节，因为我的热忱在于我的工作。

1944 年十二月末，我母亲赶赴芝加哥观看《玻》剧在那里的首演。我记不清她对这部戏的反应了，应该是赞赏的，因为母亲对我姗姗来迟的成功很是挂心。我倒是记得她看完演出来到后台向洛蕾特致意。

“我说，威廉斯太太，”洛蕾特透过化妆镜打量了埃德温娜·威廉斯几眼，一边说道，“觉得把你演得怎么样？”

“我？”母亲佯装无知地问。

在遍布丛林野兽的戏剧界，洛蕾特是我认识的最善良的人了，但即使是她，也不会放过一次恶作剧的机会。

“你注意到我留的这排刘海吗？演这个角色就得留刘海，因为这是个傻瓜的角色，而我长了聪明的高额头。”

埃德温娜女士也没有对这句话挑刺，由着洛蕾特说而没有露出半点不悦，兴许是被她在舞台上的神奇魅力给迷住了。

在这本东西里头，我会常常谈到埃德温娜女士。现在我只想说，她是一位淑女，到了八九十岁依然如此。我亲爱的朋友玛丽昂·瓦卡罗曾对我提及我的姐姐：“罗丝小姐是位淑女，而你的母亲却没有看到这一点。”我一直不清楚她关于埃德温娜女士的说法是什么意思。我想也许她觉得埃德温娜女士对罗丝小姐应该再多些理解，不过我感觉母亲总是做着自认为正确的事，还老爱自圆其说，哪怕有时候犯下几乎致命的错误。

在芝加哥的头一晚，观众都不知该如何看待《玻》剧，它算是戏剧界的一次创新，尽管人们也注意到了洛蕾特光芒四射、激动人心的表演。但是人嘛，大部分看完戏回家后，就在日常娱乐中获得至少同等的乐趣了。那位可爱的女士——《芝加哥论坛报》的戏剧评论家克劳迪娅·卡西迪花了好长时间才说服观众，告诉他们这部戏很特别。

她说洛蕾特可与杜塞[1]相媲美。

不过，最终《玻》剧取得了惊人的成功，我想这主要归功于洛蕾特。我说过多次了，她是一位卓绝的表演者。我依旧认为她是我所知的表演艺术家之中最伟大的一位。她过世时，我为她写过一篇悼词，说洛蕾特的表演未能在现代银幕上得以保存，是我们不可估量的损失。杜塞和莎拉·伯恩哈特亦如此，洛蕾特当与她们齐名。

我还写道，在我们的一生中，有时会出现超越肉体及其死亡的启示。我想许多人在履行宗教职责时会有这样的直觉，而这种直觉我在艺术家们的工作中同样清晰地感觉到了，在洛蕾特的艺术中最为清晰。她的艺术散发出一种光辉，我只能将其比作最优美的诗篇，这种启示带给我的震撼，有如我们周遭的空气被来自澄澈苍穹的光线瞬间划破。

和演员相处时，我总是局促又羞怯，因此在彼此间形成了一道几乎无法逾越的屏障。面对洛蕾特·泰勒，我不敢说自己能克服局促感以及对她原有的敬畏，只是她不会容许这些情绪将我们隔离。

---

[1] 埃莱奥诺拉·杜塞（1858—1924），意大利女演员，常被认为是史上最伟大的演员之一。

她心中的熊熊暖意穿透阻碍，我们成了好友。我得说，我与演员之间的亲密友谊为数不多，这是其中一段。她过世时我还说过，为一位伟大演员创造了一个好角色，这已让整个戏剧写作生涯得到足够的回报。为洛蕾特·泰勒创造出阿曼达·温菲尔德的角色，足以报偿此前的一切努力以及其后的许多辛劳。(这不是说我将自满不前！)

差不多就在《玻》剧进入排演后，我紧接着开始写一个初稿名为《布兰琪在月亮上的椅子》(*Blanche's Chair in the Moon*) 的剧本。不过1944与1945年间在芝加哥度过的那个冬天里，我只写了一场戏。那场戏里，布兰琪身处某个酷热难耐的南方小镇，独自坐在椅子上，月光透过一扇窗子照在她身上，她等待着没有现身的男友。我中断写作是因为感到莫名的抑郁和疲惫，要知道在那种状态下工作有多艰难。我决定接下来的几个月里不再喝黑咖啡，并且停下笔来，也确实遵守了这约束。那些年我尚有坚强的意志，这种意志如今已不复存在。无论如何，我在芝加哥的那段时光是很快乐的。

我和已故的托尼·罗斯一起找了不少乐子，他在《玻》剧中饰演上门来的男客人。洛蕾特很喜欢我们两个，她管我们叫“大浪子”和“小浪子”。在芝加哥晚上戏落幕后，我和托尼几乎天天出去游荡。我们一起猎艳。我比他运气好，因为他常喝醉，不管在芝加哥还是在别的地方，醉鬼总归不好成功。托尼喝醉后也很温和，他心里有破碎的地方，就一个内心如此煎熬的人而言，他每晚的出色表演实属非凡成就。

大约从那时候起，我开始寻求和年轻男子更长久——我是指相对长久些的关系。有一个在《胜利之翼》中演小角色的年轻爱尔兰人，我就希望与他有这样的关系，那时候这部戏和《玻》剧在芝加哥的同一幢大楼里上演。我当然不会透露他的名字，只能说他非常英俊，在台下才华出众。我当时住在芝加哥卢普区的谢尔曼酒店，这个爱尔兰青年就在我的单人房里过夜，夜莺每晚啼鸣不休。我记得一天早上我们顺道去看托尼，他正从一场相当严重的宿醉中渐渐清醒过来，我们俩去看他真是不应该，虽然托尼很喜欢我，可他一见到我这位年轻男伴，显然被迷得发怔。托尼平日里就双手发抖，出汗甚多，那天早上见了我的男伴，简直神魂颠倒了。

后来《胜利之翼》离开了芝加哥，爱尔兰青年也走了，我又和伊利诺伊大学的一个学生好上了，那是个高个子金发男孩，他和我一起去芝加哥青年会游泳，在谢尔曼酒店我的单人房里过夜，夜莺继续动情高唱。

很抱歉，我在这本“东西”里花费太多笔墨回顾情爱往事，然而，我出柜的时间很晚，并且当我这么做时引起了巨大轰动。

去年冬末的时候，芭芭拉·巴克斯利——我的朋友，在我的两部戏中有精彩的表演——打电话来告诉我，威廉·英奇[1]情况危急。她和威廉有过一段温柔的感情，是威廉除家人以外最亲近的人。

她对他的温柔关怀一如既往。

“他快要崩溃了。”她用那独一无二的嗓音对我说道，“他靠服药没日没夜地昏睡，醒过来就是喝酒，喝完又接着睡。”

“啊，那他是要走绝路自杀了，我们得想想办法呀。”

---

[1] 威廉·英奇（1913—1973），美国剧作家，其作品大多描写美国中西部的中下层社会，剧本《野餐》获1953年普利策奖。

“想什么办法呢？他自愿去住院两天，然后又管自出院。”

“他姐姐不是在他身边吗？”

“是啊，海伦是陪着他，她可急坏了。”

“叫海伦亲自送他去住院他就回不来了，等熬过这段危险期再说。”

“你打电话给她，田。”

“我不认识她啊，芭芭拉。”

“电话里自我介绍一下，趁还来得及，把这建议告诉她。我打过电话了，可她好像已经吓傻了。”

芭芭拉把他们在加州的电话号码给了我。我先给莫林·斯特普尔顿打了通电话，和她商量照芭芭拉说的打电话给比尔[1]姐姐是否可行。

莫林同样感到焦虑。她自己也是从精神崩溃中挺过来的人，能体恤比尔和他姐姐的困境。

随后我拨了那个好莱坞的号码，比尔的姐姐海伦·康奈尔太太接起了电话。我向她介绍了自己，她压低声音，悄悄说她不知道比尔是否常偷听电话。她对我详细说明了当时的境况。她告诉我，比尔已经到了站不稳的地步，几天前的一个晚上，他在浴室摔倒，头皮划开几道很深的伤口，由她扶着才回到床上。她还说，他在床垫底下藏了强烈的镇静药，一晚上吃七颗。她也证实芭芭拉所说的，比尔只为了喝酒才起床，也的确会自己去疗养院住上两天，又自行出院。

我和比尔也是旧识，对他有所了解，我清楚他这种嗜酒如命的

---

[1] 比尔（Bill），“威廉”（William）的爱称。

人不是小酌一杯就罢休的，也知道他曾经勇敢地努力戒酒，并彻底戒除过，他是嗜酒者互诫协会成员，而他患有严重的幽闭恐惧症，这想必是他不能被关在医院里两天以上的原因。

康奈尔太太是他最亲的家人，我建议她亲自送他去最好的精神病院，比如他们家乡堪萨斯州的门宁格医院，确保他住进一间宽敞宜人的房间，务必等康复后再让他出院。

交谈中她突然打断了我的话，小声说她听见比尔在屋子里走动，有人打电话会令他极度恐惧。她答应会照我的建议去做。

当时我最艰涩的那部戏正在排演，我就没再打电话去，也没从比尔姐姐那里得到之后的消息。

两天前我翻开《罗马美国人日报》，看到一张比尔表情痛苦的照片：说明文字称其自杀身亡。

我是在 1944 年十二月回圣路易斯小住时认识比尔 · 英奇的。当时他在为现已停刊的《明星时报》写剧评和采访，应该也写乐评。

那时《玻》剧在芝加哥试水，比尔来到我们市郊的家中采访我。他对我迅速发迹的剧作生涯拘谨地表示“钦佩”。回家老是觉得孤单：旧友都疏远了。我向比尔说起这感受，他便热情邀请我去他河边的公寓做客。我们俩和他的一群朋友欢度一晚。后来我们还一起去听了圣路易斯交响乐团的演奏会。他让我的那次返乡格外愉快。

我回芝加哥《玻》剧剧组后不久，比尔也来观看并报道，我相信他真的为这部戏以及演技精湛的洛蕾特所折服，那是她最后一场、也是最出色的一场演出。

一两年后我回圣路易斯，我们又碰面了。他已离开记者行当，在我们家附近的华盛顿大学教英文，他住在那种新维多利亚式的白色房子里，那一定勾起了他对家乡堪萨斯的回忆。有天晚上，他羞怯地拿出自己写的一个剧本《回来吧，小希巴》(*Come Back, Little Sheba*)，用他那颇具表现力的柔美嗓音读给我听。我被深深打动，立刻拍电报给奥德丽·伍德，催比尔把剧本交给她。

她也很欣赏这剧本，立马成了比尔的经纪人。

这部戏由雪莉·布思和已故的悉尼·布莱克默主演，就在排演期间，比尔的精神状况出现了第一次危机。他压力过大，依靠大量酒精来缓和情绪。传奇人物保罗·比奇洛照看他，将他送入医院，我想比尔连这部戏的首演都未能出席。

比尔和他的作品洋溢着最美的人性光辉。他每个剧本都有一场阴暗的戏，也总是最具感染力的一场戏：他爱自己笔下的角色，以十分敏锐的感受写下他们朴实的对话，以父母面对受难儿女时的温情帮助他们渡过难关——通常他们都能得到解脱。

比尔为人神秘，一直如此。自从他来到纽约——很可能从更早之前，他就发现自己难以对人敞开心扉，尤其在社交场合。他常闷闷不乐，生活背后的苦难过早地在其面容上留下印记。他在聚会中待不过半小时，就会轻声地说："我想我最好该走了。"

是因为别人在喝酒，而他不能喝吗？还是因为那种除了芭芭拉·巴克斯利、伊利亚·卡赞和伍德小姐之外无人能了解的羞怯与寂寞深植于他的生命，纵使他接受心理分析治疗多年，而且享有应得的名望与成功，也未能将其消弭？

他的羞怯绝不令人尴尬—他拥有真正的尊严和无可挑剔的品位，这与"美国中产阶级"不太相像：他东河边的公寓里挂着不少"知名"画家的优美画作，都反映出他个人的品位。他所做的采访全无粗俗之气：或许少了些感情色彩，但思想深刻，质朴稳重。

《玻》剧在芝加哥演到三月中旬，在它来到纽约之前，许多戏剧界人士已顺道观赏过洛蕾特在其中的表演，因此在纽约戏还未上演，就已家喻户晓。

毫无疑问，这部戏广受嘉评，只有我的天敌剧评家乔治·吉恩·内森说它除了洛蕾特的表演之外没什么价值。我不确定他对洛蕾特的感想是否发自肺腑，因为纽约首演那晚，他送给她一瓶酒作为贺礼。

洛蕾特喝没喝酒，我倒是从没关心过，不过她写了一张感谢的字条给内森："谢谢你的信任与支持。"

感谢上帝，她那年春天很快乐，显然不知道自己即将离开人世。

"我好像在云间漫步。"她在一次采访中这样说道。

她在剧组待了一年半，大大牺牲了个人的安适和健康；她演这个角色如此之久，全凭一股英勇的毅力，这股毅力与她的艺术本身一样伟大。她于 1946 年 12 月故世。

我当时住在新奥尔良圣彼得街迪克·奥姆家二楼的公寓里。一天早晨我正在工作，他透过风井朝楼上喊道："田纳西，电台里刚刚说洛蕾特·泰勒去世了。"

我无法回应。

过了一会儿，他又有失水准地喊了一句："我就知道你会失望的。"

6

如前文所说，《玻》剧获得成功后，我陷入严重的抑郁，可能是因为我从不相信有任何延续和持存的事情。我从不认为自己已立稳脚跟，从此将一帆风顺。我始终觉得，衰败会紧随进步而来。而且，我在迈向成功的路上耗费了那么多精力，以致当我“做到了”，当我的戏票成了“城里的抢手货”，我几乎感觉不到一丝满足。

记得有一天晚上我在阿尔贡金酒店的房间里，奥德丽·伍德、比尔·利布林和我母亲也在。我觉得很疲倦，在沙发上舒展四肢躺了下来。突然间，我感到一阵反胃，冲进厕所呕吐。

妈妈说：“汤姆，你需要休息，回家来住一阵子吧。”

但是，家并非我心所向。我决定去墨西哥，1940 年的夏天我在那里过得多么快活。我经由达拉斯去那里，亲爱的朋友马戈·琼斯——也已故世——那时候在她达拉斯的圆形剧场里试演早期版本的《夏日烟云》(*Summer and Smoke*)。说实话，我觉得那出戏的制作很糟糕，但我爱马戈，便装作喜欢。不久后我坐火车动身前往墨西哥城，途经当时非常漂亮的马德雷山脉，到墨西哥城后在雷福马酒店的一间别馆住了下来。

我一开始很寂寞。但很快我结识了伦纳德·伯恩斯坦[1]，他对我相当友善。后来又认识一个有钱人，他每周六晚上在公寓举办只准男性参加的聚会。于是我不再寂寞了。聚会是纯粹的舞会，在那些周六晚的舞会上，我学会了“跟舞”。要知道，墨西哥人总有那种男子汉情结，况且要是换我带别的青年跳舞又嫌太矮小，所以我学会熟练地跟舞。那是一段愉快的日子，不过只要能够选择，我就绝不会同时与多人交往。那时候我还很幸运地在城里的大道上遇见一个年轻学生，他有印第安血统，体格健壮，朝气蓬勃。我当时正在路上走着，听见身后传来脚步声，便与此人保持近距离，随后回头一看，见到了这个深色皮肤的俊朗少年。雷福马大道沿路有石凳，我在一条凳子上坐了下来，这孩子停下脚步，在我身边坐下。我不懂西班牙语，他也几乎不懂英语，不过那天夜晚我们还是在雷福马酒店的别馆——一间名为“林肯”的小旅馆度过，那间旅馆不介意房客带人进去过夜。

墨西哥城的海拔给了我一股虚假的活力，我写下大量文字，包括短篇小说《一只手臂》，好像也为布兰琪那部戏写了一点，我和那个学生也处得很愉快。我从来都不喜欢毛发旺盛的身体，有一半印第安血统的他皮肤相当光滑，要不是我喜新厌旧，谁知道后来会怎样呢。

不过，年轻时生命充满了稍纵即逝的爱，纵使你渴望长相厮守带来的安慰。

记得我曾搭巴士去库埃纳瓦卡，在那里一家有泳池的大酒店歇脚，游完泳后我去镇上逛了一会儿，对这个小镇产生了一种奇怪的

[1] 伦纳德·伯恩斯坦（1918—1990），美国著名作曲家、指挥家。

厌恶感，这种感觉十分强烈，于是我回到酒店，询问何时有下一班返回墨西哥城的巴士。酒店的人告诉我到隔天早晨才有车，因此我做了生平第一件奢侈的事，我租了一辆出租车载我回去。我记得从车窗吹进来的风裹着松木香气，多么沁人心脾，车开得多快，而我多想回到那个半印第安血统的学生身边与他缠绵，再回到周六晚上的舞会中。

我依然相信墨西哥的乡野是我见过的这个世界上最美的地方，而我已经见过这个世界的不少地方。

讲一件不太重要的趣事：

有一天，我和伦纳德·伯恩斯坦受邀与一对阴柔的美国同性恋共进午餐。伯恩斯坦对他们很刻薄，他的无礼令我尴尬。

“革命来临的时候，”他断言，“你们会被押到墙边枪毙的。”

伯恩斯坦此后被指责为与激进派过从甚密的时髦人物。然而回想那次午餐，我怀疑他是否和我一样并非真正的革命者，区别在于我对枪毙矫揉造作的同性恋或其他人都不感兴趣，只对发现新的社会制度感兴趣——我想应该是一种文明的社会主义制度。

那年夏天离我而去，我回到纽约，当时我与唐纳德·温德姆合写的一部名为《你抚摸了我》的戏正要开始排演，这部戏改编自我的偶像之一 D. H. 劳伦斯的同名短篇小说，劳伦斯的遗孀几年前授予我们剧本改编权。

我觉得有点累了，要回床休息，我正在新奥尔良法国区迪迈纳街的住处。

我在争分夺秒地工作，没有理由回避这个问题，我是说没理由无视时间飞逝的事实。

此刻，我可以摆出某种英雄姿态，但那只会是我所轻视的自我满足的姿态，它因自怜而产生，而我觉得自怜是一种特别可恶的情绪。感谢上帝，我从未抱有自我怜悯的态度。引用《小船警报》中利昂娜·道森的话，我本性中拥有的，是这种极度的骄傲：无论是否像美容师利昂娜那样为爱所困，倘若一个人本性里有一股骄傲，就不会沉溺于有损尊严的自怜中。

说起有损尊严的行为，今天上午又有一家电视公司带着评论员和工作人员来到我迪迈纳街的住处，在天井里架起设备作我的专访。这次是德国的电视公司。评论员来自汉堡，那是我在动荡的五十年代最爱的度假胜地之一。这个作风强硬的工作团队由一位名叫英格丽德的高大德国女士领导。评论员坐在枝繁叶茂的芭蕉树底下，可以避雨；而我得坐在空地上，淋着雨，回答那些乏味的问题，装作浑然不知他们光临此地的原因，原因当然就是想拍一些这个声名狼藉的美国剧作家——还是个同性恋——的素材，行将就木的他会在媒体上喧腾一时。各位知道大众对于这种事情的心态吧？好吧，如果不清楚，我来告诉你们。他们对此很热衷。这种事会使他们血液沸腾，让他们感觉自身的不朽。

唉，这就是人嘛，不过我不想继续为这些来访的电视公司表演了，除非他们能提出更有趣的问题。

就在几周前，我在新奥尔良家中，加拿大广播公司也派评论员和工作团队来过。基本上，他们造访目的是一样的，来拍摄声名狼藉的剧作家，他用药成瘾、劣迹斑斑。评论员是哈里·拉斯基，哈里与我交谈融洽，不过他没有提及此行的目的。当时我身体也不比今天好多少，天气同样炎热，我们俩还得在法国区的街上边走边作访谈，那天我虽然没淋雨，却浑身汗湿。但是哈里也一样。他可没有坐在成荫的芭蕉树下。

去年春天还有一家奥地利电视公司来基韦斯特采访我。他们真是很善良，没有非要我远离家中的泳池与天井。薇奥拉·法伊特也在。她是已故的康拉德·法伊特[1]的女儿，能说一口流利的德语。他们想要我用德语说几句话（因为我有四分之一德国血统），但是除了“Wiedersehen”（再见）之外我对德语知之甚少，而且还没到说再见的时候，于是薇奥拉对我耳语道：“说‘Ficken ist gesund’。”这句话意思是“性交有益健康”。我就这么对他们说了，他们被逗乐了，这正是他们期望我讲的那种话。他们说奥地利电视台不会用这一段，如果是在德国播出，就会保留这句话。

昨天我打断那位汉堡评论员准备好的问题，转而谈论美国参加越战的暴行、尼克松诚实与道德感的全然缺失以及我对于参议员麦戈文的事业的支持，他显然不知所措。

谈到电视节目，六十年代有一段日子，我住在纽约市西七十二街毗邻达科他公寓的一幢高层公寓楼里。那时我已过度依赖药物，有一天早晨起床，不知道自己先前已经应允——也许是无意中答应的——电视评论员迈克·华莱士当天上午来公寓采访我的要求。

我只穿了一条短裤，从卧室踉踉跄跄地出来——我的卧室有两张单人床，其中一张从没人躺过。我走进这间三十三层公寓的大客厅，炫目的摄影灯光迎面而来。一个电视团队已全员就绪，我的老友迈克·华莱士又惊又恼地瞪着我，或许眼神里还有别的情绪。此

[1] 康拉德·法伊特（1893—1943），德国演员，擅演反派角色，曾在电影《卡萨布兰卡》中饰演德国少校一角。

时我摔了个嘴啃地。我在六十年代常这样摔倒。他们扶我起身，有人为我披了一件睡袍。然后迈克开始问我问题。我不记得他问了什么了，只记得自己一言不发茫然地坐在那里，约十五分钟后，迈克悲哀地扭头对工作人员说："收工吧，我们什么也拍不到的。"

1946 年初秋，格思里·麦克林蒂克制作的《你抚摸了我》上演，演员阵容不错，但票房不甚理想。年纪轻轻的蒙迪·克利夫特也在演员之列，他当时是百老汇最有前途的青年演员，而两三年后白兰度异军突起，我想这与亲爱的蒙迪长年患严重的精神衰弱也有很大的关系。1946 年后我就再没看过《你抚摸了我》的演出，也没读过这个剧本了，据我所知，这部戏此后也没在任何地方再次上演，这令人遗憾，因为戏里有一些很滑稽的场面，还有一些很感人的。神似斗牛犬的老牌性格演员埃德蒙·格温在剧中讲了他与一只雌鼠海豚之间相当有趣的故事。资历同样深厚的爱尔兰演员尼尔·菲茨杰拉德在剧中演牧师，有一场他向拥有陶器作坊的老姑娘求婚的戏令人捧腹。

这部戏首演当晚在缺乏热情的掌声中落下帷幕，那时娇小的奥德丽·伍德·利布林正站在剧院后区。我和垂头丧气的搭档温德姆一前一后走出剧院，奥德丽歪着嘴低声说："褒贬不一，亲爱的。"她说得没错，褒贬相当不一。

但是在那年头，褒贬不一的戏也能演上好几个月，我印象里《你抚摸了我》演了整个秋季。

1939 年，《声音》（*Voices*）杂志编辑哈罗德·维纳尔将我介绍给一对情侣认识。哈罗德当时住在麦迪逊大道上的温斯洛酒店，邀我去他那间有上下铺的狭小房间里坐坐，他曾发表过我写的一些诗。

他请我去见一对“可爱的佐治亚男孩”，他们住在五十二街，生活惨淡，濒临饿死。

我听闻欣然答应，于是我们去了西五十二街，那一区当时被称为“叮砰巷”。沿街一楼乐声嘈杂，那两个“男孩”陈设简陋的屋子在二楼，那是一幢无电梯的公寓楼。

我一见到其中一个长着梦幻的大眼睛、身材纤细的男孩，便暗忖道：老兄，这个人是你的。

楼下房间有支乐队正在演奏，我们都随音乐跳起舞来，我揽他入怀，假意起舞，却立刻开始吻他，下身紧贴着他。

他的伴侣阴沉地坐在角落，虎视眈眈。一个有切罗基族或乔克托族血统的年轻人插到我和舞伴中间，牵我和他跳舞；他告诉我必须马上放弃对“梦幻大眼”的挑逗，他的伴侣醋劲极大，相当危险。

我当时还不懂同性恋情的水性杨花。我是个年轻而正派的同性恋，于是立即将注意力转移到这个印第安青年身上。

聚会散场，印第安青年提出送我回青年会。

“噢，谢谢。”我说，“我初来乍到，一个人走不认识路呢。”

我对“梦幻大眼”的喜爱得以升华后，我们成了好哥们儿。不久后，我们就一起出门猎艳了，多半是去时代广场。一天午夜过后，在十字路口旅馆门外，有两个水手走到我们跟前。刚巧我这个朋友在克拉里奇酒店订了个房间，因为和他同居的那位画家留了客人过夜。

哎！那是难忘的一夜，不过并非因为浪漫。那两个水手硬要和我们分别进入酒店，我有点起疑，但也没探个究竟，我和朋友径直走到房间，他们俩随后跟了上来。

那夜粗暴的性事真毫无享受可言。做完以后，两个水手猛地从墙上扯下电话线，把我按在墙上，并开始殴打我朋友，打掉了他几颗牙齿。接着他们又掏出一把弹簧刀，把我朋友逼到墙边，开始揍我。

我的上排牙齿咬破了下嘴唇。

暴力与恐怖使我丧失了感觉。我朋友扶我回到青年会，我已经神志恍惚、魂不附体了。

青年会里一个颇有同情心的年轻医生为我的嘴唇缝了针。

这让我们结伴去时代广场猎艳的日子暂停了好一阵。我怀疑这件事最吸引我们的，莫非是我们两个彼此陪伴，和对方共处？

我永远不会收回对这位朋友升华之爱的表态。为什么要这么做呢？时间带不走真正的友爱，分离也带不走。

我回想起二十世纪五十年代有一次在塔卢拉位于椰子林区的房子里玩“真心话游戏”。她当时正准备攻克布兰琪的角色。游戏中，轮到老友“梦幻大眼”的朋友向我们其中一人发问，他问我为什么不再喜欢这个男孩了。

我对他说：“亲爱的，我们俩都找到爱人了啊。他找到了你，我找到了弗朗基——我们各自沉浸在爱里，就忽视了友情。”

1946 年《你抚摸了我》在百老汇上演那会儿，我开始感觉自己健康衰退，后来证明的确如此。然而那段时间，我的社交生活和性生活都过得很愉快。我在谢尔顿酒店十八楼租了一间俯瞰东河的套房。楼下有舒适的泳池和蒸汽浴室，我可以做我最爱的运动——游泳，又能够认识很多迷人的住客，和他们大多是在蒸汽室里攀谈起来的。在团团水汽的笼罩下，我的性欲会被激发。现如今我挺讨厌水汽的，但那时的我脱了衣服还很中看，谢尔顿泳池和蒸汽室里漂亮的住客也不少。从下午到晚上，乐子不断。当时我的一位老友也在纽约，他在蒸汽室里的花招成效惊人。他几乎每次在水汽弥漫的房间待上一会儿，就会带一个投缘的年轻人来我的套房，这行径被酒店警卫盯上了，警卫跟踪调查他去的是哪个房间，作了多次笔录。

我后来发现酒店管理人员开始对我投以嫌恶轻蔑的目光，但也没怎么在意，反正我从来都和管理人员或女房东处不好，这指的是在我放荡不羁的那些年里。

日子就这么快活地过着，直到十二月初，我确凿无疑地知晓自己的健康状况正恶化。因此我退了谢尔顿的套房，在圣诞节前南下新奥尔良，遵照医嘱静养。那段时期我还比较富裕，在一家挺豪华的酒店住了下来——花园区边上的庞恰特雷恩酒店。我记得在那里写了自己钟爱的一部独幕剧：《不如人意的晚餐》（*The Unsatisfactory Supper*）。我不知为何少有人制作这部戏，其实它很有趣。

我独住酒店觉得很寂寞，便开始搜寻老广场[1]带家具公寓的出租广告，我以前在新奥尔良就住那一区。我很幸运地找到奥尔良街上一间宜人的公寓，在圣路易斯教堂背后半条街的地方。公寓有一个漂亮的阳台，坐在那里可以看到教堂后花园那座巨大的耶稣石像，他张开双臂，仿佛邀请苦难的世人投入怀抱。

在新奥尔良的那段时间我不是独居，而是和一个朋友同住。（由于这本回忆录的内容绝对真实—这可能也是此书最主要的长

---

[1] 老广场（Vieux Carré），新奥尔良法国区的旧称。

处—有一些朋友不希望他们的姓名在这个人生故事中与我的姓名有所牵连。我理解并尊重他们的选择。我本可以像创作虚构作品那样，将他们写成不同于现实的角色，但这违反了此书的首要前提；所以我宁可将他们完全略去，虽然这会造成令人十分遗憾的缺陷，因为这本作品是我往昔岁月中所有重要人物的舞台。他们其中有几位也许希望我省略某些细节便可，我认为那些细节多彩而可爱，但是会冒犯他们现在的情感。总之，我将略去正要提及的这位朋友的姓名。）

自 1946 年秋末，这位朋友占据我生命的中心至少半年之久，可以说至今仍是我最亲近的友人之一，在那段时期，他减轻了我最大的痛苦，或许也是我作品的重要主题——如影随形的寂寞之苦，这沉重的影子日夜拖曳在我身后，使我不堪重负……

作为新奥尔良这个群居城市的居民，最初我过着隐遁的生活。我深居简出，大多时间都在写作。一开始很困难，我的创作似乎已失去了原有的动力。我感觉自己的身体系统里有令人衰弱的毒素。我不得不保存体力。

结果在那几个月里，我常常受到新奥尔良社会精英的款待，当时这些人大多——如果不是全部的话——住在运河街的另一头，也就是花园区。

一天晚上我觉得身体状况不错，决定请那些社会精英朋友来我奥尔良街的小公寓里聚会。有些初登社交界的年轻小姐可能从未走进过老广场的公寓，除了杰克逊广场上的庞塔尔巴大楼。那是法国区唯一“体面”的寓所，我是说花园区的妈妈们都这么认为。

我的聚会算是挺稀奇的场合。

我记得一位年轻小姐询问是否可以看看我的卧室。

“当然可以，卧室很漂亮。”

“他要带我们看他的卧室！”那位年轻小姐喊道。

所有人一拥而入。

他们似乎很喜欢这间卧室。谁会不喜欢呢？卧室若不是住所中最讨喜的房间，便是最讨厌的：我的这间属于前者。

有人转身对我的室友说：

“带我们看看你的吧。”

“噢，我——”

他可能知道一桩丑闻正在酝酿，希望避嫌。而我十分坦然地说：“我们同住这一间。”

我觉得伴随这句话而来的那阵沉默完全不自然。

话说我们那张床的大小介于单人床和双人床之间……

小姐们开始对男伴窃窃私语，他们私密交谈了片刻，接着就感谢我们安排这不同寻常而愉快的一晚，随后纷纷离去，仿佛暴风雨即将来临。

我认为这样也好。我当时在社会中的地位，可能也是我在那以后的地位，就是活在波希米亚群体中。我喜欢时不时到另一头看看，但是我的社交护照上不可磨灭地盖着波希米亚籍，而我毫无遗憾。

我忘了提那次聚会作鸟兽散后，紧接着发生了一件出人意料之事。

大约在那些小姐被护送逃离半小时后，我和朋友正要就寝，这时响起一阵短促、紧张的敲门声。我披上睡袍，打开门，看见刚才聚会上最英俊的那位年轻人。他只穿了一件雨衣，门一打开就甩掉雨衣，奔进卧室，呜呜咽咽地醉倒在床上。

“终于有人讲了点实话，他们却不能接受。”他絮絮说着，直到我们将他哄睡。

第二天早上他解释说事出有因，至于什么原因，他自己也觉得费解，更不用说我们了。他头一天晚上是在楼下的汽车里把衣服脱光的，只扣上雨衣，就回到我们的公寓。

> 这是名为“不凋”的花朵：
> 它们应当摆放在水晶铃铛下。

那段日子里开始困扰我的萎靡不振，也越来越影响我写作，我的工作似乎失去了以往的生命力。我被一种奇怪的倦怠感缠身。我像以前一样，早晨起床，喝浓烈的黑咖啡，但是精神振奋不起来。我能清楚记起当时在法国区所写的作品只有一个古怪短小的剧本，名叫《国王大道上的十个街区》（*Ten Blocks on the Camino Real*）。我把剧本寄给奥德丽·伍德，等了几周才得到她确认收到的回音。她回复的内容相当特别。我当时正在一家餐厅吃饭，被唤去接听电话。是奥德丽从纽约打来的。

“关于你寄给我的那个剧本，”她语气强硬地说，“收起来，别让任何人看到。”

我想奥德丽从没意识到我有多容易因为自己的作品感到沮丧，不然她一定不会以这种方式接收我的剧本。然而经纪人和他们代理的艺术家活在不同的世界。他们擅长做生意，但对于鉴定一部尚处雏形阶段的新颖独特的作品，有时却很迟钝。我觉得她这通电话可能阻碍了我将《国王大道》写成一个极好的剧本，结果几年后它只被修改成了一部虽独特却有缺陷的作品。

关于这一点，请记得我是可以相当不公正的。我并非有意不公正。但说到我的作品，除了伊利亚·卡赞，我认为没有任何人知道它们对我意义有多重大，并由此很必要地在情感上设身处地地去理解它们——或者说理解它们的作者。

1946 年春天，有很多令我心烦至极的事发生，我简单明了地讲一下。

新奥尔良五月初已渐渐暖得闷气。我思念起新墨西哥州凉爽的高原来，在那里我认识了弗里达·劳伦斯[1]、多萝西·布雷特[2]、斯帕兹·约翰斯顿和威特·宾纳[3]，我还在那里一边读阿道司·赫胥黎编撰的劳伦斯书信集，一边着手写一个关于劳伦斯的剧本。我认为那些信件是劳伦斯最伟大的作品，我永远也不会忘记最后那封。那封信只有一句话，说的是他去世时所住的疗养院："这个地方不好。"他身体太虚弱，写不了更多。我记得弗里达在她美好而冷静的回忆录中对劳伦斯之死的记述。他弥留之际，最后说道："我想，到了打吗啡的时候了。"

我决定回陶斯，再看看劳伦斯身边的那些人，再去呼吸山区清新的空气。唉，但是我竟决定自己开车回故地，让朋友先行坐火车去了。我跑到一家二手车行，一个目光躲躲闪闪的推销员——或许是某位卸任不久的总统的亲戚——卖给我一辆蹩脚货。那是一辆新喷漆的黑色帕卡德敞篷车。车子看上去很棒。然而我往密西西比三

[1] 弗里达·劳伦斯（1879—1956），D. H. 劳伦斯之妻。

[2] 多萝西·布雷特（1883—1977），英国画家，1924 年应 D. H. 劳伦斯之邀迁至新墨西哥州陶斯定居。

[3] 威特·宾纳（1881—1968），美国诗人，长年定居于新墨西哥州府圣菲，经梅布尔·道奇·卢汉（美国著名艺术资助人，邀请劳伦斯夫妇定居陶斯）介绍认识劳伦斯夫妇。

角洲开，想顺道去圣路易斯看望一下家人，才开到半路，这辆车就第一次抛锚了。水箱里的水沸腾溢了出来，车子停在了公路上。我修好水箱，继续往圣路易斯驶去。我记得爸爸走出门来看我这辆华而不实的汽车，他犹疑地摇了摇头。“我看这不像什么结实的货色。”他评价道。他说得没错。在圣路易斯逗留的一天深夜，我突发腹泻后，感到腹部有一阵尖锐的疼痛。

其实我当时状况危急，但我打定主意第二天上午继续往陶斯开，所以没有提起腹部的剧痛，吃完早餐便上路了。

第二天从早到晚疼痛都持续着，时急时缓。我开到俄克拉荷马的一个城镇外头时，汽车引擎盖下面有什么东西越来越大声地嘎嘎作响，车慢慢停了下来，怎么也发动不了了。

我搭便车进城，找到一家修车厂，带着修理工把我的车拖去修理。

然后我找了一家酒店住下。此时腹部不仅剧烈疼痛，痛的位置也很特别。我每走一步路，就有一阵猛烈的刺痛沿尿道传下去，这是我所经历过的最剧烈的疼痛。我找到当地的一位医生，他说我可能得了急性阑尾炎，阑尾的位置又可能不太寻常，导致痛感向阴茎袭去。他说我应该立刻去堪萨斯州威奇托的医院就医。

我听从他的嘱咐，隔天早上便搭座席火车去威奇托，住进一家医院，在那儿受了不少折磨。他们也诊断说是阑尾炎，却留我住院几天，接受 X 光检查。我注意到医生们凑在一起小声交谈。我身着病号服等待下一步检查，只要靠近他们，他们就闭口不语。他们说也许我的阑尾受到慢性刺激。大约三天后他们放我出院了。我回到俄克拉何马的小镇，我的车被永久停在了修车厂。修车厂老板是我一辈子遇过最卑鄙的混蛋，虽然我认识不少卑鄙的乡巴佬混蛋。

他告诉我车子轴承都烧毁了，说不上来什么时候能修好。

于是隔天早上我坐火车继续往陶斯赶路。

人到陶斯，腹痛也跟到了那里，实际上还痛得更厉害了。先行抵达的朋友已经为我们俩找好一间房子，但我无法入睡，没有止痛药也没有镇静剂。

第二天我去了梅布尔·道奇·卢汉在陶斯捐建的一家小医院，医院由两位年轻英俊的医生经营，护士都是天主教修女。从某些方面来看，那是一家可爱的小医院。医生们很明智，给我作了血球计数。看了我的白细胞数量，他们大为惊讶，说一定是阑尾穿孔造成的，如果我还想活下去，必须立刻做手术。

当时是傍晚。朋友陪我坐在医院，两位年轻医生为我刮除腹股沟的体毛准备手术时，我立下了临终遗嘱。我别无他物可留，只有《天使之战》的原稿，我将它留给了我的朋友。他拿过遗嘱，撕成碎片。(他时常有超凡的举动，这便是其中之一。)我被推进了手术室。上麻醉后，我有一种死亡的感觉。我失去知觉，只想扯掉脸上的麻醉面罩高喊:“我要死了，我要死了。”

等我苏醒过来，已经回到了自己的病房。一位担任病理医生的修女在房间里欢快地忙东忙西。她对我说，我在手术台上待了七个小时。

“你这段时间应该不会有事了。”她告诉我，“当然了，我们迟早都会因为什么事而死掉的。”

那天晚些时候，两位年轻医生来到我的病房，我把病理医生对我说的话告诉他们，心想自己一定时日无多了。这下可掀起了轩然大波。他们俩大发雷霆，狠狠训斥了那位病理医生。没过多久，她冲进我的房间说:“我不关心你得的什么病，和我没关系。”

医生告诉我，他们切除了我小肠上的“梅克尔憩室”（一种罕见疾病），憩室内有胰腺组织濒临破裂，导致白细胞数量大增。

几天后我摆脱病痛出院，联系上了弗里达·劳伦斯。

她想带我上山去看劳伦斯牧场，于是我们驱车出发。出于某种原因，我猜是因为高海拔吧，我感到异常兴奋。我们在半路的小酒馆稍作停留，买了一大罐葡萄酒，边喝边笑，继续上山。突然间，我觉得呼吸困难。“请停一停车，我透不过气来了！”我走下车，站在一棵松树下，依然无法呼吸。我们应该已到达八千英尺高的山坡，此时掉头拼命往山下驶去。那情景就像电影里的追车戏。弗里达简直像在开救火车，我不停喝着酒，尽力呼吸。我们径直开回了医院。一位医生说：“你才动过七小时的手术不久，心脏当然不适宜上八千英尺高的地方。”

我从未大肆聊过四六年春天的这段经历。从那时候开始，约莫有三年时间，我都认为自己是个将死之人。我深信自己命不久矣，比尔·利布林在纽约叫我去买一套新西装，我也很不情愿，觉得既然活不了多久，再买套衣服不值得。

那年春末我刚回曼哈顿时，亲爱的朋友奥利弗·埃文斯教授安排我与一位独居两层套房的老太太同住。这位老太太社会地位很高，也很富有，不过身体不好，又孤零零的，只有仆人们与她相伴。她有一项奇怪的消遣，或者说爱好，就是从报章杂志上剪下一切能找到的有关新闻人物参议员约瑟夫·麦卡锡的报道。她将麦卡锡参议员视作对抗国内布尔什维克恐怖的神圣改革家。她还有别的消遣，就是晚餐后在起居室跳舞，以及去高档会员俱乐部享用午餐或晚餐。我们喜欢和她一起用餐，但她餐后的建议“我们跳舞吧？”总让我们有点尴尬。她疾病缠身又瘦骨嶙峋，和她跳舞犹如与一具身穿丝绸的骨架共舞。她坚称医生们完全找不出她有什么毛病，除了“术后有些许粘连”。她的古怪令人感动。

这段时期，我找到了一个新伴侣，在那个不愿在此书中提及姓名的伴侣离我而去之后，我遇见了他。

老太太欣然接受我的新伴侣来同住。他很高兴地同她跳舞。他还充当她肖像画的模特，她画技娴熟，但嫌老套。

有一天，这位怪异而可爱的老太太对我说:“我想为你办一个聚会。从这本书里挑些朋友吧。”

她递给我的书是纽约的《社会名人录》，我唯一能在书中找到的朋友，是我的一个远亲英曼（原姓科芬）夫人，这位夫人出身高贵，但患有偶发的重度抑郁症。几个月前，她从欧洲带了价值五十万美金的比利时花边回国。精细花边本应防虫蛀的，但她重度抑郁症发作，未能悉心保存，花边被虫子啃光了。唉，可惜了。不过她的精神状况在好转，她来参加我们的聚会，少言寡语但很亲切。我不得不向老太太坦白，这个亲戚是我在名人录里唯一认识的人。

老太太听后一副要倒地不起的样子，但过了一会儿她便优雅地回过神来。

“噢，你们这些艺术家！”她说。

然后她准我邀请我在纽约同一社会阶层的朋友。我可以开心地说，她在聚会上玩得很愉快。

我不喜欢在这本回忆录中有所虚构，但现在必须为我在纽约认识的新伴侣虚构一个名字。他算是个不太正统的圣人，姑且称他为“圣”吧。他的习性中有酗酒（后来改正了）的阴暗面，这使他有时候言行难以预测、出人意料，因此令人不安。

他不理解我在纽约有一些保持着纯友谊的年轻朋友；他觉得我认识的只有工作伙伴和情人，两者常常合而为一。事实根本不是这样。

一天下午，我坐在曼哈顿阿尔贡金酒店大堂里，与一个老友和他的男友愉快地聊天。阿尔贡金的大堂挤满了市郊妇女，像是从《纽约客》漫画里走出来的。这时圣冲了进来。他勃然大怒，冲着我那两位彬彬有礼的年轻客人大吼："你们俩是百老汇最出名的男妓！"

圣谩骂不停，大堂里那些来自市郊的女士一瞬间全撤离了。最后他转头对我说："过马路去美仑看看我干了什么吧！"

（我们当时住在美仑大酒店，就在四十四街阿尔贡金酒店正对面。）

好吧，我跑回那里，看到他把我所有的衣服撕成了碎布，砸坏了我的打字机和手提箱。不过，不知为何，他放过了我的文稿。

看这情形我本该立马和圣分道扬镳，但看他懊悔，我又心生怜悯。我已订好计划去楠塔基特岛，曾几何时我们家族姓科芬的那一支在岛上好不兴旺，我也不想独自前往，于是答应圣让他陪我去。我们在楠塔基特岛上租了一间离市区较远的灰色房子，不知何故我还清楚记得地址：派恩街 31 号。

大约就在那个时候，我写了一封信给卡森·麦卡勒斯，我并不认识这位作家，我的信充满了对她小说新作《婚礼的成员》的衷心赞美。我在信中表示很渴望会会她。

那必定是一封颇具说服力的信，因为没过几天，她便来到楠塔基特岛。她走下渡船，看起来个子很高，穿着宽松长裤，头戴棒球帽，咧嘴一笑，露出不够整齐却可爱的牙齿。

亲切寒暄一番后，我说想去海边游个泳。她说她很乐意，于是我们往海滩走去，圣喝得烂醉，但也一起去了。

在海滩上发生一件事，如今回想起来好像还挺有趣。我和卡森都换好了泳装，而圣还在更衣室里，突然之间，里面传来一阵不小的骚乱。接着圣冲出来，走到更衣室前的走廊上。走廊有一长排摇椅，每张摇椅上都坐着一位老太太。不知怎的，圣不喜欢她们的模样，对她们大发雷霆。

他扯着嗓子，对那些本本分分的老太太吼道："你们瞧什么呢？你们只不过是一群婊子！"

嗯，我觉得在今天这种话不会引起巨大骚动，但令我惊讶的是，在1946年的当时，那些老太太都没有吓晕，从摇椅上摔下来。

卡森被逗乐了。"田纳西宝贝，"她说，"这孩子很妙，你有他作伴真是幸运！"

我压根不信这话，我们回到派恩街31号的家中，料理起家务来。那还是在卡森生病之前。她是个好厨师，不单准备可口饭菜，还把房子打点得井井有条。那阵子日子过得相当不错。她住楼下的客房，我和圣睡楼上。圣也暂时安分下来。卡森常弹弹钢琴，为我们营造了和乐的气氛。

一天夜里大雷雨，房子一侧的窗户统统碎了，后来再也没修好。

有一只怀孕的猫从一扇窗子爬了进来，在卡森的床上生了一窝小猫。圣为母猫接生。出于他本性中温柔的一面以及他具备的动物直觉，在母猫生产时，他用茶匙给它喂了威士忌酒，好让它保持精力。这是我头一次看到动物喝威士忌，不过很奏效，母猫给我们生了八九只小猫。但这只猫有个坏习惯，老爱叼些臭鱼头从破窗子进屋。这倒没有烦扰卡森；实际上她样样事情都能容忍。那个夏天我们坐在桌子两端一同写作，她将《婚礼的成员》改编成剧本，我写

《夏日烟云》，晚上我们把白天的成果读给对方听。

那年夏天晚些时候，她先生里夫斯·麦卡勒斯也来和我们同住。他是一名退役海军，当时我不怎么喜欢他。他不好相处。他看起来孤僻而内向，我也一样，而且他打断了我和卡森快乐的相伴。

我那时身体依然不好，已经到了咽不下饭的地步，几乎一吃就吐，因此夏天过后，我回到纽约，又住进了医院。我在里面待了一星期，用了各式各样的药，很快身体好转，又返回新奥尔良。

那年夏天过后，卡森和我一直保持着友谊，年深月久，我们彼此间的回忆也越来越多。我想起一生中卡森在场的三个重要时刻，全都是有关我和卡森共同退场的记忆：我记忆中三次最漫长、最折磨人的退场。

一次是在我和狄兰·托马斯的共同出版商为他举办的生日聚会上。他们将我介绍给狄兰·托马斯认识时，他只说了这样一句奚落的话表达对我的看法："赚那些好莱坞的钱感觉如何？"

回头想想，这句话完全可以理解且情有可原，但当时听来却非常刺耳。对于卡森，他则干脆不予理睬。过了一会儿，卡森说："田，亲爱的，带我离开这儿吧！"那是在她中风之后的事。我带着她离开生日庆祝会，她在我搀扶的臂弯里颤抖。那次退场漫长得仿佛永无绝期。

另一次退场更为痛苦。

卡森不应该去参加她的剧本《奇妙的平方根》（*The Square Root of Wonderful*）首演之后的晚宴，更不该留在宴会上直到剧评传来。

评论相当糟糕。

卡森又对我说："田，扶我离开这儿。"那是一次更漫长、更痛苦的退场。

我们第三次共同退场也是在一个首演晚宴上：1948 年马戈 · 琼斯制作的《夏日烟云》在纽约的首演。那一回是我对卡森说："我们离开这儿吧。"那也是一次漫长而艰辛的退场，所有人都注视着我们，剧评也传来了……评价都不太好。我那时候住在东五十八街托尼 · 史密斯设计的一幢公寓里。第二天早晨，我伴随莫扎特的音乐醒来。卡森已经来到公寓，播放了唱片，好让我在睡醒时得到安慰。

不过，我没有心情接受安慰或同情，这些不怎么令我宽心……所以我让弗兰克 · 梅洛（他之后也将在本书中出现；我和他一起住了很久很久）关掉莫扎特的音乐，在我起床前叫辆出租车送走了卡森。

我想重新投入工作——独自，立刻。

1947 年秋，在新奥尔良，我找到生平住过的最温馨的公寓之一。那间公寓在迪克·奥姆家的二楼，邻近圣彼得街和皇家街路口。迪克在古董店工作，品味高雅，公寓布置得很精致。我最喜欢天窗下的那张长餐桌，为我早上写作提供了理想的环境。我所知的城市中，没有比新奥尔良更适合在公寓装天窗的了。各位都知道，新奥尔良略低于海平面，这就是蓝天白云看起来如此靠近的原因。在新奥尔良，云层总像是就在头顶上。我想那多半是密西西比河散发的水汽，而非真正的云朵。透过那扇天窗，它们看上去那么近，仿佛没有窗玻璃的话，就可以伸手触及。它们羊毛般轻柔，游弋不停。我整天都是一个人。我一如既往地保持习惯，至今也是如此，早起，喝黑咖啡，立刻投入工作。

当时我正继续《夏日烟云》的写作，那部戏是一块难啃的硬骨头。阿尔玛 · 瓦恩米勒小姐很可能是我在剧本中刻画得最好的女性形象。她好像就存在于我生命的某处，将其付诸笔端毫不费力。然而，她用全部青春岁月去爱的那个男孩约翰尼·布坎南在我看来似乎不太真实，一直是个纸人，我清楚这一点，心中很苦恼。这个剧本我又持续写了两三个月，改了几稿。一天晚上，我觉得写完了，把它读给一个对我很友善的年轻人听。我一边读，他一边呵欠连连，所以我草草读完，之后，他说出一句使我极受打击的评价："《玻璃动物园》的作者怎么会写出这么差的剧本来？"

我一蹶不振好几天，然后又接着写尚未完成的《欲望号街车》，当时的剧名叫"扑克之夜"。我发了狠劲地写。虽然我以为自己活不久了，也或许正因如此，我对写作抱有巨大的热情。我从清晨写到午后，艰辛创作到精疲力竭之后，我会去街角一家名叫"维克托"的酒吧，点上一杯美妙的白兰地亚历山大鸡尾酒恢复精神，这是那家店的特色酒。喝着亚历山大，我常常在点唱机上点一曲"墨点"乐队的《如果我不曾在意》。然后我会吃上一份三明治，再去北兰帕特街的运动俱乐部。那里有一个地下自流泉泳池，水很清凉，能让我精神振奋。

我依然认为自己即将因胰腺癌死去。后来我的外祖父沃尔特·埃德温·戴金牧师过来和我们一起住。他双眼罹患白内障，耳朵几乎失聪。外祖父母是我一生中支持与慈爱的最大来源。那时候外婆已经过世，但我记得她高度的自尊，特别是我在爱荷华大学取得文凭的那年夏天，外祖父母和我们同住在圣路易斯的家中，外婆的恶性肿瘤到了末期，不得已只能放弃孟菲斯的那栋小房子。

外公当时已接近全聋，得凑在收音机前听新闻，那是他唯一感兴趣的节目。外婆个子很高，又瘦得厉害，她会像鹳鸟一般站在前窗的窗帘后头，一看到爸爸的斯图贝克车驶进家里的车道，她就慌张地回头对外公大叫："沃尔特，沃尔特，科尔内留斯回来了，你快上楼好吗，别让他见着你在楼下！"

可怜的外公，爬那些楼梯得爬上一辈子，用尽力气却避之不及，总是被夺门而入的科尔内留斯·科芬逮个正着。

"啊，老色鬼下来了。"爸爸会咕哝一句。他也总会转身对外婆说："晚上好，戴金太太。"外婆答："晚上好，科尔内留斯。"

随后，她会本能地坐到钢琴前，弹一支舒缓的肖邦练习曲，尽她所能平息刚才的摩擦。

爸爸下班会去他最爱的酒吧，待他回家后我们就立即开饭。他外表不会显露醉态，只有那双目光锐利的蓝色小眼睛涨得通红。

我不算坏的那些品质一定都遗传自外婆，除了威廉斯家的愤怒与忍耐，如果此二者能算作优点的话。我本性中温柔的方面（别人温柔待我，我也会投桃报李）都来自外婆的心灵，我生命里的另一朵玫瑰（Rose）——我的姐姐，她无法忽视的优雅与纯洁也同样遗传自外婆。

1946年晚些时候，马戈·琼斯与她的朋友乔安娜·阿尔布斯来到新奥尔良我和外公的住处，我将《欲望号街车》的初稿大声念给她们听。我想这剧本使她们感到震撼。我也一样。布兰琪似乎太奇特了，或者说好得出奇。马戈和乔安娜走后，我决定与外公驾车南下基韦斯特。那是一趟快乐的旅程，我的庞蒂克车也开得很顺畅。我们越过萨旺尼河，从佛罗里达州西岸往东岸行驶。外公是个极好的旅伴。什么事都能让他高兴。虽然眼患白内障，他仍装作视野清晰，那段日子，冲着他大喊他才听得见。他一辈子热爱生活，光是和他在一起，就唤醒了我对生存的热情。

我们抵达基韦斯特，住进拉孔查酒店顶楼一间两室套房，在那里我才真正开始将《欲望号街车》定稿。因为和外公一起很快乐，写作进展迅速。

每天下午工作告一段落，我们就会开车去南海滩。当时那里还很漂亮，汽车旅馆和停车场尚未进驻。我会游泳游上好一阵，外公则坐在海边，任波浪拍打双腿。

有几位好客而有趣的朋友也在基韦斯特。波林·法伊弗·海明威住在欧内斯特赴古巴后留给她的那栋西班牙殖民时期的房子里，波林招待了我和外公。后来米利亚姆·霍普金斯也来了，她过人的才智和美丽为我们带来更多活力。

我写完《欲望号街车》，寄给奥德丽·伍德，这一次得到了这位娇小女士相当肯定而鼓励的回应。

后来有了与艾琳·塞尔兹尼克第一次的会面。我去见她是奥德丽在高度机密的氛围下安排的。我收到电报，通知我即刻赶去南卡罗来纳州查尔斯顿最好的一家酒店，在那里与艾琳和奥德丽会合。我快马加鞭地赶去。艾琳猛地打开套房的门，眼里闪着光。当天晚上我们便决定，由她制作《欲望号街车》。神秘气氛延续。艾琳拍电报给她设在纽约的办公室，那是给她助理的密文电报，内容是："布兰琪要来陪伴我们。"这一切令我很兴奋。我离开查尔斯顿，回基韦斯特与外公重聚，海明威夫人和其他朋友帮忙照顾着他。

新奥尔良狂欢节将至，外公一心不想错过，所以他先行乘飞机回去，我独自开那辆雪白的二手庞蒂克敞篷车沿佛罗里达东岸北上。驶近杰克逊维尔市区之前一切顺利。我在路上载了一个搭便车的红发小伙子，我们刚开始讨论在路边找一家汽车旅馆过夜的事，突然有一辆公路交通巡警车呼啸而来，命令我们停靠在路肩。巡警说我的车没打尾灯，要查看行驶证和驾照，而我两者都没有。我是浑然不知驾驶要求，还是漠然置之呢？不管怎样，这名凶神恶煞的巡警把我的右手手腕和左脚脚踝铐在一起，叫我下车。我问他，我的右手腕铐在左脚踝上，要怎么下车。他用力将我拽出车子，叫我爬进他的警车。我费劲地上了车，他又把红发小伙拖进后面的车里。我们被送到了杰克逊维尔的监狱。当时已是午夜。我们被扔进临时囚室，那间装着铁栅栏的小房间关着醉汉、瘾君子和同性恋。我一向患有幽闭恐惧症，艰难地控制着情绪。那天夜里警察还突击搜查了几家黑人妓院，他们对那些可怜姑娘的残暴行为令人难以置信。他们在楼梯上把姑娘们踹上踹下，用警棍敲她们的头。黎明时分，有个保释人来看我。他说上庭时他将代理我的案子，收费三百美元。我刚好身上带了些旅行支票，足够应付这额外之需。

第二天中午的时候，他们把我放出了囚室，告知我必须通过一项驾照考试，才可以拿回我的车，继续开往新奥尔良。他们给了我厚厚一叠试题资料，我想我一辈子都没有这么用功学习过。不可思议，我竟通过了考试，被依法释放。

不知何故，他们不准我替那个搭车的年轻人交保释金。我只好将他留在杰克逊维尔的那间囚室，天知道他在那里经受了什么事。

补了驾照，修好尾灯，我继续往新奥尔良赶路，此时外公正在享受狂欢节。我对这节庆从没多大兴趣，外公却觉得很有意思，因为游行花车就从我们住处的街角经过，那壮观的场面令他激动不已。虽然他的双眼愈发昏花，但好歹还能看见。

有多少琐事该被写进人生的记录：字里行间一定有许多更值得回忆的，却莫名留在混沌处，只有表面的历史清晰地回到脑海，我是说相对清晰些……

7

今晚，剧团宣布我将参演《小船警报》，而顶替海伦娜·卡罗尔的是一位很有天赋的演员，名叫佩格·默里，比尔·希基称她是行业内最佳演员之一，虽然她在圈外并不出名。

大家很兴奋，因为能够看到一个有天赋的演员经过简短准备，便接下“利昂娜”这个难度颇高的角色，并且我们全体都会给她支持，尽可能掩饰几乎不可避免的忘词，还会给她友爱，因为演员们在这种关键时刻必须友爱互助—假如这世上还有爱的话，我想是有的。我想世上存在着爱，就算是在表演行业，虽然爱可能已绝迹于后台，但我认为，当一颗新星对于接演的角色没有足够时间准备和排练，一出戏因为她的初次表演岌岌可危时，以精诚合作为形式的爱，不出意外总会出现在舞台上的。

这让人兴奋，也可能很美妙。

我想起布鲁克斯·阿特金森从《纽约时报》戏剧评论员一职退休时写给我的信。

我当时在西岸，给他写信说：“我觉得该是我退休的时候了，而不是你，布鲁克斯。”

他回信道："你一定要继续写充满隐喻的作品。"我不确定自己那时候的作品是否仍旧充满隐喻，但毫无疑问，写作应当如此，他的建议诚挚且出于善意。

昨天发生了两件重要的事：一件是私事，另一件意味严肃，发生在非常公开的场合。

私事是与罗丝小姐以及她那个愈发易怒也愈发恼人的同伴共进晚餐。为成双成对，我带了一个年轻朋友，他是一位很有才华的画家兼模特，有时也演戏。

无名氏小姐决定在卢乔餐厅订位，那家富丽的巴伐利亚式餐厅古老得仿佛经历过有史以来的一半时光。我们被安排在乐队演奏台旁边的好座位。乐队成员都是巴伐利亚或提洛尔风格打扮，却没有一个适合这身行头。演奏晚上七点开始，正是我们走进餐厅的十五分钟之后。

最赏心悦目的是我们餐桌近处的一扇天窗，透过窗子，我看见初现的黑暗渗入深沉的黄昏，晚餐进行着——更准确地说，是渐渐分崩离析，因为无名氏小姐生起气来，开始挖苦我那可怜的年轻朋友。这酩酊大醉的爱尔兰姑娘乱发脾气，毒蛇一般口出恶言，我无法理解朋友竟还能控制住情绪。他至少也算是半个天使了。

无名氏小姐又开始指责青年群体，说他们是一群社会寄生虫，是水蛭，是退化的人。

她声称美好的往昔一去不复返，世上的尊严与正直荡然无存。

我和朋友事先已商量好，只要这位女士发起牢骚来，我们其中一人就向对方说今天在中央公园见到一只知更鸟，夏天都快过去了，这儿还有知更鸟，是不是挺奇怪的。

唉，我也不知我们提了多少次这只在夏末出现的知更鸟以及中央公园其他可爱之处，想让餐桌气氛冷静下来，不至不堪。

可惜我情绪失控，对无名氏小姐动怒说：“说实在的，你成了一个保守派，而我是革命派。”

她转而谈论起混血儿，说的是我和那位年轻朋友。因为她是纯种爱尔兰人，她认为只要不是纯种爱尔兰人，就是混血杂种。唉，在这件事上她倒是完全没有爱尔兰人的幽默。

当然，晚餐结束时，我为无名氏小姐感到些许遗憾。她在孤寂、独身与陈腐的“原则”中变得如此顽固，而她的“原则”和他们那一代人的“原则”一样极为虚伪。

我姐姐罗丝的悲剧故事，始于我辍学三年去国际鞋业公司大陆制鞋分公司工作的几年前。

我提过罗丝有好几年深受不明原因的胃病困扰。她因这种消化疾病几次住院，却未能检查出任何溃疡或其他生理病因。最后医生建议她作一次“探查手术”。

幸好我们的家庭医生——一位高明的内科医生——在这当口出面，告诉我母亲他的（十分正确的）看法，虽然这使我母亲相当不安。他认为罗丝需要接受精神治疗，莫名其妙的消化不良是由精神或心理因素引起的，只有通过心理分析才能查明。

各位可以想象埃德温娜女士听到这一观点有多震惊。有时在我看来，亲爱的母亲一生都适当控制着自己的癔症——她的族谱中（戴金和奥特斯两边都是）有精神崩溃和精神失常的令人忧心的病例。

事实上，埃德温娜女士自己也曾在五十年代初住进精神病院，当时我非常需要休息，正在维尔京群岛的圣托马斯短暂度假，她打电话来说：“猜猜我在哪儿？”

“怎么了，妈，你不在家吗？”

“不在，儿子。出了个天大的错。我被送进了一间精神病房。赶快来把我接走吧。”

我赶了过去。治疗她的是一位女医生，我与这位女士私下交谈，她说：“威廉斯先生，您可能已经知道或者猜想到令堂一直以来都患有偏执狂吧。”

她接着告诉我，母亲是“彻头彻尾的虚伪造作”。

我听了着实愤慨，虽然这措辞无情的诊断中或许确有一点事实。

“不管怎样，我觉得要评断我母亲的性格，你并不是可靠的权威，毕竟你说她拒绝和你谈话——我希望她可以马上出院。”

我立刻把母亲接了出去。

好，我们回头讲讲罗丝小姐。

罗丝二十岁出头的时候，带了几套便宜的宴会礼服，被送往诺克斯维尔“在社交界初次露面”。贝尔姑姑（威廉·G. 布朗洛夫人）筹划了一场正式的社交舞会，但是她婆婆布朗洛老夫人不幸故世，舞会便改为“非正式”的了。舞会在诺克斯维尔乡村俱乐部举行，罗丝就此非正式地进入社交界。在这淑女们的社交季里，贝尔姑姑只好为罗丝添置了许多礼服，虽然如此，罗丝的这次露面谈不上非常成功。我想那时罗丝小姐爱上了一个年轻人，那人却没怎么回应她的情意；于是罗丝变得和以前不一样了。此后的四五年中，一片阴影笼罩着她，她越来越沉郁。

罗丝从诺克斯维尔舞会归来时，我说：“玩得如何，罗丝？”

她说：“埃拉姑姑和贝尔姑姑只喜欢可爱的人，而我不可爱。”

早前的一个夏天，那是 1926 年夏，我们一家人同去诺克斯维尔，去了埃拉姑姑和贝尔姑姑皆为会员的阿巴拉契亚俱乐部。那年夏天我在清澈的山溪里学会了游泳，是贝尔姑姑教的，筑坝蓄起的池水清凉澄澈，在骨白色岩石上形成一道闪闪发光的瀑布。在池子里，贝尔姑姑想要用一只手撑在我肚子下方，我对她说："贝尔姑姑，我更想靠自己。"她端出一句巧妙的话认可道："噢，汤姆，亲爱的汤姆，靠自己就是倚靠压伤的苇杖[1]。"

其实她说的是她自己以及她对上帝的倚靠。她罹患甲状腺肿，言谈往往有些夸张，自然也对上帝敬重有加。

说起来，我和贝尔姑姑一样歇斯底里，也和布兰琪一样；我在遗嘱附录中写明以此种方式处置自己的遗体："用干净的白布袋缝起来，从自哈瓦那以北十二小时航程的船上扔进海中，这样我的尸骨才不会离哈特·克莱恩太远……"

那年夏天，阿巴拉契亚俱乐部里满是牢牢吸引我目光的男孩子，他们纷纷躺在溪中岩石上晒太阳。贝尔姑姑为我买了我的第一条长裤，是一条法兰绒裤子，又给罗丝买了几条连衣裙。

我们住在一座小木屋里。弟弟戴金路途中感染了严重的瘟热症，可能因为喝了污染的水。同去的外婆用搅乳器给他做了酪乳，"小不点"只能吃这个。

罗丝当时有几个追求者，她穿起绚丽的夏裙很美，每天晚上我们都一起跳舞。那是查尔斯顿舞的年代。俱乐部里有一对姐妹，记

---

[1] 英语习语，出自《圣经·以赛亚书》三十六章五节"看哪，你所倚靠的埃及是那压伤的苇杖，人若靠这杖，就必刺透他的手。"

得其中一人隔年因为情场失意自尽了。

我记得曾与罗丝还有这对姐妹一起走在一条狭窄山路上，有几个山里的男孩从我们身旁经过，不断地喊着：“操！”

我们都没有对此说什么，好似没听见这秽语一般继续前行。

我也记得一天下午，我们从阿巴拉契亚俱乐部步行到加特林堡，那里如今是塞维尔家族每年聚会的地方。同行的是两个少年，他们感情很好，也很关心我们。路上下了一场大雷雨，把我们淋得浑身湿透。

女孩躲到一处换衣服，我和两个少年一起换。他们在我面前脱得赤条条的，见我没动弹，又帮我把湿衣服脱了。没有任何不体面的事情发生，但他们的美丽在我好色的心中留下了不可磨灭的印象，同样难忘的还有他们对我的友善。

最后再回忆一件事。那是疯狂的爵士时代，那年夏天一天晚上，我们这群年轻人聚在一位身患绝症的中年女士的小屋里。她早早上床休息，但一直醒着。我们这群人聊起了关于性的话题，这是我们刚开始探索的巨大谜团。

女主人在卧室冲我们大喊：“你们都只是小孩子……”

她的语气饱含亲切和怜爱，于是我们闭上嘴，很快就散去了，心怀生命中新生的关于爱的巨大谜团，也就是关于青春期性知识的巨大谜团，就这样离去了。

这谜团伴随我们离开那位受病痛之苦的女士。

罗丝在高中颇受喜爱，可惜好景不长。她的美貌主要在于那双会说话的灰绿色眼睛和一头红褐色卷发。她肩膀过窄，和男孩子相处时的局促不安容易使她驼背，肩膀看上去就更窄了；这么一来，相较于小胸部的瘦弱身躯，她那浓眉大眼、具有威廉斯家特点的头部便显得太大了。而且在约会时，她与对方讲话会举止失措，男孩们不知该如何应对。

她第一次真正的精神崩溃，发生在我因心脏病发而结束鞋业公司的差事之后不久。

我先前提过，从圣文森特医院回家的第一天夜里，罗丝梦游似的走进我狭小的卧室说:“我们大家一起死吧。”

我可以向各位保证，她这个想法并未对我产生什么不可抗拒的诱惑。在大陆制鞋公司当了三年文书打字员，终于得以解放，见鬼，我可没心情考虑和家人集体自杀，就算是罗丝提议也没用——无论这提议在当时看来多么恰当。

罗丝一连几天精神错乱。一天下午，她在手提包里放了把菜刀，动身去精神科医生的办公室，明显意图谋杀。

母亲注意到了那把刀，迅速拿走了。

过了一两天，精神分裂症的第一次发作过去了，罗丝至少在表面上恢复成平日（很安静）的她了。

几天后，我离家去孟菲斯，到祖父母在西南大学附近斯诺登大道上的小房子里养病。

我想大约就在那时候，我们那位高明的老家庭医生告诉母亲，罗丝的身心健康取决于一件事，在埃德温娜女士看来那相当可怖——一桩“治疗性质”的包办婚姻。显然亚历山大医生发现了罗丝真正的病根。她是个很正常但性欲旺盛的姑娘，埃德温娜女士坚如磐石的清教徒式准则强加给她压力，致使她身心分裂。

罗丝与我之间的亲密关系非同一般，我或许无意中遗漏了不少事情。有敏感的剧评家论断说，我的作品真正的主题是“乱伦”。

姐姐和我的确关系亲密，但在肉体上十分清白。实际上，我们对彼此的身体很羞怯，全无地中海人家庭关系里可以看到的那种随意的肢体亲昵。然而我们的爱，无论过去还是现在，都是我们生命里最深刻的，我们回避家庭以外的感情，也可能与此相关。

我在鞋业公司的那几年以及在密苏里大学念书的那几个夏季，除了和黑兹尔共度的晚上，几乎每晚都和姐姐在一起。

那些夜晚，罗丝和我都做些什么呢？哦，我们在大学城的商业街闲逛。那是一种带有感伤的仪式，这样的感伤，我敢说无论在《玻璃动物园》，还是在《玻》剧据以改编的原作短篇小说《玻璃少女像》中都绝对看不到。

我想是德尔马大道吧——那条很长很长的街道，大概起始于圣路易斯市中心的密西西比河附近，穿过大学城，一直延伸到乡野——它正是我和罗丝每晚闲逛的那条街。街上有个卖根汁汽水的摊子，我们常在此驻足。罗丝格外爱喝根汁汽水，尤其在暖热的夏夜。除了停步喝汽水，我们一路浏览商店橱窗。罗丝的爱好与布兰琪一样，就是衣服。德尔马大道横穿大学城的那一段沿途尽是小店，店里夜晚亮起橱窗灯光，展示女装和饰品。罗丝的行头不怎么多，因此她浏览德尔马大道的橱窗时，就像一个挨饿的小孩透过餐厅门脸向里巴望。她的衣着品味不凡。

“那条裙子怎么样，罗丝？”

“噢，不好，俗气。这边这条倒是很漂亮。”

我们夜间散步持续大约一个半小时。如前文所说，尽管我们对彼此有肢体接触的羞怯，除了在恩赖特大道的公寓里一起跳舞之外，连手都没碰过，但逛街回家后，我通常都跟进她的卧室，继续东拉西扯热烈地闲聊。在那间卧室里我感觉最放松，里头摆放着象牙白色家具，这套家具是1918年我们刚搬到圣路易斯市威斯敏斯特街那间“带家具公寓”时得到的。

罗丝的卧室是这间公寓里唯一招人喜欢的房间——还是说看似如此，只因为是姐姐的房间呢?

前面讲到我们一起跳舞。

罗丝教我跳舞，用一台可谓原始的胜利牌手摇柜式留声机播放音乐，那台机器是在密西西比州买的，我们这个悲惨家庭迁往圣路易斯时运了过来。

爸爸租下我们在圣路易斯市第一个真正的住所，那是位于克莱顿市郊的一幢漂亮的佐治亚风格二层楼房，距离华盛顿大学仅一两条街。房子在潘兴街上，对面是弗吉尼亚·穆尔的家，她是当时一位俊秀出众的诗人；她有个兄弟对罗丝小姐有意思，和她约会了几次。我记得自己曾在克莱顿四处奔走，为他最终一败涂地的竞选活动散发政治传单。他输了那场竞选，一下子精神崩溃，进了疗养院。出院后，这个可怜人自杀身亡，罗丝小姐失去了一位追求者。

那年夏天，我把自己写的一些稚嫩诗歌拿给弗吉尼亚·穆尔看，她十分和蔼，巧妙地称赞了其中一首。

在潘兴街那幢租屋里，罗丝小姐的心智又开始衰弱，变化虽不剧烈，但也一天不如一天。

我记得有一次与几个年轻朋友开车去乡野兜风。我和他们在路上开始嘲笑一个精神失常的熟人的荒谬行径。后座的罗丝小姐神色变得黯然而僵硬。

“你们千万不能取笑精神病。”她指责我们，“那比死还痛苦。”

这正是母亲得知罗丝小姐罹患精神分裂症后所说的话。当时是1937年，罗丝住在圣路易斯郊外的一所天主教疗养院，不久后便被送往州立精神病院了。回想那一年，明白罗丝已知自己要疯了，也明白自己对姐姐不够好，我心里不怎么好受。话说那是我生平第一次被一群年轻朋友接受，和他们建立的愉快关系使我昏了头，未能好好观察落在罗丝身上的阴影。她的行为出现些微异常。她在家里变得十分安静，我以为她患了失眠症。她养成一个奇怪的习惯，每晚回房休息时会放一桶冰水在卧室门口。

那段时间我与姐姐慢慢疏远，她和我们家那只小小的波士顿狗吉格斯越发亲近起来。她整天捧着抱着小狗，埃德温娜女士时不时会说她：

“罗丝，把吉格斯放下来，他想要到处跑跑。”

后来有个疯狂的周末，我记得爸妈去欧扎克高原了，潘兴街的房子里只剩我和罗丝，我请那群新结交的年轻朋友到家做客。他们有个人喝得烂醉——也可能大家都喝醉了，这人比我们所有人加在一块儿还醉得厉害，他跑上装着电话的楼梯平台，拨电话给陌生人讲些猥亵的话。

父母从欧扎克高原回家后，罗丝小姐把疯狂的聚会、猥亵的电话还有喝酒的事一股脑儿告诉了他们。

埃德温娜女士警告我，这群人统统不准再踏进我家大门。

这道敕令，对我有如晴天霹雳，因为这群人里有我在圣路易斯的第一个好朋友——才华横溢、气宇轩昂的诗人克拉克·米尔斯（·麦克伯尼）。

爸妈去欧扎克高原度假期间的疯狂聚会被罗丝泄密，我被告诫再也不能邀请我的第一群朋友来家里。这时我跑下楼，罗丝刚好往楼上走。我们在楼梯平台擦肩而过，我像只野猫一样朝她发火，嗤笑说：

“我讨厌看到你那张又老又丑的脸！”

她沉默不语，苦闷地佝偻着身子，站在角落一动不动，我径自冲出了家门。

我想，这是我一生做过最残酷的事，也是一件永远无法彻底弥补的事。

(时间真的在这本“东西”里穿针引线，而且是多么漫长的一段时间啊。)

> 荏苒光阴，虚华无尽，
> 鸟儿说走，我们前行。

各位看上面这两行诗就能了解为什么我对自己的诗作评价不高。

我有没有告诉过各位，在华盛顿大学我们有一个小小的诗社？社中只有三名男性成员。其余都是女社员，长得漂亮，家里都有高雅的乡间住宅。

三名男诗人照才华高低排序，依次是克拉克·米尔斯、威廉·杰伊·史密斯和这本回忆录的作者。

那些漂亮姑娘为我们准备精美茶点、布置场地，我只记得其中一人全名叫贝蒂·蔡平，还有最有钱的那个，名字是路易丝，有一次晚上她开家里的豪华轿车带我们所有人去看芭蕾舞表演。

比尔·史密斯 [1] 是我们三个男生里头最英俊的，最后也成了

---

[1] 即上文的威廉·杰伊·史密斯。

“重要诗人”，如今在哥伦比亚大学教授这门不可教授的艺术。

克拉克的才华早年已熠熠生辉。他出版了一本名为《一月渡口》的平装诗集，这部珠玉之作充满优美意象与风雅韵味。他也是一名法语文学学者，后来获奖学金赴巴黎索邦大学深造，写了关于法国文学家朱尔·罗曼的研究论文，罗曼的作品无论有没有翻译我都看不懂。我真希望克拉克一心致力于自己的写作。艺术家必须那样以自我为中心。不过他创作了兰波《醉舟》（以我公正的观点看来）的最佳译本，便也可以原谅了。他译的兰波这首伟大诗篇末尾一节大致是这样的：

我仍向往的欧洲水域，
唯有阴冷泥泞的沟渠，
忧伤的小孩蹲在水边，
黄昏里放下一只纸船，
脆弱得犹如蝶翼一般。

只有克拉克曾严肃对待我在诗歌上所做的努力。他的品位无可挑剔，指教起我来却很温和。要是我没有一知半解地卖弄夸饰，他会说：“我喜欢这样，汤姆。”当我写出华而不实的诗，他则会说：“汤姆，这样太过肤浅。”

六十年代初的一天傍晚，我正要踏进曼哈顿东六十五街的公寓大门，克拉克·米尔斯像幽灵似的出现在人行道上，驻足同我打招呼。当时是冬天，身穿黑色外套的他散发着学者的肃穆气息。弗朗基那时候生命垂危，也可能已经走了，我无力自然并自如地回以问候。我能想到的只有一个念头：“他一定知道我成了同性恋了。”我们的对话简短尴尬得可怜。

“你好，汤姆。”

“——是你吗，克拉克？”

“是啊。”

“你现在做什么呢？”

他告诉我他在亨特学院授课。他礼貌而耐心地在原地又停留了片刻，但我没能说出：“克拉克，进屋吧。”于是，我们青春岁月的幽灵，在冬天的黄昏里朝我点点头，继续走他的路了。

我想他一定了解。

或许有一天，他会以诗人之姿再度出现，脱离这显然太漫长的冬眠。

比尔·史密斯的才华总在循序渐进地日趋成熟：这是我乐见的，因为我喜欢比尔，不过，他的才华还不够激动人心。

回头再说说圣路易斯与三十年代。

罗丝在圣路易斯有一位“认真”的追求者。他是国际鞋业公司的一名初级主管，风度翩翩，知书达礼，也显然是个野心勃勃、无所不用其极的人。有几个月，他对罗丝十分殷勤。我记得他们每周约会好几次，几乎已经“关系稳定”，家里电话一响，罗丝就兴奋得发抖，急切盼望是他打来找她的。

那时爸爸还在国际鞋业的弗里德曼－谢尔比分公司任销售经理，即使不算权高位重，也明显是个安稳且前景很好的职位。

然而爸爸太掉以轻心。他周末的嗜好一直令“当权者”和公司人员很担忧。值得警惕的是，他没有入选“管理委员会”，尽管他是国际鞋业最佳和最受欢迎的销售经理，也是唯一的演讲代表。他演讲起来口若悬河，一针见血。他不常谈及自己的能言善辩，但我觉得他是极为自满的。在聚坐一堂的推销员面前，他走上演讲台，那模样像极了曾在东田纳西追逐政治高位的先人。

“小伙子们，我们都记得以前我们常走去街角，抽根烟当作早饭……”

就是这种路数，听众相当喜欢。

但之后就出了那桩丑事——在杰斐逊酒店的通宵扑克牌局中发生意外，爸爸被人咬掉一只耳朵，后来靠整形手术修补。这件事断送了他在国际鞋业“委员会”晋升的机会。

它也终结了罗丝与她那英俊却野心勃勃、不择手段的“追求者”的关系，他再也不可能成为她的丈夫了。

罗丝因此心碎，之后那不明原因的胃病就开始缠上她。

各位不了解罗丝小姐，除了透过这本“东西”，你们永远也无法了解她。《玻璃动物园》中的劳拉与罗丝小姐的相似之处，只有她们无可避免的“与众不同”，老女人阿曼达不愿相信有这种不同存在。就像我说的，通过《玻璃少女像》，你们仅能对罗丝再多了解一点点。

眼下世界的确是被闪电照亮的[1]，瘟疫侵袭飞蛾[2]，布兰琪已被“抛弃”……

一天晚上，爸爸黯然地坐在恩赖特大道公寓向阳的小房间里，朝罗丝喊道：“姐姐，来一下，我想和你谈点事情。”

---

[1] 出自《玻璃动物园》第七场。

[2] 出自田纳西·威廉斯的诗《悼飞蛾》。

他告诉罗丝，他面临丢掉国际鞋业工作的危险——这是在他耳朵受伤之后——她必须准备好自给自足。

我记不清她具体用了什么方法，在几个年轻牙医的诊所里找到一份接待员的工作。这份活只维持了一天，便十分悲哀地告终。她写不好信封上的姓名地址，被牙医们解雇了，她哭着奔进厕所，把自己锁在里面。

牙医们打电话到家里，我们只好去诊所，说服躲在厕所的她走出来。

罗丝 1937 年转入密苏里州法明顿的州立精神病院。我们去探望她。

"汤姆，带你看看我的病房。"

她领我参观病房，那里简陋得难以置信，一张张窄小的病床，坚硬的木凳。有一张木凳下蹲着一个精神紧张的小女孩。

"罗丝！她怎么了！"

(天啊，我问的是什么问题！)

罗丝没有露出一丝不安，微笑着回答说："她今天不乖，就这样而已。"

多年后，1949 或 1950 年吧，罗丝在精神病院附近的一家农场与一对老夫妇同住。在三十年代末接受了前额叶切除术后，她变得平静得可悲。

我安排她来基韦斯特度假，由农场的那位老太太陪同照顾。外公当时和我住在一起。

我们的车抵达时，外公赶忙步履蹒跚地出来迎接。

"罗丝，外公来了！"

"不，不，不！"她大喊，"他是个老冒牌货！"

这次悲惨的度假只持续了四天，这四天里，她在我们基韦斯特的家中什么也不吃，只喝过一罐金宝汤，吃过一罐辣豆，我帮她打开罐头，她才肯吃。

那时候罗丝小姐被她所称的“恶兽”缠身。她碰到任何可以摇动的东西，都要使劲摇晃，把里面的“恶兽”摇出来。虽然基韦斯特早春阳光灿烂，整间屋子却笼罩在骇人的阴影中。带罗丝四处逛逛的计划只好作罢，她和那位母牛一般的老太太回密苏里的农场去了……

那段日子里，罗丝小姐几乎每天写信来。

我记得有一封信以这样的话开头：“今天太阳升起，像一枚五元金币！”

她喜欢农场上的小孩，对一只金丝雀更是喜爱有加，她在每一封孩子气的简短书信里都记述了他们的情况，譬如“唧唧（那只金丝雀）今天好像很快乐。”

“今天我们开车进城，我为自己的如云秀发买了棕榄洗发水。”

不久后我将她转入康涅狄格州哈特福德一家名为“生活学院”的收费不菲的疗养院。几个月后我去那里看她，得知罗丝小姐被安排住进暴力病人病房，我又惊又怒。他们告诉我，她把一位老太太打倒在地。我要求立刻见见罗丝。

“我没有打她，”从不撒谎的罗丝小姐说，“我只是推了她一下，她就跌倒了。她晚上老是闯进我房间来，我没法睡觉。”

我随即告诉这家“生活学院”的管理人员，罗丝小姐要出院。

我们驾车行驶了好几个小时，抵达奥西宁的岩居医院，也是她目前所住的地方。那是一处温馨的静养之地，她单独住一个舒适的房间，墙上贴着碎花壁纸。岩居位于峭壁之上，俯瞰哈得孙河上游，庭院设计得相当美观。

这或许是除了写过一点东西之外，我一辈子做过的最好的事。

我记得罗丝喜爱农舍那只金丝雀，便送她一只长尾小鹦鹉。它成了她心爱的宠物。每次我载她出游后回到岩居，她踏出车门时总会对我说:“汤姆，你不想进来看看我的鹦鹉吗？”

那只鹦鹉茁壮成长了几年。

后来有一次出游，罗丝小姐显得反常地苦恼，当我随她在岩居下车时，她没有邀请我去看那只小鸟。

“我们不去看鹦鹉了吗，罗丝？”

“不了，这次不去了。”她说，“它不太舒服。”

我坚持前往她的房间，只见那只鹦鹉躺在鸟笼底部死了。照顾罗丝的护士说它已经死了好几天了，但罗丝小姐不让他们把它带走。

她痛失爱宠之后，我曾几次劝说她再接受一只鹦鹉，她屡屡拒绝。

罗丝从未也永远不会公开承认曾有死亡发生。而有一次她却说:“昨晚下雨了。死去的和雨一起落下来了。”

“你是说他们的声音？”

“是啊，当然啊，他们的声音。”

每当我的朋友玛丽亚在信中提及罗丝小姐，总会写到她美丽而令人心碎的双眼。

然而现在玛丽亚已拒绝接我的电话了。最亲爱的朋友似乎可以说翻脸就翻脸……

或者近乎如此。

玛丽亚生气的原因，我想可能是我的经纪人比尔·巴恩斯合理地认为我们不能再搁置《呐喊》的制作，干等着保罗·斯科菲尔德[1]准备正式承诺参演，并确定在英国演出的具体日期。虽有遗憾，我还是默认了这一观点，不多久，这个剧本便让给了大卫·梅里克。彼得·格伦维尔出任导演。

玛丽亚，也就是圣贾斯特男爵夫人，是一位对朋友忠心耿耿的女士，她觉得我们的朋友“查克”·鲍登受到了背叛。她也是个浪漫主义者，无法理解在戏剧界只有签字盖章才算承诺。

没有人比我更恼怒于自己的优柔寡断和胆怯懦弱——除了玛丽亚。她始终认为这些缺点使我背叛了我自己，也背叛了我艺术家的本质。

她突然就不再回我的信了。后来我打到她伦敦杰拉尔德路以及威尔伯里住所的越洋电话，也总是得到“不在家”的应答。

我无须告诉各位这令我多么痛心，因为此时只有玛丽亚、姐姐罗丝和比利是与我交心的人。

我要在纽约继续住上两三天，看完佩格·默里首演《小船警报》，再动身去新奥尔良新装潢的公寓。就是说，除非母亲的医生通知我她病重不治或病情危急，我真得赶赴那可怕的圣路易斯城了。

八月底我是否同比尔·巴恩斯一起参加威尼斯电影节，要取决于这能否吸引玛丽亚当我利多岛上的贵宾。

否则我将留在新奥尔良好好地休息一阵子，在《呐喊》下一次上演前，这相当必要。我想《呐喊》下月末就会开始排演了。

---

[1] 保罗·斯科菲尔德（1922—2008），英国著名舞台及电影演员。

这部戏在纽约的首演之夜，我将飞往意大利，和那些可爱的人儿长时间相处；希望能找到个素来想买的小农场，在那里养鹅养羊，雇一名年轻迷人的园丁兼司机，整日游泳。

昨天在纽约新剧院的一阵混乱令我相当惊慌。说实话，我没能分清当时是幕间休息还是第一场戏结束。我听到第一次降幕时的掌声，就从男演员化妆室走了出来。忘词也让我很慌张。假如剧院后区满座——两场演出皆未满座——我怀疑后座观众大部分时间是听不见我讲话的。

我的问题似乎在于气息。我每句台词的句尾都音量降低，因为气息不足。

然而我却获得了热烈的掌声。我猜是自己身上的某种特质让观众看出了“医生”一角的性格——也就不顾能否听清我所有的台词了。

这部戏必须演到夏季结束。一定要，一定会。我想《呐喊》的演出成功与否可能还得看我的票房号召力，以及使一部“褒贬不一”的戏持续演出五个月的能力，这将是一项颇具声望的成就，会有助于大戏的成功。

8

1947年春末，将外祖父送回他在孟菲斯常住的加约索酒店后，我继续开车前往纽约，《欲望号街车》的演出筹备工作正在那里展开。

在纽约，我还是和圣在一起，当时我们在那里短暂逗留。我观看了伊利亚·卡赞制作的阿瑟·米勒的剧作《吾子吾弟》(*All My Sons*)，对于这部寓意深厚的戏，卡赞所做的呈现、他成功注入戏中的生命力令我折服，我恳求奥德丽·伍德和艾琳·塞尔兹尼克尽一切可能说服他做《欲望号街车》的导演。是他夫人——我的老友莫莉·戴·撒切尔·卡赞先读了剧本。他不愿接这部戏的制作，但是莫莉争取到他，请他签下了合同。

这件大事完成之后，我和圣去了科德角。我们在北特鲁罗和普罗温斯敦之间的水上租了一间木瓦平房。(我们将房子起名为“圣之小屋”，还在屋前挂了一块名牌。)很快便有人来访；马戈·琼斯和她的密友乔安娜·阿尔布斯来到这间陋室与我们同住。主卧室两边各有一张双层床：两位女士睡一张，我和圣睡一张；我们喝了大量烈酒。那段时间我还算不上个酒徒，但马戈（“德克萨斯龙卷风”）和圣一样嗜酒。我们来科德角的时节，泡海水浴还太早，水还是冰冷的。我继续写《欲望号街车》，就是在那个小屋里，我想出布兰琪退场的台词，后来它还有了点历史价值：“我总是指望陌生人的慈悲。”

其实这句话是真实的，我总是如此，且不常失望。实际上，我想萍水相逢的人或者陌生人通常比朋友对我更慈悲——朋友们对我的评价不怎么好。了解我不等于爱我。顶多等于包容我。至于剧评家，我得说他们对我的包容如今似乎已消耗殆尽。

不知什么原因，小屋的电路和水管同时出了故障。到了晚上只能点起蜡烛来，我们要上厕所也得跑去屋外树丛里。

大概就在这时候，我收到卡赞的电报，通知说他会派一位年轻演员来科德角，他认为这位演员很有天赋；他希望他读“斯坦利”一角的台词给我听。我们等了两三天，这个名叫马龙·白兰度的年轻演员并未现身。当我不再期待他时，一天晚上，他却带着一个年轻姑娘（那种现在会被人称作“妞”的）来了。

他问为什么没开灯，我们告诉他断电了。他随即为我们修好了电路——我记得他只是把一枚钱币塞进了保险丝。

然后他发现我们的水管也出了问题，把水管也修好了。

他应该是我见过最好看的青年，可能有一两个例外；我从不和演员厮混，这是道德问题，再说白兰度也不是用那种方法力争角色的人。

他修理了电灯和水管，使小屋恢复正常之后，便在角落坐下，开始读斯坦利的台词。我给他一些提示。不出十分钟，马戈·琼斯跳了起来，发出“德克萨斯龙卷风”的呼喊。

“马上打电话给卡赞！这是我听过念得最好的台词——无论在

德州内外！”

白兰度可能微微笑了笑，但没有显露什么特别的欣喜，我们其他人已是兴高采烈。

科瓦尔斯基是白兰度在舞台上的第一个重要角色，其他都是银幕角色。我认为这相当可惜，因为他拥有的舞台魅力可匹敌洛蕾特·泰勒光辉灿烂的魅力。

那天晚上我们在家吃饭，读诗。我是指我读了几首诗。然后各自就寝。白兰度没有床铺，就在屋子中央的地板上裹一条毯子睡。

白兰度不知何故在我面前总有些羞怯。第二天早晨，他要我陪他去海滩走走，于是我们走向海滩——沉默不语。随后又沉默不语地走回来……

饰演科瓦尔斯基的人选确定后，我们就得找个布兰琪了。我被召回纽约去听玛格丽特·萨拉文读这个角色的台词。在我看来她并不适合，我一直在想象她手握网球拍的画面，而我怀疑布兰琪从未打过网球。她又读了一遍。玛格丽特·萨拉文是个可爱的人，是个丝毫不自负的演员。她得知第一次试读不尽理想，便要求再读一次。我们再次聆听，不知为何，那支球拍仍在她手中若隐若现。艾琳代表我们去告诉她，我们深表感激，但此次无法合作。

后来我们听说一位名叫杰西卡·坦迪的女演员在西岸演出我的一部短剧《圣母像》(*Portrait of a Madonna*)引起轰动，这位女士的名字我不曾听过。我们决定由艾琳、奥德丽、圣和我搭乘“超级酋长”号去西岸观赏她的演出。

我立刻确定杰西卡就是布兰琪。

两个最重要的角色选定了，我告诉卡赞他可以照自己的意愿选其他演员，然后回到了科德角的圣之小屋。当时气候转暖，已经可以游泳，那年头的科德角是一处漂亮的避暑胜地。我那个朋友依然行为古怪，这还是委婉的说法。马戈和乔安娜仍在，我们三人协力，才好歹控制住他一半的行为。我已习惯他火爆的脾气，那年夏天我将时间一分为二，上午在打字机前写作，下午伴着阳光在普罗温斯敦偏远的沙滩漫步。

普罗温斯敦渐渐出现一些有趣的人。其中包括写过《天上的小屋》（Cabin in the Sky）等作品的词作家约翰·拉图什，陪伴他的那个年轻人后来成了我最亲密、最长久的伴侣——有西西里血统的弗兰克·梅洛。

弗兰克身高矮我一英寸，但体格仿若由普拉克西特列斯[1]雕塑而成。他有一双棕色大眼睛，面孔长得有些像马，也因此几年后得了“小马”的绰号。

拉图什当时精神状态正经历危机，我记得与他母亲有关，他突然离开，留下弗朗基·梅洛在科德角。

我们的初次会面有些戏剧性。

我和圣去普罗温斯敦一家名为“大西洋之家”的夜总会。那里的驻唱歌手是斯特拉·布鲁克斯，她是早期一位优秀的爵士歌手，我非常喜欢她，圣对此不满。圣在她演唱时朝她骂了几句脏话，接着就跑出门去。斯特拉表演结束后，我独自留在大西洋之家，晃到酒吧门廊里。不久后，弗兰克·梅洛也走了出来，他一个人，倚在门廊栏杆上抽烟，穿一条“李维斯”牛仔裤，我对他看了又看。一定是我持久热烈打量的目光烫到了他的肩头，过了一会儿，他转向我，咧嘴一笑。

---

[1] 普拉克西特列斯，古希腊著名雕塑家。

我不知道自己说了什么，两三分钟后，我们就坐上我的庞蒂克敞篷车，驶向沙丘。

我不想在这本东西里描写过多同性恋色情，只能说那天晚上我在沙丘度过了美妙的一小时，虽然我从不认为沙滩是敬拜小爱神的理想甚至说可取的场所。但是小爱神得到如此虔诚的礼拜，想必至今仍在微笑……

将弗朗基送回住处后，我停好车，恍惚地在镇上游荡。就在我穿行于普罗温斯敦的浓浓夜雾中之时，圣开走了我的车。他先前往斯特拉·布鲁克斯的家，以为她诱我去了她的香巢。可怜的斯特拉，她对我可是知根知底。圣朝着她的眼睛猛打了一拳，把她家弄得一片狼藉。

事发时，我已回到大西洋之家，发现庞蒂克不见了，便往家走去。我筋疲力尽地爬上北特鲁罗方向的一座陡坡，只见山顶上一辆车亮着大灯，失控地疾速俯冲而下。出于自我保护的本能，我莫名猜出开车的是圣。车子像是径直朝我驶来，我只好退到路边。圣驾车驶进沼泽草地，像是有意撞我。我没有呆立原地瞎想可能发生什么，而是拔腿就跑，飞速穿过了草地。圣下了车，在身后追我，用英语和西班牙语尖声痛骂。

我跑到了海边，没被追上——因为那天没有月光。我看到一座木码头，就跑上去，抱着墩柱往水面爬。我悬在水面上，圣可没有猎犬的嗅觉，他寻不着我的踪迹，便大叫着朝别的方向跑开了。此时的我又冷又湿，攀上码头，再次穿过盐沼——根本没有想起我的旁系祖先所写的诗《格林沼泽》[1]（The Marshes of Glynn）。

[1] 美国诗人西德尼·拉尼尔（1842—1881）的诗。

最终我回到了大西洋之家。他们酒吧楼上的空房是出租的，我租了一间，闩上门，把除了床以外的所有家具推到门后抵住。

然后我才睡下。

醒来后，我打电话到小屋找马戈和乔安娜。她们说她们也经历了一夜惊险。我们一致同意要劝说圣离开。

马戈从中斡旋。

乔安娜目送他上了汽车。

我回到小屋，门前依旧挂着“圣之小屋”的牌子。噩兆啊！

那天晚上，我与这两位德州女士正欢快地走在去吃晚餐的路上，圣一下子冲到我们跟前。看来他是搭便车回到了普罗温斯敦。

他情绪十分平和——仿佛不曾扰乱我们三人的生活。

看起来，人总是相当轻易就接受无可避免的事。

我们吃了一顿龙虾餐，在小屋里重续往日的生活。这生活持续到我回纽约去参加《欲望号街车》的秋初排演。

把圣请走费了不少工夫。这项非凡成就应该属于艾琳·塞尔兹尼克，很少有她处理不了的情况，哪怕是救我脱离圣。我满怀感激，独自在纽约，在切尔西区一栋褐砂石房子朝街的一楼租下一间带小厨房的一室公寓。

排演在新阿姆斯特丹屋顶剧场进行。我认为这部戏注定失败，再次确认自己是个垂死的艺术家，甚至一点也不确定自己是否还算个艺术家。

卡赞性格与我截然不同，却出人意料地理解我。他属于仅有的几位希望编剧每次排演都到场的导演，即便在他设计台位及动作时也如此。他时不时会请我上台示范某一段戏我心中的演法。我怀疑他这么做只是出于恭维，因为他一旦开始工作，便绝无丝毫犹疑。

我记得他让我示范构思中那个年迈的墨西哥女人如何沿街叫卖葬礼用的俗丽锡纸花，反复叫喊："Flores para los muertos, corones para los muertos。"[1]

我登上排演舞台，拿着锡纸花走向科瓦尔斯基家门前……杰西卡开门见了我，尖叫起来。

"还不要，还不要！"

"就这样，就照这样演。"卡赞说。

我仍独自住在切尔西的公寓里，等待着死亡与失败。一天中午，我正在工作，听见猛烈的敲门声，幸好门是锁住的。

我的天，圣回来了！

他没能把门砸开，就跳上了山墙窗的水泥窗台。我及时跑到窗边锁上了窗户。此时已有一大群人聚在房子外面围观。圣在窗台上拼命敲打窗子，把玻璃都敲裂了。有个警察出面干预，他没有逮捕圣，只是命令他离开。圣回头看我。他的脸上满是泪水。我也哭了起来，我很少流泪。

那是个悲伤的场面，希望各位能理解我的所作所为。

在奥德丽和艾琳的建议之下，我暂时搬离切尔西的公寓，在多年前住过的一家老旧的廉价旅馆里避风头，那是西区的温莎旅馆。我在那儿一直住到圣被说服，明白我不可能回心转意再与他同居，也不愿再见他。

《欲望号街车》1947 年十一月初在纽黑文首演，似乎没人知道评论如何，大家也不太关心。纽黑文首演之夜后，我们受邀住在当

---

[1] 西班牙语，意指"吊丧的花，吊丧的花圈"。

地的桑顿·怀尔德[1]先生府上。那情形如同谒见教皇。我们围坐在这位学者先生身旁，他下诏书一般批评了这部戏。他说这个剧本的前提有致命错误。没有哪个出身贵族的女士（他指的是斯黛拉）可能嫁给像斯坦利那样的俗人。

我们礼貌地坐在那里倾听。我暗自思忖，这人从没爽快地做过爱。多年后，在肯尼迪执政期间，一群戏剧界人士获邀出席白宫宴会，席间我反击了这位先生。在一间四周墙壁上装饰着闪亮镜面的大厅里，我们所有人依照指示，按姓氏字母顺序排成一列。大家差不多排好了。总统与杰基[2]以及他们的贵宾安德烈·马尔罗[3]即将到场。这时只见桑顿·怀尔德像个自封的陆军元帅似的忙东忙西，确认我们严格依据字母顺序列队。我正与谢利·温特斯[4]小姐攀谈——我们两人的姓氏都是“W”开头。

怀尔德先生面带殡仪师一般的灿烂笑容冲到我面前，尖声说：“威廉斯先生，你的位置有点不对，你应该在我后面。”

唉，我刚好用了药正飘飘然，对他说道：“如果要排在你后面，这是我生平第一次，也是最后一次。”

这条依序排列的长龙拖着步子经过总统与第一夫人，大家挨个儿被介绍给马尔罗先生，快走完时轮到我与他见面，而我其实从未听说过此人。我对他说：“Enchanté, Monsieur Maurois”[5]——这让杰

---

[1] 桑顿·怀尔德（1897—1975），美国小说家、剧作家。

[2] 杰奎琳·肯尼迪（1929—1994），美国第三十五任总统约翰·肯尼迪的夫人。

[3] 安德烈·马尔罗（1901—1976），法国著名作家、龚古尔文学奖得主。1962 年 5 月 11 日，肯尼迪总统夫妇在白宫国宴接待时任法国文化部长的安德烈·马尔罗。

[4] 谢利·温特斯（1920—2006），美国演员，凭借电影《安妮日记》和《再生缘》两次获得奥斯卡最佳女配角奖。

[5] 法语，意指“荣幸之至，莫鲁瓦先生”。

基笑了出来，但马尔罗先生似乎并不觉得好笑。

《欲望号街车》在波士顿上演期间的一天傍晚，亲爱的圣又蓦然造访。我在丽思卡尔顿酒店从不锁房门——谁会锁呢——突然间，我的卧室兼客厅冲进来这个一生勇猛的昔日伴侣。他说了些懊悔的话和恋慕的话，我根本没心情听。接着他一通破坏，砸碎了壁炉架上的一两只花瓶。不巧，住在对面房间的是塞尔兹尼克夫人。她听到骚乱，不明智地——艾琳竟会做出不明智的事——打开了面对走廊的房门。圣立刻抓住这个机会，将醉酒后的怒气发泄到这位无辜女士身上。幸好他对她全是言语上的攻击，我记得她以惯常的技巧和敏捷处理了这件事。

多年后我再次见到圣，他已加入嗜酒者互诫协会，宗教信仰上也有了美好的转变——此后我们的会面总是平静而愉快……

《欲望号街车》到波士顿上演时，我们开始受到好评。报纸上只出现过一篇负面评论，但票房甚佳，未受影响。不过，这部戏到了费城之后，才明显看出必将大获成功。

开幕前我和卡赞站在费城剧场的门厅，只见人潮蜂拥，如同斗牛迷在等候伟大的奥多涅斯。卡赞冲我笑了笑说："这戏感觉会红。"

记得在好评的鼓舞下，我还给自己买了一件相当昂贵的粗花呢大衣。白兰度有天晚上邀我和他共进晚餐，带我去了一家不起眼的希腊餐厅，我没法使他畅所欲言，油腻的食物也几乎没法下咽。

纽约首演轰动一时。

和《玻璃动物园》首演那晚一样，我被请上舞台鞠躬致意，我也一样感到局促。我记得自己没有朝向观众，而是朝演员鞠了躬。

当时我仍独自住在切尔西褐砂石房子的那间一室公寓里。那是十二月末，一场暴风雪席卷纽约。大雪纷飞，交通连续几天近乎瘫痪。房子供暖断了，我只得靠壁炉取暖。我在街角买到些木柴。风雪连绵的一天夜里，我坐出租车经过时代广场，碰巧见到一个年轻人蜷缩在人家的门廊里。那是个金发少年，大雪天里衣着单薄，我心生怜悯，便对司机喊道："停车。"

我跳下车，跑向缩在门廊里的那个孩子。

"喂，来吧，你好像很冷。"

这孩子是个马戏团的杂工。我带他回到切尔西的公寓，我们生起火，让屋子暖和些，火刚点燃就传来了敲门声。

我自然迟疑片刻，随即开了门，来者是一位戏剧界的朋友和一位我认识的女士，她的名字我不便透露，只能说她不是他的夫人。

"天啊，这儿好冷。"他说道，接着和那位年轻女士立刻上了床——单单只为了取暖，我猜想。马戏团的孩子和我打坐一般坐在壁炉边，没过多久，屋子里便响起了那位我略去姓名的女士歇斯底里的兴奋叫声。后来我们几个坐在炉火前，喝了些酒，一点不觉得尴尬。

这对情人离开后，换我和那孩子上床，我得说我们安静多了，不过我相信我的感受同样是意乱情迷。那孩子和我一起住了几天几夜，后来跟着他的马戏团离开了纽约，我又孤单一人了。

暴风雪过后不久，我买了去欧洲的"美国"号邮轮船票，那是圣诞时节，我还买了一棵圣诞树，装饰好摆在公寓里，办了一个不小的聚会。屋子里险些容不下那么多宾客。那天晚上的两大明星是葛丽泰·嘉宝和海伦·海丝。

嘉宝留给我极好的印象，她美得光彩照人。就在几周前，我碰巧在街上与她擦肩而过，我没有察觉。我的同伴说："刚刚走过去那位女士是嘉宝。"我急忙转身，跑到她面前。是的，这张漂亮的脸庞上了年纪，但美丽依旧。依然如故的还有十足的羞涩。她很亲切，但有些吓到了。我告诉她当晚我会在自己的戏《小船警报》里演出，邀她来当我的座上客。邀请嘉宝是愚蠢之举，不过她优雅地婉拒了。"真是太好了。谢谢你，可我现在已经不出门了。"

随后她匆忙走开了。

我记得与嘉宝相见过五次，一次就在 1947 年十二月《欲望号街车》纽约首演时。我刚好告诉乔治·库克，我写了一个名为《粉红色卧室》（*The Pink Bedroom*）的电影剧本。库克是嘉宝的好友，他说："我想让你给嘉宝看看剧本。我会安排她和你见面的。"

这位了不起的女士在丽思大厦的公寓里单独接待了我，令我很是惊喜。

我们坐在客厅喝荷兰杜松子酒。我喝得兴致高昂，开始同她讲《粉红色卧室》的故事。她独特的中性之美激发我摆脱了个性中的腼腆。我给她讲着故事，她不断低声说"很棒"，带着雀跃的眼神朝我靠过来。我暗想，她会接下的，她会重返银幕！一小时后，我讲完了剧情，她仍然说："很棒！"然而她接着叹了口气，在沙发上往后一靠。"是的，是很棒，但不适合我。把剧本给琼·克劳馥吧。"

第二次见嘉宝，我想大约是在五年后，当时我受邀去杰出的老牌性格演员康斯坦丝·科利尔举办的一个小型聚会。嘉宝也在，我走近她说："你是银幕上前所未有的伟大的悲剧演员，你一定得复出啊！"

嘉宝跳了起来，大声说："这屋子好闷！"她冲到窗口，呕吐连连，简直快要从窗口蹿出去了，背对我们在那里站了好几分钟。

那位老牌性格演员神情凝重地凑近我，耳语道："再也别跟她提演戏的事了。但凡有人建议，她总要这么发作一阵。"

一个艺术家放弃自己的艺术，这是多么悲哀的事——我认为这远比死亡更为悲哀……

银幕生涯中一定有什么事使她深感厌恶——我是指在好莱坞。于是她成为不朽的传奇，为我们留下了《茶花女》与《安娜·卡列尼娜》，以及和杜塞一样伟大的美妙嗓音。

那年十二月末，我已无力应付在纽约的持续曝光，登上邮轮前往欧洲。

我根本不晕船，身体却莫名感到不适，没办法写作。

无法写作总令我烦恼，仿佛头顶的天塌了。

我先到瑟堡，而后抵达巴黎。

我问嘉宝巴黎住哪里好，这位亲爱的女士说："试试乔治五世酒店。"我觉得嘉宝的推荐错不了，便去了那里。然而在我到处租住的一生中，从没有哪家酒店像乔治五世那般令我憎恶。

所以第二天我就搬去左岸一家名叫"鲁特西亚"的酒店。这酒店我更中意些，尽管它几乎完全没有暖气。我仍旧被媒体跟着。由于战后初期欧洲缺乏可口食物，我觉得身体越来越不舒服。不过，我很快探清了当地的夜生活，也感到心满意足。我常去"屋顶牛"酒馆和"亚瑟夫人"歌厅，后者有精彩的扮装表演。

白天我大多泡在鲁特西亚酒店硕大的浴缸里。他们的暖气片没有暖气，但不知为何浴缸里热水倒是很多。我在浴缸里接待记者。我想自己内心某处始终是希望会见媒体的，无论境况如何。要求采访的记者络绎不绝按响门铃。我会跨出浴缸，打着冷战披上酒店那种能裹住全身的大浴巾。

“Montez, s’il vous plaît, Chambre numéro—”[1]

随后我让门虚掩着，跳回热气腾腾的大浴缸里。

我猜想巴黎媒体对我的报道一定很糟，不过我从没看过。我的心思全在这不夜城提供的夜生活乐趣上。

虽然如此，每天早晨我都感到越发不适。当时在巴黎喝不到鲜牛奶，只有奶粉，食物也难吃。我喝了好多干邑白兰地酒。

突然有一天，我觉得自己病重了，便赶去讷伊的美国医院。

医生说我“感染了肝炎和单核白细胞增多症”。我从未听说过这两种病，医生也没跟我解释。我在日记里写下：“大势已去。”

在来欧洲的船上，我结识了一位迷人的年轻女士，她的父母都是法国知名的新闻工作者。父亲拉扎雷夫先生拥有巴黎两家报纸《巴黎日报》（*Paris Jour*）和《巴黎晚报》（*Paris Soir*），母亲拉扎雷夫夫人是时尚杂志《世界时装之苑》（*Elle*）的编辑。

拉扎雷夫夫人来美国医院探望我，我正在等待死神来临。

“赶快下床。”她命令道，“我要带你回家，让你好好吃一顿，然后送你坐火车去法国南部。”

她把我送到一家名叫“金鸽”的旅馆，她的女儿正住在那里。出入那家旅馆的大多是艺术家和作家，它所在的旺斯镇是D. H. 劳伦斯逝世之地。雪白的鸽子咕咕叫着飞来飞去，令我很不快。我只住了两三天，就南下去了意大利。一过意大利边境，我的健康和生命力似乎神奇地恢复了。那里有阳光，还有笑容满面的意大利人。

到了罗马，我在奥罗拉街邻近韦内托街的地方租下一套带家具

[1] 法语，意指“请上来，房间号——”。

的两室公寓。公寓楼是古罗马区特有的屋顶高砌的茶色老楼房，虽然它不在那一带。过一条街便是“博尔盖塞别墅”大公园的入口。我很快便发现，这个公园以及韦内托街这条大道都是孤独的外国人结友交朋的理想场所。当时还是二战后不久，美元价值很高。

我到罗马不久后认识了一位满嘴尖酸的美国老记者，他对我说：“罗马是一个遍地小偷、乞丐和男娼女妓的城市。”娼妓泛滥确实不可否认，对于这位尖酸的记者来说也没什么不好，他与我有相同的性取向，但对自己沉湎于这种嗜好要比我麻木得多。

罗马也有乞丐：凡是经济不景气的地方都有乞讨者。其实，比起二十五年前的罗马，在现今纽约的某些区域可以看到更多乞丐，而美国城市里的小偷自然也多得多。那年头我从未在罗马遇过小偷，也未曾遇过暴力事件或威胁。意大利人不太愿意使用盗窃或暴力手段，在我看来这有悖于他们的天性。

至于娼妓，这实在是所有地中海国家最古老的行当了，可能西班牙除外。主要因为这些国家的人外形美丽，血气方刚，性欲旺盛。在罗马街头，很少看到哪个年轻男人没有轻微勃起的。他们通常手插口袋走在韦内托街上，无意识地抚摸下体，这无关乎他们是否正在拉客或猎艳。他们的教养中没有任何像我们这样清教徒式的对于性的矜持。年轻的美国男性，即使相貌好看，也不会认为自己性感。而英俊的意大利青年必定如此自认。他们也的确少有不性感的。这件事我在自己最长的小说《罗马之春》（*The Roman Spring of Mrs. Stone*）里详尽讨论过。

我在罗马很快交了许多朋友：那位美国记者的人脉简直无尽广阔，罗马社会高低阶层的人都有。我通过他认识了早年从美国来此发展的电影界人士。我见了卢奇诺·维斯孔蒂，当时他已在意大利导演了《玻璃动物园》，即将执导《欲望号街车》。他至今依旧是世界最伟大的舞台与银幕导演之一，他的密友与早期助理佛朗哥·泽菲雷里也已到达几乎与其相等的高度，尤其在他迷人的电影《罗密欧与朱丽叶》中。

那年冬天维斯孔蒂正在西西里导演一部叫《大地在波动》（*La Terra Trema*）的电影，我认为这很可能仍是他最伟大的银幕作品，尽管也可能最鲜为人知。我和那位美国记者飞抵卡塔尼亚，维斯孔蒂正在附近拍片——拍摄地点是城郊的阿奇特雷扎。我在那里见到了维斯孔蒂和泽菲雷里，泽菲雷里当时是一个俊美的金发佛罗伦萨少年。

尽管维斯孔蒂是继承万贯家财的贵族，他当时已是一名公开身份的共产党员。如果说哪个艺术家的政治主张在其作品中有格外重要的意义，我认为只有布莱希特如此；他高度的才华与人文关怀是最宝贵的。我还感到，艺术家的性偏好和性偏差通常与其作品的价值无关。当然，与性取向有关。只有同性恋作家能写出《追忆似水年华》。

我的公寓有两个房间，一间是布置舒适的起居室，它之所以宜人，主要是因为有大窗户，可以看见洒满阳光的街道和围绕博尔盖塞别墅的罗马古城墙。那年冬天我在起居室摆满了含羞草。另一间是卧室，里面几乎只放了一张特大双人床。卧室也有装了百叶窗的大窗户，白天窗子里充满蓝天与阳光。那是一个金色的冬天，我记忆中罗马最温暖的冬天。

对一个比较富裕的游客来说，当时在罗马不会缺什么。连最简朴的餐馆都有美味食物，罗马的葡萄酒弗拉斯卡蒂更是芳醇无比。喝上半升，你会感觉动脉被注入一股新鲜血液，这新血一时将所有忧虑和压力一扫而空，美梦也由此而生。

意大利人吃午餐费时三四个钟头（我想是喝酒以及气候的原因），吃完饭就直接上床午睡。如果是年轻人，通常不会一个人午睡，要是家里有双人床和朝街的大窗户，还会简单说两句“Dove vai？”（你要去哪儿？）之类的话，自然更不会一个人睡了。那位尖酸的美国记者告诉我，在罗马要过得快乐，我只需学会两句意大利语——“Dove vai？”和“Quanto costa？”（你要多少钱？）。

不过我没用多少时间就把意大利语学得不错了。在当地，我的意大利语说得很流利——好吧，还算流利——我真希望一直住在意大利，尽管它现在已有了翻天覆地的变化。

到罗马的第二天晚上，我在韦内托街闲逛，偶然路过怡东酒店一楼临街著名的多尼糕点店。我蓦然驻足，与店内一个年轻人目光交会，他仿佛年轻的牧神，穿着一件破旧大衣，独自坐在看得见街道的桌边，对来往的行人微笑。

我们相视而笑，我打手势请他到外面来。他立刻走了出来。说“你要去哪儿”不管用，又没到问“多少钱”的时候——但我确定很快就可以问了……

当时我尚未搬入奥罗拉街的公寓，还住在街对面的国宾酒店。这家是罗马最著名的酒店之一，他们要尽力维持尊贵的门面，所以当我和这个新认识的少年走进酒店，大厅工作人员见他外套破烂、鞋子绑在脚上，都吓得发懵了。我带着这年轻人——叫他“拉法埃洛”吧——径直走向电梯，也不知电梯员会不会允许我们进去。的确，电梯员犹豫良久，拉法埃洛脸色苍白，浑身发抖，他在人生的十七年中从未踏进过豪华酒店。

记得我给了电梯员几百里拉，那部老旧的电梯便立刻运转起来，把我们送到了酒店顶楼。我住在顶楼一个漂亮的房间里。我记得床边有一盏粉红色灯罩的台灯。我之前买了一本袖珍英意词典。少年坐在一张单人床上，我坐在另一张床上拼命查起词典来。我们朝对方笑了又笑，当我借助词典设法邀请他陪我在豪华的国宾酒店过夜时，他却不住地摇头。他一直指着词典上“爸爸”那个词。他父亲好像是警察，这少年要是彻夜不归就会受罚，第二天父亲会把他绑在地下室的椅子上一整天，不给他吃喝。随后拉法埃洛带着歉意用艺妓一般生动的手势向我指出“domani”这个词，意思是“明天”——我觉得丢尽了脸。明天似乎还需无尽的等待，除了基普，我从未见过如此吸引我的男孩，或者该说我对他有深深的好感。

总之，我的意大利语课开始了。那天我一宿未眠，或者说没怎么睡。

我们相约第二天晚上在老地方多尼糕点店会面，当时我已选定奥罗拉街的公寓，隔天就要搬进去。

人有没有可能三十多岁就成了老淫棍？我似乎正是给别人这种印象。

我想，这本书排遣了一种清教徒式的罪恶感。“所有好的艺术都是率性之举。”虽说，我无法同你们保证这本书是艺术，但它必然是率性之举，因为它谈论的是我的成年生活……

当然，我也可以在书中通篇讨论戏剧艺术，但那样不会很无聊吗？

恐怕我会觉得无聊至极，这本书也会变得非常非常短，大概一页三句话，页边有极宽的空白。戏剧自己会说话。

那年冬天的罗马生活——一场金色美梦，我说的不只是拉法埃洛、含羞草和生活的全然自由。请留神：我指的是生活的全然自由、拉法埃洛、含羞草、双人床，还有上午工作结束后的弗拉斯卡蒂葡萄酒。

我将自己的生活安排得井然有序。我的床头有个电铃，当我醒来，而拉法埃洛仍在身边熟睡，我会按下电铃。房东是一位可爱的女士，名叫马里耶拉。她会过来敲门，我向她点早餐。为拉法埃洛点鸡蛋、培根和面包片——我自己只要拿铁咖啡。

那时我已为拉法埃洛置备了新套装、新大衣和新鞋子，他也不再住家里，受凶狠的父亲控制。他每隔一晚来和我同住，其他日子晚上住在一间小旅馆里。

朋友们会问我："今天是拉法埃洛之夜吗？"——还是要和他们去猎艳……

记得有一天早上，我和拉法埃洛才刚起床，我就接待了一位女记者。我穿着睡袍在起居室见她，拉法埃洛静静地坐在角落吃鸡蛋、培根和面包。

一两天后，一家罗马报纸出现这样的头条："La Primavera Romana di Tennessee Williams"[1]，还提到了在角落吃早餐的那位"giovane"[2]——罗马随即掀起有关我私生活的丑闻，经久不息，无疑流传至今。

房东马里耶拉认为我是个疯子，因为那时候我写对白常常大声念出来，手上端一杯咖啡在地板上踱步。

我现在写剧本对白依然会念出声：这有助我了解对白在舞台上

---

[1] 意大利语，意指"田纳西·威廉斯的罗马之春"。

[2] 意大利语，意指"青年"。

听起来如何。

《国王大道》里有这么一句对白—我想说的是戏里的两句台词：

> 卡萨诺瓦对卡米尔说："亲爱的，你得学学怎么把波希米亚的旗帜扛进敌营。"
>
> 卡米尔对卡萨诺瓦说："波希米亚没有旗帜，它靠谨小慎微活着。"

现在是三点二十分，我要继续写作直到奶牛挤奶的时间，如果新奥尔良还有奶牛的话。

光是这个礼拜，我就几次收到希望我给予经济援助的请求。一次来自曼哈顿一名漂亮的年轻男妓，他想要两百块出国旅行。

另一次是一个朋友想要我寄六十块钱，用来放大一张我和戴夫·德林杰的合照。

如今无论是经济上还是精神上，我都无力满足那些仅将我视为额外收入来源的人的要求了。

我从没得到任何一种医疗保险，必须自己支付所有医疗与手术费用，我已经三个月没勇气打开会计师寄来的财务状况月结单了。

我非常需要朋友，但即使到了六十一岁，我也不希望花钱买朋友。至少目前我感觉自己像我笔下的人物弗洛拉·戈福思："牛奶车不再在此停留。"

1948 年冬天的罗马，街上鲜有私家车辆。搬进奥罗拉街公寓后不久，我从一个调派回国的美国兵手上买来一辆旧吉普车。那辆车缺陷诸多，消音器也有问题，它疾驰在韦内托街上，听起来就像喷气式飞机起飞。我驾车呼啸驶过，街上每个人都会对我怒目而视。拉法埃洛不在的夜晚，我习惯在这辆车上待到天亮，干些坏事。天一亮我便驶去圣彼得酒店，“molto umbriaco”——就是喝个烂醉，然后开着吉普车向风中飘摇的喷泉水飞驰而去，让水把头脑冲醒，我会绕喷泉一圈又一圈地开着，淋得湿透再回家去。

罗马的交通和如今一样，黎明时分这趟振奋精神的车程之后，我得花一个小时回家。车上常常不止我一人，淋水让我很兴奋，而同伴可不这么认为。不过那年头，一个 Americano[1] 通常能免受责罚……

接近四八年初春，一些声名显赫或臭名昭著的美国人都开始在罗马出现。

在美国学院内的巴洛克式公寓举办的一次晚宴上——不记得是由来自费城的知名艺术策展人亨利·麦基尔亨尼举办的，还是由大名鼎鼎的作曲家塞缪尔·巴伯举办的——我结识了年轻的戈尔·维达尔。他刚出版了一部畅销小说《城市与梁柱》(*The City and the Pillar*)，是最早以同性恋为主题的重要小说之一。我当时尚未读过这部小说，只知道它已成为畅销书，且讨论的是“禁忌话题”。

戈尔是个英俊少年，约莫二十四岁，我被他的智慧与外貌迷住了。我们发现彼此有共同的爱好，常常待在一起。请不要想象我是在暗示我们之间有过恋情。我们只是喜欢在一起时的交谈与欢声笑语，我们还开吉普车去过“神圣海岸”的一些地方，像是索伦托和阿马尔菲。

我记得那时候也去了佛罗伦萨，年高德劭的美学家贝伦森招待

[1] 意大利语，意指“美国人”。

了我们。

后来有一天下午，戈尔带我去蓝色修道院拜见伟大的哲学家与散文家桑塔亚那，当时他已是半残的耄耋老人。他看起来就是一位高尚的老绅士。他温暖的棕色眼睛饱含善解人意与细腻体贴的幽默感，他接受自己的身体状况，似乎没有丝毫的自怜或懊恼。这次见面使我与人相处时更自在了一点，对于富有创造力的生命如何终结，自然也少了些惶惑。他的温文尔雅，他天生的和善都生生让我想起了外祖父。

“有时我在年迈的脸孔上看见过上帝。”汉娜·杰尔克斯[1]这样说。我想到外公的脸和桑塔亚那的脸，还有外婆的……

那年春天另有一位老友携伴到来，我们三人在一个恬不知耻的澳大利亚人的陪同下，勾搭了几个卖黑市烟的男孩，我们驾着我的吉普车将他们载到博尔盖塞别墅的荒地。我们停好车，每人带一个卖烟小孩躲进荒地里去了。

那次经历与其说是真正堕落，不如说是嬉闹一场。然而它却导致我第三次在牢中过夜。

昨晚我再次回归《小船警报》的舞台，我刚给莫林·斯特普尔顿写了一张感谢的字条，打算送她玫瑰，感谢她推动我的表演艺术事业的进步。我昨天演出后把她请上台，因为我无力再主持一场座谈会了，这亲爱的姑娘走上来，和我一起即兴念了我的滑稽短剧《一只鹦鹉的精确分析》（*A Perfect Analysis Given by a Parrot*）中的对白，她念贝茜的部分，我念弗洛拉的。

---

[1] 汉娜·杰尔克斯，《鬣蜥之夜》中的人物。

依我的健康状况，想要继续为这部外百老汇的戏振作票房也已力不从心。然而，我必须面对现实：如果这部戏没能撑过夏季，或者大半个夏季，那么要使《呐喊》得到一流的制作，我就得做出更大的妥协。过去两天里，我和彼得·格伦维尔在校对《呐喊》的终稿。

1948 年，罗马。我在这座金色城市的头一年。即将入夏，我允诺了伦敦的一项工作，这件事的重要性不亚于海伦·海丝在伦敦剧院首次亮相出演《玻璃动物园》。

为此我赶赴伦敦参与排演，导演是约翰·吉尔古德。起初似乎一切顺利。以我少数派的观点来看，海丝小姐并非世上最有天赋的表演者。我猜想她年轻时一定很迷人，甚至多才多艺。而在 1940 年，我正在纽约忙于《天使之战》的制作，她当时为戏剧协会饰演莎士比亚的人物罗瑟琳，我偶然听到一个灯光师说："真没法给她打光，她不可能发光。"不过我喜欢这位女士的淑女气质，也欣赏她舞台下的仪态。

到了 1948 年，她已足够明智，舍弃了所有天真无邪的少女角色，成功地演过许多适合她年纪的角色。她的先生在英国陪她。我认为他们很相爱。或许我该强调"认为"一词，实际上这只是我的猜测。查利沦为酒鬼与他夫人顽强地跃升为"美国戏剧界第一夫人"同时发生，不免有些可疑。无论如何，我得说，伟大的演员吉尔古德虽称不上一名好导演，也总不该碰上海丝小姐的。排演的前两周，她表演得很正统，完全没有近来出现在她脸上的猴子般的怪相。她排演渐入佳境，忠实地饰演了《玻璃动物园》里的母亲阿曼达·温菲尔德。

我们去了首演城市布赖顿。临近尾声的一次排演中，海丝小姐将我、吉尔古德以及配角演员组召进她的化妆室，一阵长久而不祥的沉默之后，她宣布道："戏排到这个时候，我知道它会不会成功了。"

又是一阵沉默。

接着海丝小姐缓慢、哀伤地摇了摇她的小脑袋，意思是对于这部戏能否吸引观众，她的预测是否定的。

我信了她的话。我留在布赖顿看首演。演出平淡无奇，她的浑身解数未能为"第一夫人"的美名添色。

我记得在布赖顿的一场演出之后见到了 E. M. 福斯特。他来到海丝小姐的化妆室，她尖叫起来："噢，《印度之行》！"

正如我所说的，台下的海丝小姐曾经是、现在当然仍是一位仪态万方的女士。

鉴于这部戏注定惨败，我飞回了巴黎，戈尔当时住在左岸的大学酒店。我在酒店订下一间舒适的套房。那是家声名狼藉的酒店，倒是十分适合我和戈尔，因为对年轻的访客没有门禁。

那时我们最爱去的地方是"屋顶牛"酒馆和左岸几家波希米亚风格的夜总会。我认识了谷克多、贝塞·贝拉尔、让·马莱以及许多别的艺术家，不过我最有兴趣见见的是让－保罗·萨特，他的存在主义哲学深深吸引我，他的剧本《禁闭》（*Huit Clos*）也是。

我决定在大学酒店的套房办个大型聚会。

在巴黎结交的这些有名的新朋友大多都到场了。但我一直等待着让－保罗·萨特，我用电报向他发了邀请。那天晚上我不时收到关于他的消息。他就在街角圆点酒店的酒吧里，大家不停跟我保证他会现身的。他始终没来。

我猜想他认为我是个太过典型的中产阶级或美国人，天知道或者是别的什么，总之他没有出席我的聚会。

《玻璃动物园》即将在伦敦首演，社交名媛西比尔夫人筹划了一场首演之夜的宴会。

母亲和戴金都去了，伦敦所有著名的演员也去了。

我拍了多次电报，向他们保证我会到场，但后来因故不克出席。我最终也没有为那场宴会离开巴黎，回想起来仍觉尴尬。我在最后一刻寄电报给母亲、吉尔古德和海丝小姐说我在巴黎突然生病，其实身体好得很。

我想那时候我一如平日，正沉醉在风流韵事中吧。

我在罗马与拉法埃洛分手时，说好会在来年秋天回去，分别期间每月寄给他一百美金的支票。

我从一位非常可爱的年轻小姐那里获知《玻璃动物园》在伦敦得到的剧评，那是我在伦敦排演时结交的朋友——玛丽亚·布里特内瓦，如今是圣贾斯特男爵夫人。我在约翰·吉尔古德家见到她，我们一拍即合。当时的她是个迷人的女孩，四分之三白俄罗斯血统，四分之一英国血统。玛丽亚与她母亲布里特内瓦太太生活清苦，靠着母亲翻译俄罗斯文学的微薄稿酬以及她做临时演员同样微薄的收入过活。我们成了要好的朋友，现在仍是——她如此真诚而美丽，至今依然如此。她嫁给圣贾斯特男爵后才告别演员生涯，成了圣贾斯特男爵夫人。

(玛丽亚的事我稍后还会详述。)

玛丽亚将伦敦所有的剧评寄给我，海丝小姐得到的评价很好，而剧本评价很糟。我记得有一则标题是这样的："剧本蹩脚，演技精湛"。

我看过排演和布赖顿的首演，对这些评论并不感到特别惊讶。

这部戏在伦敦首演大约一周后——我不久后得返回美国准备《夏日烟云》在百老汇的演出——我去了伦敦短暂逗留。戈尔和我一同去的。撇开剧评的阴云，我们倒是玩得愉快。我看了一场《玻璃动物园》，和预期一样糟糕。这部戏要不得花样，必须得到忠实并超出一般水平的导演和表演。

杜鲁门·卡波特也在英国。他和我一起搭乘“玛丽皇后”号邮轮去美国，那是一段令人捧腹不已的航程。在那时候，杜鲁门大概是你能找到的最佳旅伴了。他当时还没变得很泼辣，好吧，还没有泼辣到恶毒的程度。但他满脑子都是幻想和恶作剧。我们常常跑进“玛丽皇后”头等舱的走廊，拾走男士们摆在舱门外待擦的皮鞋——我们会把鞋子全打乱，放到和原处隔着几扇门的地方。

后来还遇上那位酗酒的圣公会主教。

我今天早上不是特别高兴，因为昨晚《小船警报》演出后我重又开起座谈会来。为笼络观众，我作了失败的尝试，朗读了自己的最佳剧本之一《毛玻璃棺材》(*The Frosted Glass Coffin*)，保罗·鲍尔斯很欣赏这部戏。我事先提醒观众这个剧本内容沉闷，讲的是退休公民的命运，他们相当年迈，住在迈阿密一家名叫“庞塞德莱昂”的酒店里。我告诉观众，如果对这剧本不感兴趣，完全可以随意离场。让我苦闷的是，大部分人都做了这种选择。

不过，留下来的观众里面有我的老友何塞·金特罗导演和他忠实的朋友尼基。我们在“P.J. 克拉克”餐馆吃了晚餐。

回到 1948 年夏末在“玛丽皇后”号上杜鲁门·卡波特和嗜酒的圣公会主教之间那个或许大家已耳熟能详的故事。

我们刚离开南安普敦，杜鲁门便发现无论他走到哪里，一位胖墩墩、醉醺醺的主教都会出其不意地出现。我也开始注意到这个人。我们在船上的酒吧里一坐下，那位主教就会跑进来，跌跌跄跄，而大海风平浪静，轮船行驶得也很平稳。他会用呆滞而焦虑的目光环顾酒吧。杜鲁门则伏在吧台前，期望躲过这位显赫教士的注意，主教发现小杜鲁门，双眼便会亮起来。我们始终不走运，从无半点运气。主教必定会发现我们，圆脸上的阴霾散去，一屁股坐上最靠近我和杜鲁门的那个凳子。如果我们坐在餐桌边或者电影放映厅里，他也会在紧邻的椅子上扑通坐下（不必说，他是不请自来的）。一半的航程中他都这样跟着我们。

主教和杜鲁门之间的一场激烈冲突无疑迫在眉睫了，后来这场对峙真如闪电般从天而降。

有一回我和杜鲁门在船上餐室，面对面坐在一张两人桌边。主教幽灵般兀然出现，拉过一把椅子坐在我们中间，和我们攀谈起来。他的动机并非传道，我是指通常意义上的传道。杜鲁门早已声称他对任何教派任何教会都相当不感兴趣。

这天晚上，杜鲁门盯着主教的大戒指看了起来。

“知道吗，”他拖长了声调，亲密地对主教说，“我一直想要一枚主教的戒指。”

主教宽容地咯咯笑着。

“主教戒指只有主教能戴。”我记得他是这么答的。

“噢，是吗，”杜鲁门反驳道，“我想没准可以在当铺里找一枚，就是被免职的主教典当掉的那种。”

他拖长了“被免职的主教”几个字，弦外之音不言自明。主教的面孔涨得比平常更红了，他借故离席，后来的航程中我们再也没受到他如影随形的骚扰。

这段航行自然在纽约港结束。马戈·琼斯来到码头接我。她已为我找好一间公寓，我觉得是我在纽约市多年来住过的三四间公寓里最赏心悦目的一间。那里是由如今已成著名雕塑家的托尼·史密斯设计并装潢的，他从 1941 年以来就是我的至交——1943 年他与歌手简·劳伦斯的婚礼上，我还当了他的伴郎，当时我正为米高梅“工作”，而简在拍一部很差劲的电影，演了极不适合她的角色。她的中间名是拉尼尔；看来，我们也算是远亲。无论如何，我们成了至交，至今仍是。

那间公寓在列克星敦大道和第三大道之间的东五十八街上。公寓楼是一栋三层褐砂石房子，正面新刷了白灰相间的油漆。一楼公寓室内设计是托尼的作品，是为另一位老友画家巴菲·约翰逊所作。公寓中间有一间巨大的工作室，有两层楼高。大工作室背后是一个小天井，遍植奇花异草，由一座小喷泉为花草浇水。天井内保持低温，四周的玻璃墙上始终结着霜：从工作室与卧室看下去，如同一座小小海底花园。至于卧室，也是美轮美奂。巴菲的星座是水瓶座，他的卧室充满与水相关的东西，一只彩灯鱼缸、各式各样的贝壳、浮木和旧渔网。床很大，舒适无比——是为它即将承载的情事精心设计的……

马戈·琼斯与我交情笃深，在她令人扼腕的短短一生中，替我觅得这处理想住所也许是她能为我做得最美好的事了。

马戈在她达拉斯的圆形剧场里制作的《夏日烟云》就要开始排演。达拉斯的演出显然缺乏艺术效果，究其原因，以我当时的观点看来，剧本不好，还有主角人选不当，阿尔玛·瓦恩米勒小姐由一位又高又瘦的姑娘饰演，她讲话带布朗克斯口音，门牙硕大。

然而，布鲁克斯·阿特金森先生看了达拉斯的演出，我至今仍不解出于什么原因，他竟觉得这部戏很有魅力。他在《纽约时报》上撰文赞扬了该剧。这为时过早的赞誉令马戈欣喜若狂。当然，马戈几乎永远是一副为了什么事欣喜若狂的样子，这种状态往往与她嗜饮威士忌不无关系。

纽约的演出，我们邀得玛格丽特·菲利普斯和托德·安德鲁斯饰演阿尔玛小姐和年轻医生。菲利普斯小姐五官精致、面带稚气、鼻尖上翘，是位威尔士血统的天真姑娘。安德鲁斯先生英俊非凡，但我得遗憾地说，天资稍欠。

如果我说，在我看来马戈·琼斯应该专心在地区剧院工作，最好投身行政和集资部门，那么各位可能会认为（或许是正确地认为），我是个忘恩负义之徒。但我觉得她的天赋并不在于指导演员或研读细腻的剧本。

我们排演刚过第一周，我就已经或开始对这场冒险有沮丧的预感。演员来找欣喜若狂的马戈商量问题，譬如“琼斯小姐，你希望我怎么演这一段？”

“演？亲爱的，不要演，感受就好。”

演员自然大惑不解，找马戈也等于没找。

直到一两年后，我才得知马戈当时以虔诚的语气告诉全体演员，这个剧本是一位垂死的剧作家的最后一部作品。年轻的安妮·杰克逊也在戏中，好像是她把这件事告诉杜鲁门·卡波特的。次年夏天我在意大利听说此事，大为惊愕。我不喜欢被提醒自己表面良好的健康状况令人深感怀疑。

反正，这部戏和当时别的戏一样开演了，得到了阿特金森又一篇溢美之词，但没有别人写过任何评论。显然这部戏是完了。演员们并未感受它，也没有演得很好。当然菲利普斯小姐在这样的指导下，已经尽可能地展现效果了。安德鲁斯先生英俊潇洒。

《欲望号街车》依然高朋满座，就连《夏日烟云》头几周也满座。但评价传开后，没过多久票房就下跌了。我记得当时站在后区，十到十五分钟都看不下去。

只有我那温馨的公寓能暂时排解我的失望。此外，当然还有每天早晨笔耕不辍地写新东西，小说、诗歌或者剧本。

我为何抗拒谈论戏剧的事呢？其实天知道多少年以来，我的戏剧一直都是我生命中最重要的部分。但我觉得戏剧自己会说话。而我的生命未曾言语，它与癫狂持续较量，不同寻常，值得付诸笔端。再者，比起日日夜夜的生活，我的工作习惯要私密得多。

一天晚上我走在列克星敦大道上，遇见一个倚靠在街角墙边的少年，他一头胡萝卜色红发，每个男妓都应当有他那样的身材，但无论现在还是当时都很少见。我骤然停下脚步说：“你好。”他亲切地咧嘴一笑，从墙壁离身，向我伸出手来。

“我叫汤米·威廉斯。”他说。

这当然也是我的本名，我感到这是个不可抗拒的好兆头，于是带着他径直回到温馨的公寓，那一晚夜莺啼鸣。红发的人皮肤细嫩，吹弹可破，泛着珍珠似的光泽。

不多说了。

汤米是个没什么经验的男妓，用我们的话说，他也不愿意“转身”。然而当我差不多已与他失去联系，有天晚上，我在初遇他的街角又见到他，他朝我羞怯地微笑，说："威廉斯先生，要是你乐意，今晚可以干我。"

听来或许可悲，但着实令人感动。

9

1948年初秋，我相当意外而神奇地与弗兰克·菲利普·梅洛偶然重逢。

事情是这样的。有一天临近午夜时分，我又沿着列克星敦大道往闹市走，呼吸着夜晚的空气，途经一家没打烊的熟食店。在里面买食物的正是“小马”和他的一位战友。

“我的天，弗朗基，你怎么没找我啊？”

“我不想要趋炎附势。”这是他典型的直接而诚实的回答。“去年你的《欲望号街车》大获成功，我心想你会觉得我只是想利用我们在海滩的偶遇。所以我再也没有联系你。不过我看了你的戏，我很喜欢。”

“去我住处野餐吧。”我建议道。弗朗基看看他的同伴（他是“直的”），同伴点了点头。

我们回到水瓶座公寓，吃了黑麦面包夹烤牛肉和酸黄瓜，还有土豆色拉。弗朗基和我不停地眉来眼去。

弗朗基不晓得他的同伴已心知肚明。他的同伴知道，但丝毫不在意。所有认识弗朗基的人都不会因为他喜欢男人而非女人这种事情，影响了与“小马”之间的友谊。

不一会儿，他的海军伙伴说：“弗朗基，你为什么不留在田纳西这里？我回泽西就好。”

事情就这样顺利发展。弗朗基留下陪田纳西，在海底花园后面那张床的魔毯上过夜。几年后我将此事写进一首诗，名为《分离之诗》。

我对弗朗基不算一见钟情。实际上起先我很犹豫是否要与他长久交往。我自由惯了。所以有一天晚上，我极尽委婉地告诉他，最好不要每晚住在这里，而是每隔一天来一次；和以前拉法埃洛的安排一样。

弗朗基无疑是听出负面的意思来了，我觉得伤了他的感情。无论如何，不久后我就从三心二意变得专一起来。

我去圣路易斯看望母亲。在母亲的屋檐下，我渐渐清楚无误地感受到，我的长久以来习惯于短暂恋情的心，最终在这个西西里青年身上找到了一个家。

我从圣路易斯拍电报给他：“明日将返纽约。请在公寓等我。”

我在午夜过后回到纽约。走进公寓时，一眼望去空空如也，全无弗朗基的踪影，我感到很凄凉。但这种感觉到我进入水瓶座卧室那一刻便不再存续。在那张硕大的床上躺着的，是熟睡的小弗朗基。

自此我们开启了一段长达十四年的关系。

现在来讲述一下昨晚的蠢事。我预定在纽约新剧院演出后重开的“座谈会”上露面两次。第一次定在九点十分，周六晚场第一场结束之后，第二次在十二点十分，第二场戏之后。我想我纯粹是发疯吧，打算读我的新小说，也就是那本我称其为自己最后一篇小说的《丰塔纳贝拉的存货》（The Inventory at Fontana Bella）。

后来，由于一些令人哭笑不得的意外接连发生，昨晚前一场的观众才免受听我朗读之苦。

我和鲁思·福特[1]、多森·雷德[2]约好七点半一起吃饭。同时，我也在等一位新朋友与我们共进晚餐。多森留了信让我打电话给鲁思。我打了电话，她显然不愿赴约。她说目前禁止多森与外界接触，被她锁在一间阁楼公寓里，那是她最近安置他的巢穴。我告诉她，我和朋友要去比利·巴恩斯家的露台上野餐，如果她和多森乐意，可以一起来。结果他们不想去。我觉得很没面子。比利的屋顶露台上也是气氛不佳。有几个到场的年轻美男子一道消失不见了，这是年轻貌美的美国人惯常的作风。比利的神色越发烦乱起来。洛杉矶阿曼森剧院（《欲望号街车》计划今年冬天在此作上演二十五周年纪念演出）的罗伯特·弗赖尔也未能挽救这局面。他似乎极其冷静，缺乏社交魅力，对我娱乐大家所作的努力漠然视之。我觉得不舒服起来，原因之一是喝了一杯伏特加马提尼和两三杯红酒。

考虑到我的肝脏，可能还有大脑的状况，我似乎已不太能喝酒了。

反正，到了去戏院所谓“座谈会”的时间，我被露台上一根浇花的水管绊倒，摔了个嘴啃地，身上好几处擦破流血。我那年轻的朋友十分担心，他为我的伤口涂消毒液，比利看起来有点仓皇无措。

实际上我们到剧院晚了不过二三分钟，但观众正纷纷离场。没人通知他们我会露面。我想他们会觉得这露面也是多余的。我不

---

[1] 鲁思·福特（1911—2009），美国模特、演员。

[2] 多森·雷德，美国作家，在二十世纪七十年代与鲁思·福特交往。

知自己为何如此心烦，这只是一桩小事。坎迪·达琳的男友开了车来，一辆白色敞篷，正等在剧院门口，他提出送我们几个回家。我说："我受够了。请送我回酒店吧。"途中，弗赖尔先生建议我返回剧院给第二场的观众读我的短篇小说，在戏开演之前。且不论这话算不算责难，它动摇了我理智的头脑，我怒不可遏地冲着这位先生发起火来。我叫他西岸的剧院和已经公布的《欲望号街车》重演去见鬼，还对他说了各种不礼貌的话，随后我让他们在离酒店几条街的路口放我下车。他们没答应，一路将我送到了酒店门口。比利和弗赖尔留在车上，一语不发，三个年轻人陪我进爱丽舍酒店，上楼到"维多利亚套房"，我想是为了确保我不会跳楼。我很快便控制住情绪，点了些酒，我的朋友为我按摩背部，温柔地说了些安慰我的话。后来电话响了，是一位制作人打来，说他们没有宣布我会露面，完全是无心的，他们会到爱丽舍酒店接我去午夜场的座谈会。

显然我现在为了戏能持续演出，什么事都愿意干，除了在台上和袋鼠跳探戈舞。所以我去了午夜场。幕启，午夜场票房尚可。我喝了一口酒，告诉观众我打算在此给他们读一篇小说，主要是为了娱乐自己。

这篇小说的古怪之处——"古怪"对它而言还算个温和的字眼——我直到读完之后才意识到。观众的反应，可以说是敷衍了事。最近似乎没有人觉得我写的笑话好笑了，也许它们太过乖张了吧，我也不知道……

后来我带那三个孩子去了"P. J. 克拉克"餐馆，酒足饭饱之后，我开始深思最近不由自主沉湎其中的恐怖的自我毁灭之感。

我的朋友带走一个孩子，另一个孩子头戴我的帽子独自离去，那是一顶多布斯牌西部牛仔帽，我送给他了。剩下那个朋友送我回家。他是个好孩子，就在我胡言乱语地讲述昨夜的荒唐事的这会儿，他正在我两张单人床的其中一张上熟睡……

对昨晚的事各位要如何看待敬请自便。我从中看不出别的，只有行将就木的气息。

再回到 1948 年，关于那段日子我还有一点事想记述。

有一天我和弗朗基外出晚归，回到公寓发现前门的气窗开着，屋里传出杜鲁门·卡波特的声音，他正激动地尖声大叫。我们走进屋去。

公寓里有杜鲁门、戈尔·维达尔，还有一名女警察——那年头她们被人叫作“躲猫猫小队”。杜鲁门和戈尔当时还关系友好，他们好像是一起喝醉了酒，从公寓气窗爬进屋子，等我和弗朗基回家。

躲猫猫小队的这位女士开巡逻车经过，看到他俩在爬窗。她尾随他们进屋，现在正搜查公寓，怀疑可能藏毒，她要以私闯民宅的罪名扣押戈尔和杜鲁门。

她在卧室发现一些速可眠胶囊，便小题大做起来。(那年头我很少服用安眠药，而且只在睡前服用。)

我和弗朗基好歹使她冷静下来，让杜鲁门和戈尔免遭逮捕。至于麻醉药物，她只找到那些速可眠，也只好气冲冲地离开了。

十二月初，《夏日烟云》仍在音乐盒剧院坚持演出，我和弗朗基、保罗·鲍尔斯坐上了意大利“武尔卡尼亚”号客轮，那是我乘过最迷人的一艘船。每间头等舱外面都有一道门廊。我早晨在那里吃早餐、工作，弗朗基在舱内睡觉——他在身体健康的年岁里一直晚睡，也睡得很沉。

我对这孩子需索无度。每天晚上我都会爬到他的床铺上去。意识到自己的纵欲以及可能导致的后果，我渐渐怀疑起弗朗基和保罗·鲍尔斯之间有什么事情发生。当然，除了友情，他们是不会有什么事的——可能还对大麻制品有共同的兴趣，就像当年许多“时髦”人一样。鲍尔斯要我看他写的一篇短篇小说，一两年后他出版小说集，这篇小说的标题成了书名。他给我看的是《精美的猎物》(The Delicate Prey)，故事令我震撼。我知道，这听来不寻常。我想保罗也很难理解出版过《欲望与黑人按摩师》这种小说的人竟会被《精美的猎物》吓到。我认为它文辞优美，但我劝保罗不要在国内出版。要知道，我那些使人震撼的小说是由新方向出版公司发行价格不菲的私藏版本，从未被摆放在书店柜台。

除了这些事情之外，航行非常愉快。“武尔卡尼亚”号供应精美的餐点。船上有一个中国式装潢的漂亮小酒吧。海上起过一场大风暴，弗朗基因此晕船，而我觉得很兴奋。

我们抵达直布罗陀海岸，在那里我第一次见保罗的太太简·鲍尔斯，我认为她是美国历史上最优秀的小说家。各位或许觉得这一观点很轻率，但我必须坚持。她作品中有一种独特的感性，我认为比卡森·麦卡勒斯的感性更引人入胜。她是个迷人的姑娘，充满幽默、柔情与古怪而动人的小小惊慌——起初我以为那只是做戏，不过很快便发现是真情流露。我无意说戏剧有时候不真实——但愿不会。

简·鲍尔斯久病之后，1973 年在西班牙马拉加一家修道院医院故世，在所有有幸认识她的人的生命中留下了无以填补的空洞。大约七年前，她的一部著作集出版，其中包括独具一格的长篇小说《两位严肃的女人》(*Two Serious Ladies*)，几篇就感性而言同期作家无出其右的短篇小说，以及无故受到低估的剧本《凉亭下》(*In the Summer House*)。我十分幸运在密歇根州安阿伯的大学剧场观赏了该剧的美国首演，由已故的米利亚姆·霍普金斯主演，表演十分精湛。

后来在百老汇上演时，主角是朱迪丝·安德森夫人和米尔德里德·邓诺克小姐，戏得到的反响我只能以“不知所措”来形容，尽管这是邓诺克小姐极为打动人心的一次表演。

不管有没有用，我觉得必须提出我的看法，这是一部饱含深刻情感的剧作，简也始终如一地将幽默与感伤灵巧地糅合在一起，这部戏在美国戏剧作品中卓尔不群。

我们在直布罗陀的洛克酒店过夜，第二天开着我们漂亮的红褐色别克路霸汽车登上巨型渡轮去丹吉尔；保罗渴望驾车去西班牙南部山区远足，我断然拒绝；那段日子我认为就算去海拔适中的地方，自己的心脏也无法承受。而且我急于找地方安顿下来。

我们在丹吉尔待了几天，然后开车上路去非斯，保罗年少的朋友艾哈迈德在那里等他。我们过西属摩洛哥边境时困难重重。鲍尔斯出外旅行总要带上十多件行李。这引起了西班牙边境官员的怀疑。我们得卸下每件行李，到海关作巨细无遗的检查。我们途遇一场猛烈的雷雨，当时仍下个不停。在海关验货棚里，我们之中有一人突然发现路霸刹车失灵，正飞快朝后方的深谷笔直倒滑过去。

小弗朗基冲了出去，在汽车坠落前截住了它。他表现出了非凡地勇气，这是他从不曾缺乏的。结果，他们不让我们继续过境，还想要没收我的打字机和保罗的几件行李。我们只得折返回丹吉尔的伦勃朗酒店。

所幸我在丹吉尔有些新闻界的朋友，他们立刻与丹吉尔和非斯之间所有边检站通电话，告知他们第二天会有一行来自美国的重要人士驾车通关。于是我们再次出发，每一道边境的官员只挥手示意我们前行，不再作检查。

我们在日暮时分抵达非斯的雅迈酒店。在酒店转交给我的信件里，有一封越洋电报令我陷入消沉。电报通知我，《夏日烟云》即将停演，百老汇的观众在圣诞节前几周总会锐减。然而，我怀疑无论是否恰逢圣诞，这部戏都幸存不了。

雅迈酒店是世上最漂亮的酒店之一。它曾是一位苏丹的宫殿，内部陈设保留了原本的风格。酒店旁边就是一座清真寺钟楼，夜间每隔一小时会从露台上传来轻柔的《古兰经》吟诵声。

不过我无法摆脱《夏日烟云》的命运带来的消沉感。比起丹吉尔，我也不怎么喜欢非斯，所以我坚持要和弗朗基开车去卡萨布兰卡，搭船去马赛，然后前往罗马。

弗朗基闹脾气，去卡萨布兰卡的途中我们差点吵起来。开往马赛的船很可怕，餐食粗陋，乘客讨厌又吵闹。

我记得我们坐船三天到达马赛。一进入意大利境内，弗朗基和我都恢复了好心情。

这是1949年冬，一月，弗朗基与我开始了我们在罗马的第一次久住。

我的职业不就是生活，再将生活悉数记入小说、剧本以及现在的这本书中吗？

因《欲望号街车》一剧大获她应得的成功之后，艾琳·梅·塞尔兹尼克回绝了《玫瑰文身》的剧本。她令我难堪地说，这是歌剧题材，而非舞台剧。谢里尔·克劳福德则意见不同：她热情接受了这部戏，并在 1950 年推出制作精良的演出。

年轻的伊莱·沃勒克是饰演曼贾卡瓦洛的绝佳人选。优秀的年轻演员唐·默里更是演水手——塞拉菲娜女儿的爱人——的完美之选。塞拉菲娜的选角遇到很大的困难。是我找莫林·斯特普尔顿来演这个角色的。虽然她年纪轻轻，但是试读剧本后，我们所有人都相信她可以胜任；她当时还是个小姑娘，然而我认为她塑造人物相当有才气，年龄障碍可以克服。所以我坚持让她反复试读。最后我帮她“带妆”试读：我让她把头发弄乱，穿上一件肥大的长袍，我记得还在她脸上画了几道，看起来像沾了污迹。那一遍试读让大家一致同意她就是不二人选。

伊莱和莫林在演员工作室[1]表现活跃，李·斯特拉斯伯格所教的“方法派”演技令他们受益匪浅，当时伊利亚·卡赞和罗伯特·刘易斯也负责教学。我们在芝加哥首演。《芝加哥论坛报》的戏剧评论家克劳迪娅·卡西似乎不知该如何看待这部《玻璃动物园》和《欲望号街车》的后续作品，但她给我们写了一篇不错的评论，我们的票房也不错，在风城[2]演了大约两个月。

《玫瑰文身》是我写给世界的爱情戏。它充溢着对弗朗基快乐的青春之爱，我也将这本书题献给了他，上书：“献给弗朗基，以作为对西西里岛的回报。”

题词引用了《流放》作者诗人圣－琼·佩斯的话，大意如下：

“生命像漆成红色、钉在门上的公羊头一般美丽。”

---

[1] 演员工作室，1947 年由伊利亚·卡赞、谢里尔·克劳福德、罗伯特·刘易斯和安娜·索科洛夫在纽约成立的职业演员演技进修组织。

[2] 风城，芝加哥别名。

安娜·马尼亚尼在《玫瑰文身》电影中精彩地饰演了塞拉菲娜。我常纳闷安娜·马尼亚尼是如何在社会中生活却始终不受陈规束缚的。她是我在工作圈内外所认识的最不落俗套的女性，各位只要对我有一分了解，就一定知道这句话包含着我对她真诚为人的评断，她的真诚是毫无保留的。

当然我也生存在世俗社会之外，却战战兢兢地设法与社会保持联系。对我而言，这种联系不仅是危险的，更成为一种无意识的隐忧。对安娜来说又是怎样呢？她没有写过我写的这种回忆录或任何同类文字，所以这问题将继续是无解之谜。我只能说，她公然生存在社会陈规之外，而在与这个社会的关系中，她从不缺乏自我肯定，也从未表现出胆怯。

无论面对谁，她都坦坦荡荡地直视对方，在我们成为亲密好友的黄金岁月里，我从没自她口中听过一句假话。

我想，对这位女士我已谈得够多了。不过我有更多关于安娜的话要讲，只是此时此刻大多难以言表。想说的太多，因此这些回忆必定七零八落。

羞怯一直是我人际交往中的大问题（尽管现如今我在人前露出自负模样，令别人惊愕，但这有时候只是伪装），一开始我面对安娜也很腼腆。但是在我的小心拘谨与她的自然大方之间，弗朗基担当了中间人，我的腼腆很快便消失了。

梅洛是第一代美籍西西里人。马尼亚尼是罗马人。他们都有拉丁裔或地中海人的性情以及同样的率直，无须花时间试探，就彼此理解、彼此喜爱了。

安娜从不在下午以前起床。大概下午两点半到三点间，我的电话铃会响起。

道过“Ciao[1]，田”之后，她会说：“今天有什么节目？”

她总是对我提这个客套的问题，虽然我猜她已想好当天的计划。我说她从不讲假话，但是让好友以为一晚上的计划是由他来安排，这并非装腔作势，单纯是礼貌之举。我也有一样的习惯。我总是很清楚自己的计划，只要条件允许我提前计划，可就算晚上的计划多少已确定，打电话给朋友时，我总说：“我晚上没打算，你呢？”

晚上八点，我和梅洛会到达她在阿尔铁里宫（靠近万神庙）顶楼的公寓。一名面色烦躁的女佣会引我们进客厅。桌子上总摆着一碗冰块，几碟椒盐卷饼和花生，两只高杯和一瓶红方威士忌。我们坐在那里喝酒等待，有时会等上近一小时，不过时间过得很愉快。我们喝了酒，踱到她家阳台上，俯瞰古罗马区在迟暮中散发柔光，从后面房间传来安娜发号施令的叫声，声音虽大，却透出欣喜之情。

她当时的年轻男友常常比安娜早半小时露面。他会带着疑心同我们客气地打招呼，随后伸展手脚，睡意蒙胧地在椅子或躺椅上坐下。

最后，神采奕奕的安娜会兴冲冲地闯进客厅，一股脑儿地说起当晚的“节目”来。她有一部私人电梯，将我们直接送到荫凉的大院子，她在那里停了两三辆豪华汽车。她偶尔让小男友开车，但不常这样，她更喜欢自己开，而且开车技术极好。罗马拥塞的交通对她来说仿佛不存在。在车上，小男友通常闷闷不乐保持沉默，她和弗朗基则像一对去游乐场的孩子般聊个不停。我们从不询问去哪里

[1] 意大利语，意指“你好”。

吃晚餐——这是她早已决定的事，而她的选择总是完美的。各家餐馆的老板和侍应都把她当女王接待：他们笑容满面地围着餐桌打转，听她点酒、意大利面、色拉和主菜，她完全不看菜单。这听起来不靠谱，实际却是最棒的。每一餐都是场盛宴，要让颇具美食鉴赏力的欧内斯特·海明威来，才能恰如其分地予以描述。

我们每晚都不会失望：晚餐是重头戏，喝过咖啡后，安娜则会要上一大袋剩菜。然后我们开始在午夜周游罗马，跑遍那些有饥饿的流浪猫在等她喂食的地方：古罗马广场、罗马斗兽场、几座桥下、特拉斯提弗列区以及博尔盖塞别墅的几块地方。

喂完猫，她会返回阿尔铁里宫牵她的卢波，卢波是一只大大的黑色德国牧羊犬，是她上一只牧羊犬老死之后我送给她的。狗一上车就几乎占满了后座；安娜会径直开到博尔盖塞别墅。她在那里放狗下车，狗沿着马道追车，直到气喘吁吁才跳回车上。

然后我们会驾车去韦内托街的罗萨蒂糕点店，主要是顺我的意，临睡前喝一杯。安娜除了红酒别的都不喝。弗兰克·梅洛会点浓缩咖啡。安娜的小男友则会舒展修长的双腿，半闭着眼睛啜饮甜酒。安娜不住地瞥眼看他，神色暧昧，喜忧参半。她还总是语带悲伤地评论我对威士忌的需求。虽然已经很晚了，韦内托街依然熙来攘往，在人行道上漫步的路人会放慢脚步，惊奇地瞟视这个隐隐发光的女人。当然也少不了狗仔队的频繁突袭，那些背着闪光照相机的孩子在夜间云集罗马，搜寻有名的面孔。安娜遇上他们会忍耐一阵，接着用她的方式冲他们大吼，使他们立刻散去却不会生气。

我们的车会停回阿尔铁里宫荫凉的大院子里，我们下车护送她到那部玻璃壁户外电梯。

"Ciao, caro, ciao, bello, ciao, ciao, ciao！"[1]

彼此亲吻拥抱。然后她走进电梯，小男友跟在身后，我们看着她那双大眼睛热情地注视他神秘莫测的脸，电梯升高，离开我们的视线。

我一生从未认识过像她那样超越世俗的人，我想这就是我们要好的根由，也是她引以为傲的自信的根源，就像外在于世俗是我缺乏自信、一生为罪恶感所笼罩的根源一样。

五十年代初，比尔·英奇有一天邀请我在阿尔贡金酒店午餐。他看起来有些故作清高地阴郁，不知各位是否明白我的意思，在沉闷的午餐中，他突然没来由地提出这个问题："田纳西，作为作家，你不觉得与世隔绝吗？"

我答道："是啊，作为作家我是感到与世隔绝，但我太热爱写作，总是冲破这种隔绝状态。"

我感觉比尔主要的问题是病态地以自我为中心：他声名大噪之后无法接受失败的低潮，因此最终需要由两名男护士照顾。

我想起《大地王国》里的一句台词。

"人生是磐石，人也必须成为磐石，否则其中的一方将会破碎，而破碎的那一方绝不会是人生"——大意如此……

如前文所述，我1946年在新奥尔良写了《国王大道》的初稿；就是奥德丽·伍德叫我收起来别给任何人看到的那个剧本。她的反应令我沮丧，我认为这部戏一定是真的糟糕。几年之后，我在纽约

[1] 意大利语，意指"再见，亲爱的，再见，美人，再见，再见，再见"。

顺道走访演员工作室。卡赞正指导伊莱·沃勒克、芭芭拉·巴克斯利和几个别的学生演员进行练习——他们演的正是《国王大道上的十个街区》。我意识到奥德丽完全错了，这部戏演起来相当好，我说:“啊，卡赞，我们一定要做这个戏。我们一定要做，兴许能和另一部戏一起上演，在百老汇。”那年头还没有外百老汇。他同意了。他听了这个主意很兴奋，那年夏天我们一直通信讨论此事（我在罗马，他在纽约)。后来卡赞突然接了别的戏的执导工作；我很不好受，躲去了基韦斯特。但是我不愿放弃制作《国王大道上的十个街区》，于是继续修改，将它扩写成了《国王大道》。

与此同时，卡赞先于《十个街区》导演的那部戏失败了。善恶有报，此言非虚。他这才准备接手《国王大道》改写后的剧本。

话说，在当时接下这部戏是件大事，不过卡赞从不缺少勇气，他一往无前地接下了它。排练令人非常兴奋，而外地观众的反应却叫人非常困惑。许多人中途退场。大家似乎对该剧的创新感到愤怒。

改写这部戏让我振奋。我知道自己在做新异之事，觉得很激动，我认为它在卡赞执导下是会成功的。的确成功了，只是观众普遍不愿意让其成功；当时观众还不支持这部戏。现在的观众支持了，他们很喜欢。就我所知，《国王大道》是百老汇第一部有演员跑下走道、走进观众之中的戏。我认为，这种技巧运用得当；没有人被踩到，除了我，因为我就是这么写的。外地的演出很有趣，虽然有为数不少的观众表达了愤怒。

和卡赞一起工作，我总是乐在其中。

多数评论家对这部戏动了怒，但也有几位认可创新，给予了些许褒扬。

费城首演时，我和弗兰克住在一家酒店里，我们的套房就在歌手约翰尼·雷所住套房的正上方。他当时因一首《哭泣的小白云》(The Little White Cloud That Cried）正当红，我们见到了他，他是个讨人喜欢的伙伴。卡赞、弗朗基与我一同去后台看他，他还在照片上为我们题字留念，那些照片我新奥尔良的家里仍保存着一张。他是个很好的孩子，只是是非不断。

一天晚上，《国王大道》在费城舒伯特剧院落幕后，在台下看戏的制作人圣·萨伯冲向我，大喊一声："大师！"接着就在我跟前屈膝跪地。我觉得这是极其丢人现眼的表演，太过虚伪。他对我极尽谄媚，恐怕多少是虚情假意的，因为此后我再也没见过他，也没收到过他的消息。这就是演艺界。

全剧演员都由卡赞选自演员工作室，这是在我活跃的四五十年代、即百老汇的辉煌时期——我想或许该称之为繁荣时期——非常重要的一个组织。四五十年代也是演员工作室辉煌的二十年。几乎每一位前景广阔的伟大演员都曾在那里进修。演员工作室教授的技巧相当适合我写的这类剧本。并且，由卡赞、斯特拉斯伯格和博比·刘易斯经营的这个工作室也是演员们探讨演技的好去处，为他们提供了一个类似常驻基地的场所。

《国王大道》1953 年在纽约首演。我和母亲还有戴金坐在一个包厢里，我记得当时心想，这个戏也许有缺陷，但瑕不掩瑜。

随后是首演庆功宴，纽约的剧评开始传来。这出将当代美国戏剧从现实主义的束缚中大大解放出来的戏，受到了剧评家的猛烈抨击。

令人提心吊胆的纽约首演通常难逃灾难，那一晚我便遭受了这种灾难。我逃离宴会和剧评，和弗朗基跑回东五十八街的公寓。我设法入睡，却辗转反侧。弗朗基非常善解人意，安慰起人来恰到好处。

约莫凌晨一点，卡赞和他太太来到我公寓门口，让我惊慌的是，陪同他们前来的还有约翰·斯坦贝克夫妇。

于是我发了疯，朝卡赞大叫："你怎么敢在今天晚上把这些人带到这儿来？"

说完我就冲进卧室，砰地关上门，插上了门闩。

我从不希望在危机时刻被素不相识的人看见。

尽管受到我不友善的接待，卡赞夫妇与斯坦贝克夫妇还是在公寓待了一个小时，弗朗基继续发挥他细腻体贴的品性，招待他们喝酒，解释我的脾气。我的脾气恐怕他向来都很了解，在危机时刻，他通常都为我辩护……

第二天，我和卡赞在一家鱼馆吃午餐，才把事情摊开说清楚。

当然，可怜的谢里尔·克劳福德制作人已经决定将戏下档。演出最后一周，她为节省开支，去掉了盛大狂欢节那场戏中的彩色纸带，实际上在宣布停演后，这部戏正渐入佳境。

五十年代，聚会频仍。我记得坏老头路易·B[1]的女儿艾琳·梅耶·塞尔兹尼克常常邀我去皮埃尔酒店参加名流宴会，她总说："叫弗朗基以后再来玩。"

"告诉她叫她滚远点。"每当我向弗朗基转告这种侮辱人的邀请，他总是这样合理地回答。

与此相似，我记得杰克·华纳在华纳片场的私人餐厅请我和弗朗基吃午餐。几名下属迟到了一小会儿，他便斥责他们。

---

[1] 路易·B. 梅耶（1884—1957），美国电影制片人，米高梅电影公司创始人之一。

弗朗基面无表情怔怔地注视着他，华纳最后发现了。

“你又是干什么的，年轻人？”

弗朗基面不改色，响亮而清晰地答道：“我是陪威廉斯先生睡觉的。”

杰克·华纳手上的叉子差点掉下来，而弗朗基眼都没眨一下，继续泰然地注视这个老暴君。

好了，现在来聊聊剧本吧，聊些什么呢？剧本写完后，如果幸运，就会上演，如果运气能持续下去——这不太常见——演出便会成功，首演的观众与剧评家都会意识到为他们呈现的是一部既真诚又有娱乐价值的剧作，并且能够以某种方式使他们获得审美享受。

我从来不喜欢谈论自己的职业人生。我是不是担心它像一只鸟儿，而讨论它就如同老鹰的影子，会把它吓跑？大概如此吧，我想。

在近几年我应邀出席的座谈会中，总有人问我，在我所写的自己都记不清数目的剧本当中，我最爱哪一部。我或者回答他们：“永远是最近的那一部。”或者我忠于说真话的本能，对他们说：“我想应该是正式版的《热铁皮屋顶上的猫》。”

这个剧本最称得上艺术与技巧混而为一的作品。在我看来，它结构得宜，剧中所有人物都有趣、可信而动人。并且，它遵循亚里士多德可贵的教诲，即悲剧必须有时间与地点的一致性以及恢宏的主题。

《热》剧从头至尾不换布景，剧长与情节时间完全相同，也就是说，在时间方面，一幕戏紧接着上一幕，在现代美国戏剧中，我想不出还有哪部戏做到了这一点。

不过我最喜欢《热》剧的理由不止于此。我相信，我凭借

《热》剧超越了自己，在第二幕中，我给予“大爹”一种粗鄙的口才，这是我创作时从未在其他角色身上做到的。

现在必须来讲讲 1954 年《热》剧的制作经过，以及它取得巨大成功后所发生的灾难。

卡赞紧随奥德丽表达了对《热》剧的热情，但是他说其中一幕有缺点。我以为他说的是第一幕，其实不然，他是指第三幕。他希望能有一个比原稿塑造的玛吉更值得欣赏的女主人公。

我内心并不赞同。我认为通过玛吉，我呈现了一个极为真实动人的年轻女性形象，情场失意与务实的心态驱使她勾引一个不情愿的年轻男人上床。“勾引”是个太温和的词了。实际上布里克是在玛吉没收他的酒瓶之后，被逼迫回到床上的……

后来我还不得不违背自己的直觉，让大爹在第三幕重新出场。我想不出他在那一幕出场有什么事可做，我认为他出场在戏剧性上也不适合。结果我让他讲了那个“大象的故事”。这受到了审查官员的攻击，他们告诉我必须删除这段戏。后来我无奈加在此处的内容一直让自己很反感。

要不是《热》剧获得戏剧评论奖和普利策奖，对我产生了一些影响，我是不愿告诉各位这些事的。

虽然我常常在首演之夜发疯，《热》剧的纽约首演却尤其可怕。我认为戏失败了，扭曲了我剧本的原意。戏结束后，我觉得整场演出一直听见观众的咳嗽声，而现在想来咳嗽声其实也没有那么频繁，应该和往常差不多吧。这的确成了我最成功、上演时间最长的戏。首演当晚落幕后，卡赞说：“去我的住处等评论出来吧。”他有十足的把握，认为这部戏会卖座。我在剧院外见了奥德丽·伍德，当时我在创作上的信心全然仰赖她；我说：“奥德丽，我们都去卡赞家等剧评吧。”她说：“噢，不了，我有别的事要做。”我听了很不快，回了几句刻薄的话。

在那之后，我和弗朗基去了意大利，生平第一次，不，是第二次，我有很长一段时间无法写作。

浓咖啡再不足以使我思如泉涌。

一连几周，我忍受着文思贫瘠，后来我尝试用马提尼吞服一颗速可眠。这一试便上了瘾。1955 年在罗马的那个夏天，在创作力荒废的状态下，我写出了电影剧本《娃娃新娘》，这个剧本有一种恣意的欢闹，在我看来，这种特质从未在电影中完全或正确地发挥出来。

看起来我似乎因自己沦落为一个瘾君子作家而怪罪卡赞。我从未因为任何事怪罪过任何人，除了蓄意的残酷，因为我始终心怀布兰琪的信念：“蓄意的残酷是不能宽恕的恶行。”

或许我确实因奥德丽在糟糕的六十年代对我有所怠慢而怪罪她，但就是对她，我也没多少埋怨。至于卡赞，我毫无责怪，即便有一次在简·史密斯和托尼·史密斯家度过不愉快的一晚之后，在返程途中租来的豪华轿车上，卡赞问我：“田纳西，你觉得自己还能活多久？”

对于这问题的冷酷，我完全不觉惊讶，我早已认识到猫眼般的锐利存在于所有艺术家身上。

“还有几个月吧，加吉[1]。”我平静地答他。

载我们从南奥兰治回家的这辆租来的轿车上，大家沉默了好几分钟。

---

[1] 加吉（Gadg），伊利亚·卡赞的绰号。

我想我们都意识到刚才是直面人生真相的一刻。

我是因为《热》剧认识福克纳的。他和参与《热》剧工作的琼·斯坦恋爱，我们在费城制作该剧时，他也赶去了。我就在那里逐渐了解他。他从没和我讲过话。我觉得他不喜欢我。那年夏天晚些时候，他和琼都在巴黎，我们一起吃了饭。我感觉这个人内心极其痛苦。他总是目光低垂。我们试图与他交谈，但他从不搭话。终于，为了回应我一个直接的提问，他抬起了双眼，他的眼神是如此可怕、如此悲伤，我不禁落泪。

不过，简·鲍尔斯是我心目中最伟大的作家。当然，我并非批评家，但我是个作家，我觉得作家可以成为优秀的批评家，特别是像我现在这样与世无争的话。我想她算是我们这个世纪最伟大的英语作家了。哈罗德·品特[1]告诉我他也这么认为。

我有没有告诉各位，一天晚上我和朋友“教授”去看一出名叫《城里最肮脏的演出》（*The Dirtiest Show in Town*）的戏？

散场后，我们沿着东村的一条街散步。快走到一个貌似本地人的行人身边时，才认出他是我亲爱的朋友卡赞。

亲爱的教授此时正与一个黑人壮汉攀谈，我有点心神不宁，担心他会惹上大麻烦。

卡赞在说出下面这句话之前具体讲了些什么，我已不记得了，这句话是：

[1] 哈罗德·品特（1930—2008），英国剧作家，剧场导演，2005年诺贝尔文学奖获得者。

“田，我们每个人终有一死，每个人都会独自死去。”

我对他说：“加吉，我很清楚我们每个人都会死，但我觉得不是所有人都会独自死去的。”

他回给我一个回想之后若有所思的神情。这时我将注意力转向教授，不同以往，在鲍厄里街的人行道上，我设法使他脱离了与那个高大黑人之间危险的调情。

从 1955 年的夏天开始，我写作时时常依赖外界的刺激物，当然真正的刺激，来自深植于心的持续写作的需求。

我可以到房间的另一头打开收藏着我作品集——今年由新方向出版公司结集付梓——的大袋子，为各位罗列自那年夏天以来我写的剧本，我想这会令你们有点惊讶，在这些堕落的状态下，我竟有能力继续写作。

当然我能列举出一些有名的艺术家，我是指写作的人，同样屈服于外界刺激物。可以说说福克纳的习惯，他想要写作时，我觉得是每天早晨吧，就会拿着一整瓶波本威士忌爬进他密西西比农场谷仓的阁楼里。还可以举柯勒律治和让·谷克多的例子，他们最好的作品都是在吸食鸦片之后完成的，我是从可靠人士那里听说的。

我还可以说出不少多产且老实的作家也走上依赖酒精的道路，尤其在中年时期。

当然，我不建议任何年轻作家选择这条路，除非迫不得已，除非不求助于刺激物便无法继续写作。

不久之前，其实就在几天前的晚上，一位才貌双全的年轻电影编剧扶我上床服下耐波他安眠药时，对我承认他如今只有喝了酒才能够写作。

我感觉自己像个大哥，我说：“你太年轻了，先不要走那条路。”

他似乎认为没有别的路可走了，他英俊的脸庞已经显露出饮酒过量留下的粗糙印痕。

不对才思枯竭的作家免税，如同对面临资源枯竭的石油大亨、钢铁厂及其他拥有并统治我们国家的企业免税那样，这公平吗？

这下讲到抗议与政治话题了。

在基韦斯特的工作室中，我的剧本通常在美丽的早晨诞生，不过我无论人在哪里，都会在早晨写出剧本，即使在纽约那间名为“维多利亚套房”的寓所里；那间房足够让人自在，巴塞罗那科隆酒店的房间也不错，虽然我向来觉得在罗马住过的公寓里都无法好好写作，事实证明有时也能写好，例如《玫瑰文身》和《罗马之春》。

但最佳场所还是基韦斯特的工作室，我希望今年秋末或冬初可以回那里待两三个礼拜，写一个新剧本的二稿。

1959年，《俄耳甫斯降临》一剧的失败令我遭受惨痛挫折，这部戏是我第一部在纽约签下合约的戏《天使之战》的嫡生后代。

唉，不仅《俄耳甫斯》的剧本雕琢得过于刻意，而且哈罗德·克勒曼导得不够好，虽说他是个可爱的人，也是出色的剧评家。

瓦尔的选角致命错误，找了个模样活像黑手党头目的年轻人来演，根本不适合瓦尔一角。在费城我不愿亲自解雇他，对克勒曼说得由他来做这件事，他照办了，那可怜的孩子眼泪汪汪地跑来我华威酒店的套房，他没有冲我发火，只是表达了对这部戏的热爱——嗯，我是个很有同情心的聆听者，也深受感动，但我立场坚定。“你只是不适合它，亲爱的。你前途无量，但这个角色选错了。”

他始终没对我生气，即便已经明了我向来寸步不让，更何况是在《俄耳甫斯》男主角的合适人选这种事情上。

于是克利夫·罗伯逊加入了该剧，我记得他的第一次午场演出，那是《俄耳甫斯》最好的一次表演，也记得戏剧界的谦谦君子罗伯特·怀特黑德在费城这次出色的午场演出时跑来找我，在我靠走道的座位边俯身，激动地呼喊："噢，这就对了，这就对了，感谢上帝，就是这样！"

唉，可惜鲍勃[1]·怀特黑德大错特错了。这个戏根本不对，除了那次午场之外。

这部戏过犹不及，对莫林和克勒曼的要求也过分了。

不过评论家们本可以注意到那一段段澎湃有力的台词，给这部戏一个机会。他们没有这么做。鉴于剧评不佳，这部戏撑了两三个月已属成绩斐然。作为保留剧目，它在俄国演了七年之久，如果说这有什么意义的话。我想还是有的。

在纽约，他们激烈地贬低这部戏，激烈到使我大受打击，把我送到了劳伦斯·库比医生那里——这也是一种选角不当，因为他误用严格的弗洛伊德精神分析法。他讲授了许多关于我本性的分析，却没有提供任何解决办法，除了叫我和梅洛分手，很显然这完全不在考虑范围，我的生命是围绕他而存在的。

为什么在五十年代末、六十年代初，剧评家们如此凶猛地攻击我？我猜那是个阴谋，他们想消消我的气焰。

而我的气势是怎样的呢？我相信，是一个始终倾尽所有，以非凡的激情投入工作的艺术家该有的气势。

---

[1] 鲍勃（Bob），"罗伯特"（Robert）的爱称。

请别介意我露出了一点自大狂的迹象。事实是……自大狂不也几乎是所有创造性工作的先决条件吗？我没发现有什么特例……

而透过这种自大，艺术家感受到“张开双臂拥抱全世界”的伟大渴望。当然，这句话本身也透露出自大狂的口气。

真相是我们希望在“这本东西”里捕捉到的东西，通过我的人生故事来追寻，比通过记述我的职业生涯去捕获更易接近真实。天啊，职业，于我而言没有职业一说，我只是拼命“做我的事”，竭尽全力做到最好。

那晚，卡赞制作的《可爱的青春小鸟》首次举行剧本试读，从种种惯常的迹象来看，这将是一次重大演出：谢里尔·克劳福德出品，保罗·纽曼和杰拉尔丁·佩奇主演；马德琳·舍伍德、里普·托恩和已故的悉尼·布莱克默等一流演员担任配角，我们还预订了宏伟的马丁·贝克剧院。该剧还可能签下一个处于准备期的重要电影合约。

试读开始了。

大约进行到一半时，我从椅子上跳了起来，大喊道：“停下，停下！不能继续了，这太糟了！”

一阵寂静笼罩了排练厅，我失魂落魄地迈出大厅，走进时代广场。我回到家，喝了酒，吞了一颗药，让自己不省人事。电话就算响过，我也没听见。“小马”不在公寓，他静静地去做那些年轻时曾历尽风雨的骏马们会做的神秘之事了……

没过多久，夜幕降临。此时传来一阵剧烈的敲门声——那种敲门方式像是在说，以法律的名义请你开门！

我打开门，门外站着莫莉·卡赞和加吉·卡赞夫妇，他们愉快亲切地笑着，仿佛没有不寻常的事情发生。

我记得那时圣诞将近，屋角的圣诞树亮着灯，他们俩在树边惬意地坐了下来。

此刻我在客人面前为自己的行为羞愧难当，但是这部戏不该继续的念头并未改变。

加吉和莫莉像对受伤的动物或生病的孩子讲话一样对我讲话。我坚定的决心逐渐瓦解——我爱他们。我决定信任他们。

然而隔天排演时，卡赞头一回不要我坐紧邻他的座位。他身边坐的是一个年轻作家，我疑神疑鬼地觉得他们带这人来是要改写我的作品。我阴郁地在后排靠墙坐着：剧本试读冗长而毫无生气，听在我耳中，也没有比前一天初次试读像样多少。但是我默不作声。午休时他们介绍我认识这位年轻作家。看起来他是演员工作室派来当这出戏的"听众"的，我这才放下心来，晓得他不会碰我的剧本，虽然这剧本可能也不怎么样。不过我还是嫉妒他与加吉亲近。

随着排演进行，我渐渐将他抛到脑后，我也坐回白老爹卡赞身边属于我的位子了。

把这件趣事穿插进来，只是为了再一次展示我精神上的紧张、惊惧以及我滑向身前那不断延展的骇人地缝的漫长过程。甚至早在那时，便已然如此。

此刻我想到，我漏写了自己颇负盛名的一次"戏剧冒险"——以《花园区》为名称制作的两部短剧。第一部是独幕悲喜剧《未言明之事》（*Something Unspoken*）；第二部是更重要的作品《夏日痴魂》。我记得这是在《俄耳甫斯降临》彻底失败，我继而接受了一阵精神分析治疗之后，所推出的第一部戏。制作这出戏前的那个夏天，我去南安普敦旅行，才华出众、为人有趣的导演赫伯特·马基兹碰巧也在那里度假。我当时正尝试性地写着《夏日痴魂》。一天晚上，我把剧本拿给马基兹看，他立刻被吸引住了。他旋即说动约翰·C. 威尔逊加入，着手制作这部戏。至于主角凯瑟琳·霍利，他突发奇想，提议由安妮·米查姆来演。

马基兹或许不算大师级导演，但他推动事情的进展时可是非常活跃的，他有一股冲劲，还有艺术经纪人约翰·迈尔斯在旁大力支持。

工作如火如荼地进行着。我们租到了最早建立的重要的外百老汇剧院之一——位于上东区的约克剧院，首要的主角人选安妮·米查姆确定后，我们又邀得才华横溢的霍滕斯·奥尔登（詹姆斯·托·法雷尔的前妻）在两部剧中担任配角，这两部戏的背景都是新奥尔良的花园区，连在一起演出似乎也并无不妥。

首演之夜成效喜人。米查姆小姐饿虎扑食般投入角色，霍滕斯·奥尔登完美演绎了维纳布尔夫人，饰演年轻医生的罗伯特·兰辛则迷人又气魄十足。

当晚的戏伴随着热烈掌声落幕。观众散场后，台下还有一小群人留在前排，惊叹不已，伊利亚·卡赞也在其中。

那段时间我有个陋习，为稳定精神，在首演之夜我会用几杯烈酒吞服一颗巴比妥镇静药。

因此我才有勇气走到卡赞夫妇和他们的同伴面前，叫喊道："我说，你们觉得戏怎么样？"

他们的反应暧昧不明，不过他们还是陪我和弗朗基回公寓，看我们焦急等待剧评出炉。一如往常，电视评论首先播出，也如常言辞轻蔑。我也像在以往的首演之夜一样突然歇斯底里。记得当时我说:“要是戏剧界不需要我，我也不需要它！”还有许多因走投无路而说的负气的疯话。

随后《纽约时报》和《芝加哥论坛报》的剧评同时传来，都是一番盛赞。

既然在谈《花园区》，我该提一提奥利芙·迪林后来接替安妮·米查姆来演凯瑟琳。奥利芙把戏带到了西岸，评论很好，对可爱的小奥利芙更是佳评如潮。还要说一下我英年早逝的朋友黛安娜·巴里莫尔，她在芝加哥出演该剧，获得了极大的个人成功，与她搭戏饰演维纳布尔夫人的是凯瑟琳·内斯比特。

《夏日痴魂》中有些段落或许是我写过最好的文字了。

过了一阵子，在迈阿密，我坐在罗伯特克莱酒店泳池边的凉棚外面，接到电影制片人萨姆·施皮格尔打来的长途电话。生平第一次，我自己谈成了一份电影合约。

萨姆问我希望以什么价格售出《夏》剧电影版权。我说:“五万元再加百分之二十分红如何？”

萨姆说:“成交。”于是合约成交，分红之高与电影质量之差不相上下——这是预料中的事。

电影的变化真是巨大——往好的方向变化。电影在真实性、开创性及技术方面都胜过舞台剧，虽然电影公司巨头都与他们的明星制一起衰落了。也可能正因明星制而衰落?

传统演技与方法派演技差异很大，一次我荣幸至极，在巴黎观赏了《可爱的青春小鸟》中埃德维热·弗耶尔的表演，得以目睹此种差异。巴黎演出不过是两三年前的事。弗耶尔是传统派演员，但她演技精湛，能够平稳自然地迅速从极尽夸张的传统表演风格，直接过渡到非常现代的自然对白。她的表演令人心悦诚服，也是我看过的表演中极其伟大的一场。这出戏本身在法国毁誉参半，但她成了顶梁柱，我记得巴黎演出之后，她又带着戏在法国巡演。弗朗索瓦丝·萨冈为法国观众改写了该剧，写得极好。她是我的密友；我们不常见面，但只要见了面，就要好得像是从未分开过。

黛安娜·巴里莫尔希望在英国主演《可爱的青春小鸟》中的公主。我觉得这角色不适合她演，我认为，黛安娜本人和公主一角太相像，反而演不好。她是玛丽昂·瓦卡罗的好友，我们三个曾一起下榻古巴国家酒店。在古巴，她没有喝酒，但吸了不少大麻。我记得她的装扮，小巧的红色骑士夹克、黑色丝绸裤子、熨烫挺括的白衬衫配黑色领结。这身穿着映衬她的黑发和明眸，很是妩媚动人。她非常可爱。

无论如何，我们安排她试读了《可爱的青春小鸟》剧本，很遗憾，我的猜测是对的。她的表演没有带来惊喜，我只好很坦白地告诉她："黛安娜，这根本不是你的角色。"我没料到她会那样难以接受。实际上，《可》剧后来也从未在英国上演。有时候我会想，是不是不该让她承受这件事，但我对自己的作品很自私，我不希望黛安娜演一个我认为不适合她的角色。我觉得一个作者必须这样保护自己。然而我告诉黛安娜这角色不应由她演，对这位可怜的姑娘产生了可怕的影响。她一心想演，也许是出于什么原因认同这个角色吧。假如我知道她如何充分认同角色、她想演的决心有多强烈，可能会尽量为她做些什么。但我并不知道，我南下基韦斯特去写别的作品了，大约一周后，黛安娜·巴里莫尔去世了。她走得十分离奇，在那之前她又开始酗酒，大麻也吸得很凶。一周的时间里，她的内心急剧崩溃。就好像她已不在乎生死。她的经纪人有天早晨发现她已经死了，说她的房间乱作一团，在她看来似乎发生过暴力。黛安娜赤身裸体，面部朝下俯卧，鲜血从口中流出，一只很沉的大理石烟灰缸摔碎在墙边，还有其他发生过挣扎与暴力的迹象。她的离奇死亡并未被报纸报道，是她经纪人在纽约的葬礼上悄悄告诉我的。我确信，无论黛安娜是否演出《可》剧，她迟早会做出一样的事来，因为她虽有才华却不足够，这使她长期受困，终至被毁。我觉得，巴里莫尔家族中了某种诅咒。不过，黛安娜是个很好的人，是位优秀的女性，我对她的遭遇深感不安。

我该尝试用我的戏剧还是我的人生博君一笑呢？姑且假设这两者有很大差别。我感觉重要的剧本都已谈及，虽然谈得可能像屠夫切肉一般毫无优美与细致可言！

但是除了这本回忆录，我几乎不曾说起我的散文作品，我写过大量散文，有一些比剧本更让我满意。

费·唐纳薇全心希望主演由我的短篇小说《黄色飞鸟》（The Yellow Bird）改编的电影。她有一张收录这篇小说的唱片，播放过两次给我听，这张唱片是我为凯德蒙唱片公司[1]录的，一直很畅销。

在我看来，我的许多短篇小说以及独幕剧，如果交到像唐纳薇小姐这样可爱的人手上，会为现代电影提供有趣而利润丰厚的素材。交给乔恩·沃伊特也可。或者交给杰克·克莱顿这样的大师

[1] 凯德蒙唱片公司，成立于1952年，美国第一家以出版有声书为主的唱片公司。

级电影导演，我认为他拍的《了不起的盖茨比》甚至超越了斯科特·菲茨杰拉德的原著。

但是时间不站在任何年过三十的人这一边，我已年逾花甲，能否活着看见这些改编犹未可知。

回到迪迈纳街的公寓，我感觉甜美舒适，还发现摩根-曼哈顿搬运公司颇费周折运来新奥尔良的家具终于到了，而且摆得很漂亮。我一贯多疑，原以为家具会全部堆在屋顶上。

太多已被我遗忘的物品重现了——我留在纽约公寓的东西全都在，并出乎意料地完好。胡桃木大书桌上放着那盏带绿色玻璃珠帘的黄铜台灯，很适宜凌晨三点我的这双年迈的眼睛。

我在新奥尔良只是短暂停留，仅待了两周时间，之后就要出发去威尼斯电影节疯狂朝圣，同机的有一些“时髦人物”，像是安迪·沃霍尔、乔·达里桑德罗、西尔维娅·迈尔斯和雷克斯·里德，当然还有为我安排此行的亲爱的比利·巴恩斯。可以回到威尼斯利多岛富丽堂皇的怡东酒店，真是太好了。我此行的主要目的是与愤怒又凶悍的圣贾斯特男爵夫人玛丽亚和解。我计划在利多岛待上一周，看些影片，与时髦人物交际一下，之后搭飞机南下罗马，再去陶尔米纳，在依然清澈凉爽的水中游个痛快，那里的游客多半都走了——当然，这计划也得看有没有旅伴。我一个人去不了。我主要还想有人开车载我绕着西西里海岸看看，寻找那梦中的小农场，好让我隐居在那里养羊养鹅，聊度余生。

我想九月末我一定会回国参与演出制作的。昨天格伦维尔和我将剧本好好讨论了一番；格伦维尔先是告诉我热纳维耶芙·比若尔德试读很糟糕，把我吓坏了，随后又说他藏了一个舞台经验丰富、票房号召力强大的优秀年轻男演员来演《双人剧》（即《呐喊》）。

啊，天啊。我的人生如同帽子挂在钩子上一样，全赖在这部戏上了。这似乎是我戏剧人生最后的目标了，其余的人生将去往意大利，以及被写进这本回忆录里。

10

我随自己的戏巡演最漫长最不堪的一次，是 1961 年《鬣蜥之夜》的那次长途跋涉。巡演在罗切斯特便起步不利，接着去了底特律和克利夫兰，后来又在芝加哥停留了过长的时间。

依我看来，那次巡演最精彩的部分要数那只黑色大比利时牧羊犬萨坦的陪伴。巡回途中，我告诉弗朗基我需要那只狗做伴，于是他从基韦斯特把它运了过来。

我满以为萨坦对我忠心耿耿，实则不然。它在底特律的布克－凯迪拉克酒店常常坐在我正对面，用那对可爱的黄色眼睛凝望我，时不时伸出舌头往我手上舔一下。我记得它这种持续的殷勤令我有点不知所措。

好家伙，这下我可惹上麻烦，一发不可收拾了。

一天上午，我完成工作后走进卧室，只见萨坦像警卫一般趴在弗朗基的床边。我跨过它要上弗朗基的床，它发出一声低沉而不悦的——实际上是不祥的低吼；但我依然爬上床，躺在了弗朗基身边。

那天夜里萨坦用他长长的尖牙攻击了我。

酒店的一个白痴医生当时正在我们的套房，他是来医治我长久不愈的伤风的，他和弗朗基在浴室讨论我的病情时，萨坦跳上我的床，朝我两只脚踝咬了下去，伤口深到骨头。眼看着它盯住我的喉咙，弗朗基冲过来把它拉走了。

我说：“弗朗基，把这畜生放回它的树林子里去。”

弗朗基说：“不，它死了更好。”那天早上，他把萨坦带到兽医那里，让它安乐死了。

那只狗是弗朗基在马尼亚尼建议之下在罗马买的，他很宠爱它，萨坦的死使弗朗基心里蒙上一层可怕的阴影，在那趟漫长的巡演途中始终挥之不去……

被狗咬伤大约一个礼拜之后，我发现自己的脚踝快要肿到和象腿一样粗了。演出坎坎坷坷，令我太操心，没注意到伤痛，后来连鞋子都穿不进去了，我这才拨了那个傻瓜医生的电话。他直到晚上才出现。

不过，他还有点智慧，识别出我这是葡萄球菌感染，两只脚踝都相当严重。诊断后，他就往一支给马打针的针筒里装进各种抗生素，在我的胳膊上打了一针。我几乎立刻感到身体不舒服。屋外黑漆漆的，正下着暴风雪，天寒地冻。但是我呼吸困难，于是踉踉跄跄地走到窗边，把窗户敞开透气。

“我的老天啊，你想得肺炎吗？”这位医疗界的顶梁柱问道。

“那也比马上窒息好啊。”我愤怒地回嘴。

医生后来叫了救护车，我等在窗口不停喘气。车到后，两名医护人员推着一辆轮椅冲进来，我被推进货梯，送到酒店后门，抬上一副担架，塞进那辆带鲜红色顶灯的幽灵般的白车。车子鸣着警笛向前疾驶，弗朗基神色凝重地坐在我身边，紧握我的手，这场面无论怎么看都像是出自热门医生题材电视剧。

一到医院，我被直接推进急诊病房，那是一个噩梦般的生死较量的竞技场，每个选手身居一间帆布帘围成的斗室，避开了其他选手挣扎的景象，却避不开较量时的呻吟。

抵抗抗生素过量的药物被注射进我的血管：过了三个小时，我才从休克中缓过神来，喘气也恢复成正常呼吸。

（死里逃生是一段激动人心的经历。特别奇怪的是，在坚持生存的激烈斗争面前，恐惧竟也黯然失色：这一定像极了角斗士在罗马斗兽场中殊死搏斗的感觉。）

医生准我转入普通病房后，我就被推进了楼上的一间病房。到了那儿，我才发现没带粉红色药丸。一名护士很不情愿地给了我半颗速可眠。我骂骂咧咧地对她说："我吃这么点儿睡不着，我一定得睡觉啊。"她耸了耸肩，怒气冲冲地离开了病房，她说刚出急诊的人是不能服一颗半速可眠的。好吧。房间里有一部电话，我打给酒店，接通了可怜的小弗朗基的电话。

他在急诊室熬夜陪我三小时才回去睡，我却说："老天爷啊，快起来，把我那瓶速可眠带来。"

我猜他太困了，分不清哪瓶是哪瓶，他不久后赶到医院，带来的是我当时在吃的一瓶利尿药。他把药瓶啪地一放，我还没来得及看清瓶子里装的是什么，他就夺门而出了。

跟各位说，当我看到药是错的，便下床穿好衣服，鞋子没穿因为脚踝套不进去，然后我走进医院走廊。走廊里又碰上了先前那位护士。

"威廉斯先生，"她说，"你在想什么呢？"

"没什么。"我说，"只想他妈的从这儿出去。"

"可是，威廉斯先生，医院不是旅馆，除非我们让你走，不然你不能退房的。”

“去他妈的，我就放我自己走，我只要你们给我在门口弄辆出租车。”

她还是试图阻拦我。我只好自己叫了出租车。车到后，我坐上去，径直返回布克-凯迪拉克酒店，现在那酒店好像叫喜来登什么的。

弗朗基早就对我的反复无常见怪不怪。他睁开惺忪的睡眼，在床上挪了挪身体，给我空出位置，为了完成这个比小说更古怪的故事，我上前和这个温柔宽容的西西里人做起爱来。

我的脚踝一直肿得厉害，在克利夫兰甚至在芝加哥久留期间，我都只能穿家用拖鞋去看排演。

就是在芝加哥，贝蒂·戴维斯说她不会再听弗兰克·科尔萨罗的指导了，还不准他来剧院。他后来没进剧院，但依然留在芝加哥；贝蒂说她能感觉到他在芝加哥流连，说必须马上送他回纽约，回到那该死的造出他来的演员工作室去。

于是查克·鲍登和我接任导演，不过科尔萨罗的名字留在了演职人员名单上。仍是在芝加哥，捉摸不定的贝蒂赢了对抗“方法派”的战斗后，为我们办了一次盛大的圣诞聚会，送给每人一份礼物。她带来一个可爱的高个子金发女孩，是她和某一任前夫的女儿。那是自童年以来我过得最愉快的一次圣诞。

戏剧界的谦谦君子是稀有物种。我可以为各位列出他们的名单吗？我是指在我的时代中我所认识的那些君子。

何塞·金特罗、伊利亚·卡赞、罗伯特·怀特黑德、乔[1]·罗西。

[1] 乔（Joe），“约瑟夫”（Joseph）的爱称。

还有，是的，大卫·梅里克，他总是容许我把注定要在百老汇惨败的剧本交给他，现在他正尝试制作我的新剧本《红鬼炮兵连的信号》(*Red Devil Battery Sign*)，我要看他如何对待这剧本以作评估。当然，还有已故的亲爱的塔卢拉。

我将她放在君子之列，并非贬损这位女士，而是因为她如君子一般毫不妥协且嗓音洪亮。

这张名单自然还可以延续……

此刻我脑中闪现一段回忆。

我想那是 1960 年的事了，弗朗基那时开始失去活力，情绪多变。我想当然地将此归咎于药物，未曾设想他可能生病。

但弗朗基知道自己身体不好，他从基韦斯特北上纽约做体检。也是在那段日子，由于他不大愿意与我过性生活，我和新奥尔良一个年轻的同性恋好上了，他人称“南部淫妇”，果然名不虚传。他是个年约二十二的英俊金发男孩，肤如凝脂，诱人的臀部极为招摇。

弗朗基体检回来时，我和“南部淫妇”正在基比斯坎一家豪华酒店里怡然度日。《鬣蜥之夜》第一版完整稿在附近的椰子林区上演。弗朗基不知从哪里得知我们的住处，出人意料地来了，当时“南部淫妇”正穿着一条深红色尼龙泳裤在泳池边晃悠，这扩大了事态。

弗朗基轻蔑地盯着他。“南部淫妇”觉得自己得我宠爱，相当安全，丝毫不在意弗朗基的鄙视。

不必说，弗朗基第二天就把我带回了基韦斯特的家园，我再也没见过那金发小子。然而我纵欲的行径还在继续。

《鬣蜥之夜》的早期版本为时两周的演出结束后，我邀请青年导演弗兰克·科尔萨罗来基韦斯特，他前一年夏天在斯波莱托执导了这部戏更早的版本，陪同他前来的是一个非常漂亮可人的孩子，在剧中饰演玛克辛的男宠之一。那孩子假装会开车，但一下子就露了馅。他根本不会开，车子从公路一边滑到另一边，虽然我没有驾照，也只好接手驾驶。

弗朗基本身也很喜欢这个孩子，我们在基韦斯特的头一晚，弗朗基都不想上楼睡觉。他坐在楼下沙发上抽烟，我也许不该怀疑他在伺机引诱那孩子从主卧室出来——这只是把我自己的欲望转嫁到他头上。

我胸中燃起妒火，跑上楼在床上生了一会儿闷气，又冲了下去，弗朗基还像个男性罗蕾莱[1]似的坐在那张沙发上。

“来睡觉。”我吼道，“我知道你想搞什么鬼！你不用担心今晚我会逼你做什么，我不会动你一根指头的。”

弗朗基耸耸肩，跟我上了楼，很快就打起呼来，我倒是直到天亮还睡不着。

“小马”和我的关系持续恶化，间或有暂时的和解。其实他从不曾拒绝我，可在他营造的那种气氛中，自视甚高的我常常难以示弱。

有一天下午，三个迈阿密的同性恋来到城里，下榻南海滩一家汽车旅馆。

我和他们不过点头之交，但作风不检的我跟他们一起从下午待到傍晚，现在想来，当时自己和那三人都有过亲密行为——在酒醉

[1] 罗蕾莱，德国莱茵河中游的一座礁石，因该处河段最深最窄，水流湍急，易发生事故。传说礁石上有女妖罗蕾莱，她以美妙歌声吸引过往水手，使他们遭遇船难。

放纵的状态下，整件事和跳过猪圈一样不值一提。

我回到邓肯街的时候，弗朗基已经做好了晚饭，也可能还在做。他的沉默是不祥之兆。我像国王般在院子的桌边坐下，等着他端饭过来。厨房门砰的一声打开了，只见一块肉糜糕从我面前掠过，只差几英寸就会砸中我的脑袋。接着飞来一碗豆煮玉米，仍未击中目标，随之而来的是色拉，就连咖啡壶也扔了过来。

我醉得厉害，没有被这些飞弹吓到。厨房门又砰地关上，弗朗基冲上汽车扬长而去，我从院子的瓷砖地上捡起肉糜糕，津津有味地吃了起来，仿佛那是用金盘子端来的。

那段日子里，弗朗基开始不明原因地精力减退、体重减轻。他再次去纽约体检，他不在家的时候，一位大约一年前我在丹吉尔认识的天才青年画家刚好从迈阿密打电话来，说他人在那里，我说："我一个人，过来基韦斯特吧。"

他当夜就来了，我们共度了几个纯洁安适的春日。那时候我对画画也很着迷，画得一点不好，只是将这当作写作外的消遣。丹吉尔的这位才华横溢的青年画家在院子一头作画，我在另一头。他为我画像——这幅绝佳的半抽象肖像至今仍挂在我基韦斯特家中的起居室里——我画的则是想象中一个穿着粉红色紧身裤、怀抱吉他的男孩。

一天晚上，我们依然这样画画，弗朗基最好的朋友顺道过来吃晚餐。餐后，我和这位英俊的青年画家进屋，其他人还留在院子里。我和这画家没有上过床，但那天晚上我们关掉起居室的灯，并排在长沙发上躺下，相拥长吻。

弗朗基的朋友猛然走进来，目击这一幕，毫不迟疑地给正在纽约医院体检的弗朗基打了电话。

弗朗基没知会一声就连忙飞回家来。

那天晚上，他不肯吃东西，也不怎么吭声。他坐在起居室一角，看起来像是用了药，一双大眼睛恶狠狠地瞪着我和那画家。我们在弗朗基凶悍的审视下尽力交谈。

后来场面失控了。

弗朗基像只丛林野猫一样跃过来，掐住画家的脖子，眼看画家快要被他勒死了——那天晚上，我才相当确定弗朗基已深度依赖药物。

我一把抓起电话报警，说家里出了危急事件。

弗朗基放开了手。不出几分钟，警察赶来了。

“梅洛先生很不对劲。”我对他们说，“我觉得今晚他最好去朋友家住。”

警察以他们职业中少见的体谅了解了情况。

基韦斯特所有的警察都喜欢弗朗基——可以说，这座岛上的全体居民都喜欢他。我常想，弗朗基可以竞选基韦斯特市长，而且会在选举中大获全胜。

警官们把弗朗基带去了他朋友家。他隔天早晨便回来了。

就在那天，我和弗朗基的关系真正破灭了。我没对他说一句话，收拾好工作室里所有的文稿，堆进汽车，随后和画家一起上了车。弗朗基默默坐在门廊里，坐在他身边的是我们忠诚的管家莱昂西亚，她也同样沉默。车子发动时，弗朗基从门廊跑了下来。

“你打算连手都不握就离开我吗？在一起十四年之后？”

我和他握了手。然后我和画家驱车离开。我把车开得歪七扭八，从跨海公路的一边斜到另一边，画家一语不发，惊恐地缩在车里。不过我们没有擦撞，安全抵达椰子林区。我们住进一家阴沉的汽车旅馆，晚上做爱做到筋疲力尽，倒头大睡。第二天我们到玛丽昂·瓦卡罗家午餐，我告诉她我和弗朗基分手了。

画家令我招架不住，他在性事上毫无节制，几天后，我告诉他他最好继续上路去旧金山，我付钱买下了他留在基韦斯特的那幅肖像，当作补贴他的旅费。然后我独自去了纽约东六十五街 134 号的公寓，在那里一个人住了一两个月。

大概就在这段日子里，我与一个英俊而有才华的青年诗人肆无忌惮地调起情来。他和一位比他年长许多的诗人同居。他们两人正走向决裂，因为那位年长的诗人几乎每晚都会喝酒，以此安抚他为岁月所蹂躏的虚荣心。喝酒的头一个钟头，他还是快活又温和的，接着会变得郁郁寡欢，再后来就像只被关在笼中的老狮子一般心有不甘，对着周围大骂一通。

那个才气过人的少年——我不能透露他的姓名——开始每周几天和我一起过夜。读到这里，各位也许已经发现，我很容易爱上别人，尤其当对方热情、积极，如“永恒的喜悦”[1]之时。

我很难严格按照时间顺序排列事件。我只能告诉各位，与诗人的这段恋情发生在《鬣蜥之夜》演出后，当然也在我和弗朗基在基韦斯特争吵之后。

我记得在一九六一年或六二年的春末，我和青年诗人飞往丹吉尔，在海滩上租了一间温馨的小房子。

那是一个异常艰难的夏天，对我和这位新伴侣来说皆是如此。先不说我和弗朗基分手引起了一些纷扰，也不提我住在迷人的白色小房子里，身边是美丽的诗人，除去这些，我的内心饱受折磨，其

[1] 引自英国诗人济慈的诗《美好的事物是永恒的喜悦》。

中最清楚的痛苦是我无力和人交谈。那年夏天丹吉尔有不少社交活动。我伴侣的美貌令我们成了让人中意的客人。但是在鸡尾酒会和晚宴上，我都默默坐着，极少开口。就算是和这个青年诗人，我也几乎不能交流，除了在床上。

他对此非常温和与体谅。我尤其记得一个下雨的长夜。

他对我说："雨是最纯净的水。"

我们打开卧室的百叶窗，把身子探出窗外，拿几只杯子接了雨水，然后用威士忌玷污了水。

那领受圣餐的时刻……

一天下午我和简·鲍尔斯单独在一起，我对贾妮[1]说："贾妮，我已经不会说话了。"

她对我闪现她独有的浅浅笑容，说道："田纳西，你从来都不是健谈的人啊。"

不知何故，也许是她的话让我笑了出来，而笑声永远都是种安慰，正如贾妮也永远是我的安慰，痛苦的告解所得到的答复使我暂时松了一口气。

（我在一首诗里描写过丹吉尔的那个夏天，诗名为《无言的夏天》，刊载于《安泰》杂志第一期。）

这个时期，我正在忧郁中创作《牛奶车不再在此停留》，所以此处穿插一段这个剧本的历史也算妥当，这部戏在舞台下比在台上更具戏剧性，它痛苦地反映了我作为一个人与一名艺术家的生命中愈发加深的阴影。

人们反反复复地说我的作品太个人化；我锲而不舍地反驳这种

---

[1] 贾妮（Janie），"简"（Jane）的爱称。

指责，坚称艺术家所有真挚的作品必定是个人化的，无论直接或间接，都必将反映创作者的情志，事实也证明是如此。

六二年春末，弗朗基来到曼哈顿；我害怕见他，正如 1947 年圣的几次暴力事件后我害怕见圣。我从中间人处听说弗朗基住在多佛尔酒店，他坚持要和我见一面。我请人传话回去说，只有奥德丽·伍德在场，我才会和他谈话。

这段分别的日子里，弗朗基持续在领薪水，他经济无虞，因为还拥有《热铁皮屋顶上的猫》、《玫瑰文身》及《国王大道》百分之十的分红。很奇怪，我不记得他的周薪是多少了：我猜大约 150 美元。而且直到此时，他才有“生活开支”。

在伍德小姐的陪同下，我们在六十五街的公寓会面。弗朗基举止完美：端庄，冷静，表现出对于我们失和的心痛和迷惑。伍德小姐则是一贯地沉着圆通。

她准备走的时候，我一定要弗朗基随她离开。我们“协商”好的事情也只是弗朗基继续领薪水，但分手已成定局。

奥德丽和弗朗基一起走了约十分钟后，弗朗基打电话给我说，有奥德丽在场，他讲话相当不便，他要回公寓和我私下谈谈。

“噢，不要。”我告诉他，“要是你觉得我们之间有必要再谈话，我和你在街角的酒吧见吧。”

在酒吧见面时，我保持着出奇坚决的态度。记得我对他说：“弗兰克，我想要把自己好的地方找回来。”

他沉默而善解人意地看着我。

我的话究竟是什么意思呢？他似乎知道，但我现在不确定了。

后来，他走了；我独自回到公寓。不久后，我便和那个年轻诗人——姑且称他为安琪儿——一起飞往丹吉尔了……

那年初秋我们回到曼哈顿，接到玛丽昂从椰子林区打来的电话。她说有很不好的消息要告诉我：她刚接到弗朗基的电话，他疑似罹患肺癌，正前来曼哈顿做手术。

他已经登上飞机，即将住进纪念医院，手术定在几天后。

我后来得知，弗朗基曾和他的好友丹·斯特拉普及其他几人坐在基韦斯特一家户外小餐馆里，突然间他伏到桌上，嘴里流出一股鲜血来。他去找他基韦斯特的医生，照了 X 光，发现肺部的阴影。

一阵悔恨袭上心头。

我不自知，在六十年代初的那段艰难岁月里，我和以往一样深深爱着弗朗基。是的，我的爱病了，但它一如既往地深。我在他手术前一天去纪念医院探望他；他处之泰然，换作是我，早就忧惧得发疯了吧。

纪念医院是纽约的肿瘤医院，我想，住院本身就说明着病情。

我有没有提过弗朗基烟瘾很大？他一天至少抽四包。

手术做完后，我再次看到“小马”是在恢复室，他几乎失去意识，勉强能轻声说出几个字来。

我坐在他“恢复”室的床边，紧握他的手，直到一位护理员通知我探病时间结束了。之后我每天都去看他，直到他出院。

有一天——就在他出院前，也可能在手术后不久——我打电话给他的医生，他们告诉我，弗朗基的肺癌已无法手术治疗。肿瘤紧贴心脏右侧，且情况太过恶化，手术不会有效。所以他们又缝合起开刀伤口，仅此而已。

“他还有多久？”我问。

答案是六个月。

我挂上电话，大哭起来。当时我身边还有人，我想是那个年轻诗人安琪儿吧，他努力安慰我。

弗朗基一出院就直接回基韦斯特去了——独自一人。他住进一个作家朋友名下的一栋小房子里，我曾怀疑（或许是误会）他们两人有秘密情事。

那是一栋虽小却宜人的木结构屋子。

我随即跟他去了那里。

弗朗基浑然不知自己并未接受有效的手术，头一两个月里，他方方面面都表现出自认恢复得不错。我记得他在基韦斯特当地一家夜总会里大跳林迪舞，也记得跳到末了他快要虚脱倒地。

我为他贝克路的房子添置了一台电视机。我们的狗吉吉和他在一起，他俩形影不离。后来他又喜欢上我在纽约买的一只小猴子，那是只坏脾气又神经兮兮的怪物，我恰当地给他取名为“怪物”。我不知道为什么这家伙如此吸引弗朗基。我倒是没那么着迷。

有一天我把装着“怪物”的笼子带去给弗朗基。我说：“养它一阵子，你就会对它失去兴趣的。”

不过我觉得自己还是喜欢它，毕竟我从没遇过不喜欢的动物……

那天入夜时分，弗朗基打电话给我，声音几乎歇斯底里。他把怪物放出笼子，结果不见了。

我们整晚疯狂寻找怪物的踪影。两三小时后我放弃了，而“小马”坚持不懈。我记得临近午夜或在次日凌晨，弗朗基打来电话。

他的声音又是歇斯底里的。

“找到了，找到了！”他大喊。

“什么？”

“它从床底下爬出来了，我们唯一没找的地方，他从头到尾都躲在那里。”

接着他哭了起来……

几周后，我请弗朗基搬回邓肯街的房子。我起先怕他拒绝，因为安琪儿仍和我住在一起，但他没有提出异议。

他搬进我们以前在楼上的卧室，我和安琪儿住楼下那间。

我看得出来他的身体开始加速衰退，也看出他竭力自欺欺人。他依然拼命地掩饰。

弗朗基的作家朋友对我说：“我不知道他是真以为肿瘤被切除了，还是为我们编造了最大的谎言！”

医生们给弗朗基的六个月寿命已尽，他活过了大限，日益虚弱，强烈的自尊却丝毫没有退让。他似乎很不耐烦我那年春天在基韦斯特久留，我一直待到了五月中旬。这倒不是因为他怨恨安琪儿——那诗人待他很是殷勤；但他几乎当安琪儿不存在，这在当时很接近真实情形——我是指在我心里。

弗朗基不想被人看见他的衰弱，尤其是像我这样亲近的人。因此在五月中旬，我和安琪儿飞往北部，在楠塔基特租下一座房子。一安顿下来，我便打电话给弗朗基，恳求他来和我们共度夏季。

没想到，他答应了。

我赶去大陆接他，那是吃尽苦头的一夜。海上反常刮起凛冽狂风，我们错过了驶往楠塔基特的渡船。我租了一条小船带我们过海——弗朗基、吉吉和我。寒风越发冰冷。弗朗基紧抱住吉吉，腰杆挺直默默坐着，度过了这趟看似没有尽头的航行。

我们立马就看出来，搬到楠塔基特行不通。弗朗基和我一样不喜欢这座小巧的木屋，但他除三餐外不愿走出屋子，吃饭也只吃几口。我记得我们顶多忍耐了一个礼拜。然后他就回曼哈顿去了，自那时起，弗朗基便频繁往返于东六十五街公寓和纪念医院之间。肿瘤不断地从一个器官迅速扩散到另一个器官。他几乎什么都不吃了，体重掉到了一百磅以下。

有一次我带他去纪念医院作钴治疗，这种恐怖的疗法已把他的胸部烧黑，他的医生说："我们能做的，只是看看接下来会扩散到哪里。"

我让安琪儿回基韦斯特，我和弗朗基单独留在公寓。他住卧室，我睡窄小书房的长沙发。

每天夜晚——回想起来尤其痛苦——我都听见他旋上门闩的声音。可怜的孩子，他是否认为我还企图跟他进去，再利用他骨瘦如柴的身躯得到性愉悦？那似乎不可想象。那么，他为什么锁门呢？

我认为这是他无意识的行为：或许他觉得自己锁在门外的，是死亡。

我一般睡得很浅，晚上时不时被墙外传来的阵阵猛烈咳嗽声吵醒，却不敢叫他。

今天可能是我职业生涯重大的日子——热纳维耶芙·比若尔德昨天来到纽约，向比尔·巴恩斯和彼得·格伦维尔表示愿意担任《呐喊》的女主角——今晚她飞回蒙特利尔了，比尔会打电话给她作最终确认。

我今天在比尔的公寓见她，看到的是一个不可思议完美的克莱尔。我们碰面时，我惊叹道："你很美，而且有点疯狂！"

她没说出口的回答当然很可能是："你很丑，还完全是个疯子。"

哪怕是这样……

后来，我取回自己漂亮的新西装，做出了迄今最好的一次表演——一句台词都没忘。散场后我带坎迪·达琳去萨尔迪餐厅。她走进餐厅自然引起一片窃窃私语。我们被领到上佳的座位，不多久，那位令人感动的青年作家纳尔逊·莱昂和一位美丽的出版商小姐过来与我们同坐。我对莱昂说："你在事业的开端，而我正要结束它。"我指的是结束自己的事业，不是他的——说明一下。我们将两位女士分别送回家，坎迪住在基督教科学会隔壁，出版商小姐住在东六十几或七十几街的一幢大楼里。随后我带莱昂去我的维多利亚套房睡前小酌，他陪着我，直到我吞下耐波他安眠药。他很英俊，不过我举手投足极其克制。

弗朗基在世时最后的那些往事回忆起来叫我难过。但它们相当值得纪念，会让人惊叹于他的精神力量和从未折损的自尊。

斯特拉普从基韦斯特赶来，弗朗基的另一位好友阿尔·斯隆白天也几乎一刻不离地待在我们身边。疾病此刻正穷凶极恶地摧残弗兰克。斯特拉普一直建议弗朗基立下遗嘱——弗朗基不理会这个有些不近人情的建议，继续倔强地维持他飘摇的生命。每天临近中午，他和吉吉会走出主卧室，并排坐在面对电视的双人沙发上，他们的脸同样坚毅，眼中饱含几乎一模一样的神色。

我记得他们一坐差不多就是一整天，吉吉偶尔会跑去我们的小阳台方便。

突然有一天，他最后一趟去纪念医院。他要穿衣出门时，我走进卧室想帮忙，但他不接受任何帮助。他脱下睡袍。他的身体，往昔是个小小大力士的样子，如今变得更像是麻雀的骨架了。

他进入纪念医院的大厅时，因为太过虚弱，走不到病房，头一回接受坐轮椅。他们将他安排在一间病房，我认为很糟糕，里面所有的病人都经历过脑瘤手术。光是看着他们便让人恐惧。我恳求他不要住那病房，换一间单人房。他厉声说道："现在我对这根本无所谓了，我觉得很喜欢和他们在一起。"

因为他出入纪念医院相当频繁，我没有意识到这次是最后一次。

当时碰巧《牛奶车》的第二版也在弗吉尼亚州阿宾登的巴特剧院首演——唐纳德·马登出色地饰演了克里斯托弗，克莱尔·卢斯很端庄，但演戈福思稍嫌不足。这出戏由阿德里安·霍尔导演，由博比·索尔设计布景。

奥德丽·伍德飞来看首演。观众的反应是个谜，或许我该说他们无动于衷。

隔天我接到阿尔·斯隆一通电话，说弗朗基的状况明显恶化，他描述病情给我听。我说："他礼拜四就会走了。我马上飞回去。"我不等巴特剧院演出的剧评出来便飞了回去。第二天早上我去纪念医院看望弗朗基。他此时正依靠床边的氧气瓶呼吸。我那天留在医院守夜，那是令我极度沮丧的一夜。他不愿在病床上待个一两分钟，不断蹒跚下床，在椅子上坐几分钟，再蹒跚回床。

"弗朗基，你要静躺着。"

"我今天觉得坐立不安。探病的人让我累坏了。"

"弗朗基，你想要我现在离开吗？"

"不用。我习惯你了。"

我守夜的那天，他已转入一间单人病房——他无疑将之视作搬去等死的所在。

有些事我无法原谅纪念医院。他们将弗兰克换进单人间后，过了约半小时才拿来氧气瓶；那漫无止境的半小时里，他一直像条咬钩的鱼那样喘息。

氧气瓶送到后，他说完“我习惯你了”，便翻身背对我。习惯一说难以解释为承认爱我，但除了透过长途电话，爱是弗朗基从未能向我表白的东西。

他静静地侧卧在那里。我觉得他睡着了。我又待了一阵子，然后悄悄离开了。

回家途中我心想，这太过分了。我跑去我的医生威廉·冯·施泰因先生的诊所，歇斯底里地对他讲述弗朗基在纪念医院最后的日子里所经历的梦魇。冯·施泰因给我注射了一针镇静剂，他说：“我会打电话给弗兰克的医生。”

那天夜里我疯跑出去，换了种方式发作歇斯底里。我和一群朋友在同性恋酒吧喝得烂醉，当晚十一点左右才回家。刚到家电话就响了。是弗朗基最忠实的朋友打来的。他告诉我弗朗基走了。他的言语满含同情。

“田纳西，我们失去他了。短短几分钟的事。护士给他打了一针，他倒抽一口气坐了起来，又倒在枕头上，值班医生还没赶到，他就走了。”

我的第一反应如今很难剖析。我认为那一定是觉得解脱，他和我的折磨终结了。

他的，是终结了。我的，并没有。

我正要迈入人生一段惨淡的时日。这段日子慢慢展开。

只要弗兰克健康，我就快乐。他有创造生活的天赋，当他的生命止步，我无力为自己创造生活。于是我走进七年之久的抑郁中。

弗朗基在新泽西的家人都来到弗兰克·坎贝尔殡仪馆。弗朗基躺在棺柩里。他的姐姐安娜是个好人，她对我说：“去摸摸他的手吧。”

我心怀恐惧地照做了。他的模样安详、肃穆而庄严。但触摸他胸前那冰冷死寂的手，却令我惶恐。

我们举行了两场葬礼，一场由他的家人安排在天主教堂，另一场在坎贝尔殡仪馆。我邀请了弗朗基在戏剧界所有的友人参加坎贝尔殡仪馆的葬礼，我的堂弟西德尼·拉尼尔牧师主持仪式，三年前他也曾主持黛安娜·巴里莫尔的葬礼。

天主教堂的葬礼先举行，理当如此，那是一场美丽的仪式、一次高洁的追思弥撒。

之后弗朗基的遗体运回弗兰克·坎贝尔殡仪馆，举行第二次葬礼。宽敞的殡仪馆坐满了人。仪式开始前，我请他们将弗朗基抬进另一具棺木，我不喜欢原来那具粉红色的衬里，也不喜欢浅色的木头。他被移进另一具棺木，美观许多，衬里是纯白色缎子。

葬礼后，我无力走去墓地，在卡赞及其夫人莫莉的陪同下回到公寓。我硬装出一副没事的样子，也注意到他们俩互换眼色。他们知道我失去了生命的支柱。

《牛奶车不再在此停留》（有趣却冗长的剧名）的第一版由我的一篇短篇小说发展而来，相信也是我写得最好的小说之一，名为“带在路上”（Man Bring This Up Road）。有一年金色的夏日，我在意大利神圣海岸波西塔诺的米拉马雷酒店写下这篇小说。我和玛丽亚都在那里，我们本该为卢奇诺·维斯孔蒂的电影《战地佳人》（*Senso*）工作的。

我总是难以专心于被委任的写作，《战地佳人》的工作尤其如此，因为我认为法利·格兰杰不是有趣的演员。此外，写这个电影脚本没有酬金也让我提不起兴致。其实我对脚本的绵薄贡献仅出于对维斯孔蒂的欣赏，并以之感谢他在制作过程中给我亲爱的朋友玛丽亚一份急需的工作。

回国后，一天早晨我重拾这篇小说，它在我脑中自己形成了一部较长的短剧，我照样写出来，它也照样登上了第二年夏季斯波莱托"两个世界"艺术节的舞台。在这初次演出中，最引人注目的是饰演弗洛拉·戈福思的赫敏·巴德雷的表演。我们盛大的首演之夜座无虚席。安娜·马尼亚尼从罗马开车来观演，和我坐在一个包厢里。她凝视巴德雷，连连称奇。

"Come magnifica！"[1]她不断低声赞叹，我知道她说的是主演，而非剧本。

安娜对表演才能的评判精准而严苛，她在赫敏·巴德雷身上看出娴熟程度接近她本人的演技，而她并不嫉妒，换作较狭隘的女人可能会嫉妒，她只由衷感到欣喜。演出结束后，她对巴德雷小姐致以问候和祝贺，这很符合安娜的一贯风格，完全发自内心。

这部戏本身并未给人留下深刻印象，那年夏天在斯波莱托后来只接到一场邀请。当然我始终对斯波莱托一年一度的艺术节的严肃性抱持些许怀疑；那些艺术节在我看来，主要是音乐大师吉安·卡洛·梅诺蒂与其友人托马斯·席佩斯的个人之旅。艺术节的重点永远是梅诺蒂的大型生日宴会。这迷人的小镇四处举行绚丽烟火表演，表演高潮处，梅诺蒂和席佩斯打着白色领结盛装出现，乘坐一

[1] 意大利语，意指"真是绝妙"。

辆崭新的大敞篷车——凯迪拉克或劳斯莱斯牌的——巡游于人头攒动的大街小巷……

倒也没什么。这是他的爱好，我认为自己不应指摘别人的爱好，或个人之旅，或者他身在其中的幻想世界。有比幻想世界更坏的居所。实际上，我怀疑幻想世界是否是可供艺术家居住的唯一世界。

那年秋季，罗杰·史蒂文斯决定在百老汇推出《牛奶车》。一开始，他想找塔卢拉·班克黑德演戈福思。但我看过赫敏·巴德雷的表演，所以坚定反对威风凛凛的史蒂文斯，坚持保留赫敏·巴德雷做主角。瞧，当年我尚有一些影响力……

在斯波莱托创造了克里斯·弗兰德斯一角的保罗·罗布林也依然在百老汇出演，定角后制作过程便开始了。

纽黑文的首演夜反响极糟。赫敏一如既往表现精彩，但这部戏很不合观众口味。

首演后，他们安排了一个类似演员休息室的房间，演职人员在那里会谈，但房间里渐渐进入一些与制作全然无关的人，于是我又火冒三丈了。

“他妈的你们这些看热闹的人挤进来干吗？拿着你们的酒出去，我们的戏有问题，我们必须得私下讨论。”

《牛奶车》波士顿首演获得的反应最好，虽然第一场戏出了些好笑的意外。赫敏几乎刚一出场，头上的红色假发就掉了下来，但她看起来无视这个小岔子。她打扫她用来口述回忆录的书桌时摸到了那顶假发，便一把抓起来——却戴反了，观众哄堂大笑。这像是“姐姐”戈福思的自然之举。就我记忆所及——这像是水门事件共谋者会说的话——剧评褒贬不一，但是这种不一挺有趣的，当然波士顿最资深的剧评家埃利奥特·诺顿认为这是一部探索性的重要舞台作品，也被巴德雷小姐深深打动，每个有幸观赏她表演的人都有同感。

我们在波士顿威尔伯剧院票房不错。很高兴回到那家舒适的丽思卡尔顿酒店，房间有壁炉，还能俯瞰冬日里雪白的波士顿公园。

然而之后我们到了费城，开始遭受冷遇。

剧评仍是褒贬不一，但不太有趣，票房也不怎么好。

不过，费城那次演出令我记忆最深的是罗布林夫人为全体演员设下的宴会。罗布林母子、巴德雷，当然还有导演赫伯特·马基兹坐房间中央一张布置得很喜庆的桌子，至于我呢，则被派到一张远离他们的小桌——双人桌大小。

我受到这种侮辱，越想越气，随后便站起来报复。我怒气冲冲地迈向中央那张将我排斥在外的喜庆餐桌，径直走到坐在主位的罗布林夫人面前，亲吻了她的手背。就我记忆所及，我说了这句话：

“您为演员们办了一场愉快的宴会，非常感谢，但我相信您一定理解为什么我现在就得走！”

说完我就朝电梯间走去，那个和善又有才华的年轻演员保罗·罗布林从主桌起身，跟上我，试图挽留。

我已气得有点疯疯癫癫，我记得当时脱口而出的言论，那是在常常引我堕入傲慢的一生中，我讲过的最为傲慢的话。

现在努力回想，我是这么对亲爱的保罗说的：“参加一个为我写的戏举办的宴会，却被赶到主桌旁边去，我是没法欣然承受这种侮辱的。这全是赫伯特·马基兹对我耍的不可告人的伎俩，我很惊讶你和你母亲竟纵容这事情发生。”

这时候电梯升到了宴会厅楼层。保罗竭力阻拦我进电梯，但愤怒使我生出一股蛮力，我推开他，踏进电梯，狠狠地揿了向下的按钮。

这部戏到纽约时，正逢当地报纸罢工，因此我们的剧评未能登报，但复印的评论散布开来，它们对赫敏赞誉有加，对剧本却有些冷漠。

第二天我走进罗杰·史蒂文斯的办公室，对他说："这个女人是自洛蕾特·泰勒主演《玻璃动物园》以来，在我的戏里受到评价最高的。我觉得要是你善加利用她的好评，这戏就能长期卖座。你意下如何？"

他的意见是消极的。

我很喜欢罗杰，但觉得他令我失望，听他闪烁其词了一会儿，我说："我懂你意思了，再见！"接着就大步离开了。

如果写一部戏，其中有个像《牛奶车不再在此停留》里弗洛拉·戈福思这般强有力的女性角色，便很可能一再引人瞩目，因为某个年纪的女星很难找到为她们的演技、个性和公众形象量身定做的戏。而称《牛奶车》为量身定做的戏，又对它不太公平。在这个剧本中——实际上只有由此改编的《富贵浮云》电影脚本算作成功——我着了魔般想要表达些什么。这是一部事与愿违的作品。很遗憾塔卢拉没有在大约五年前演这部戏，可当时该剧尚未诞生。等剧本终于被交到她手里，实在为时已晚。塔卢拉不再有体力完成演出，她在酒精和药物里陷得太深，讲起台词来连戏院前排都很难听清。

这部戏的制作来得很突然。英国导演托尼·理查德森拿到剧本，有一天打电话给我，用令人十分惶恐的溢美之词对修改后的版本大肆夸赞。

（我不知道为什么导演和制作人觉得他们必须以这种方式哄骗剧作家，明明只需要说：“我喜欢剧本，想做这部戏。”）

理查德森在当时炙手可热，制作必定由他主导，塔卢拉保留了她的叛逆精神却已丧失抗争的体力，我自己多少也一样。理查德森不想选塔卢拉来演，制作人和我执意要她。我们商量了一个怪异的折中方案，我和塔卢拉为此很不高兴。他们对我说：“田，我接受塔卢拉演戈福思，只要你能接受泰布·亨特来演克里斯·弗兰德斯。”我不愿接受这提议，因为在泰布身上，我看不出这个角色所要求的捉摸不定的神秘气质。托尼对我说：“我在道义上欠泰布·亨特一份人情，让他来演克里斯也算还了人情。”这“道义上的人情”是什么，我只能臆测，也只有让诸君同样不确定了。

（塔卢拉曾被人问起泰布是不是同性恋，她机智地答道：“我怎会知道，亲爱的，我又没和他干过。”）就他过往的表演而论，我得说他在《牛奶车》里的演出已达巅峰，他表现了超过我预期的才华，但在他的表演中，暧昧的神秘感不及他持续展示肌肤与体格的才华来得明显。在我身边时，他总是平易近人，但他和塔卢拉一点也合不来。这出人意料，因为塔卢拉通常很喜欢她的男性同事。

鲁本·特尔－阿鲁图尼安为这部戏设计的布景很糟，缺乏地中海风情，突显了他对简朴奇异风格的偏好。我因为弗朗基离世深感忧郁。塔卢拉在舞台上喝酒吞药都是假戏真做。这次制作艰难地巡演了几个城市，鲜受好评，只有塔卢拉个人的狂热戏迷支持该剧。到达巴尔的摩时，理查德森突然弃我们而去。他得飞回伦敦设法挽救与凡妮莎·蕾格烈芙陷入困境的婚姻。

理查德森有许多让我喜欢的地方，也有不少令我叹惜的地方。他有一位女助理，在排演休息时频繁冲到后台拿饮料给他，当然绝不是水。虽然他事前吹捧该剧，却奇怪地漠视巡演的式微。一次我直言对某事的烦恼，他却对我说：“我觉得你没疯，只是慢性的（或天生的）歇斯底里。”

（他说这话的时候我确实如此，也可能我一直以来都是这样。）

他为人温厚又有天赋，但缺少责任感。

制作人大卫·梅里克来到我们巴尔的摩巡演的最后一站，出于礼貌问我是否希望将该剧搬上百老汇舞台。我回答说：“我认为如果收掉这部戏，会害死塔卢拉的。”于是我们行动起来。来看第一场预演的几乎全是塔卢拉的同性恋拥趸，他们为她鼓掌欢呼。梅里克对我说道：“假如我们每晚都有这样的观众，这部戏会造成轰动的。”然而在首演之夜，观众并不买账，剧评家也纷纷打击该剧。

尽管如此，我们仍售出了它的电影版权。复杂的电影制作会议是在英国进行的。活跃的莱斯特·珀斯基[1]热情投身这一计划。我们邀请肖恩·康纳利出演克里斯一角，他可以演得很好，但他婉言谢绝了。然后请约瑟夫·罗西接任导演，可谓绝佳人选。罗西是大师级导演。后来我们犯了一个可怕的错误。珀斯基将电影的男女主角交到波顿夫妇手上。他对我说，如果我投资三万美元，他可以邀来他们，他们会为我赚上百万。结果根本不如其所愿。这部名为《富贵浮云》的电影在撒丁岛拍摄。导演、剧本和布景都很出色，但迪克演克里斯稍嫌年长，利兹演戈福思又太年轻。

另一个令观众反应不佳的因素，是它无疑抨击了由美国人戈福思所代表的帝国主义。戈福思的个人标志是一只金色狮鹫，她犯下

---

[1] 莱斯特·珀斯基（1925—2001），美国影视及舞台剧制作人。

谋杀罪却逍遥法外，因为她独占这个岛及其全体居民。

尽管选角错误，我仍觉得《富贵浮云》在艺术上是成功的，终会获得赞誉。

历史走向巴比伦的倾倒，一次又一次，如山洪冲入大海一般势不可当。

我叙述《牛奶车》由塔卢拉主演的第四次制作（第一次在斯波莱托，第三次在弗吉尼亚州的巴特剧院），是以有些不切实际的言论开场的，我说一部戏若有个像弗洛拉·戈福思这般强有力的女性角色，便很可能“一再引人瞩目”。回头想想，恐怕这种讲法有待商榷。《牛奶车》也曾在伦敦皇家宫廷剧院（全世界我最爱的英语剧院之一）制作，看似情况顺利。鲁思·戈登演戈福思一角，唐纳德·马登饰克里斯托弗·弗兰德斯。但是在排演第一周，这次制作便化为泡影。我不在场，无法将出岔子的事一五一十地告诉各位，我听戏里一位演员说，才华横溢的戈登小姐与同样才华横溢的马登先生彼此看不顺眼。听说马登先生念台词时，戈登小姐打断排演，质问他：“这句话你打算这样说吗？”这自然难为了唐纳德的爱尔兰人天性。

这事对亲爱的导演乔治·迪瓦恩而言，显然不止难为这么简单，他冠心病发作，演出便无限期搁置了。

希望我没有暗示这部戏本身有什么阴森、多难的特质。不过我也没有忽略，除了在旧金山的重演——约翰·汉考克执导充满灵气，他是唯一建议我调换素材且达到良好艺术效果的导演——《牛奶车》似乎走在岔路上，恐怕是被《富贵浮云》中利兹·泰勒所饰的过分美丽的戈福思赶去了那里。然而我很大程度上坚持初始的主张：这部巧妙的戏对同样出色的女星（我指的可不是金星维纳斯）

来说，仍是度身定造的佳作。赫敏·巴德雷小姐深有体会，可以支持我这剧作家的观点。

现如今谁能演戈福思呢？或许巴德雷小姐愿意再尝试一次。或许安吉拉·兰斯伯瑞和西尔维娅·迈尔斯也能演。

此刻我酒意正酣，也有耐心。

（我们来回顾一下深切关注人类必死宿命的戏吧。恐怕观众是畏惧的。约翰·汉考克在旧金山推出《牛奶车》时，我想连我这剧本作者都被吓到了，他在剧院四处摆放了一些白石膏做的骷髅［多么离奇而精彩的创意］，还请我上台对全剧演员朗读戈福思的台词，演员们给予热烈的掌声。）

此次在圣胡安小住，最高兴就是与何塞·金特罗重聚。他和他的希腊朋友尼基在这里租了一所房子，装潢得很漂亮。这房子原本想作宾馆用，但迄今永久住客只有一只可爱小狗，它在街上被汽车轻微擦撞，但受到不小的惊吓，房东把它收留了下来。我认识何塞已久，自从他以自身的导演魔力及杰拉尔丁·佩奇的魅力使《夏日烟云》复活后我俩就有了交情。后来我们都在西七十二街达科他公寓隔壁一幢高层大楼里租屋，每周至少有一个欢乐的扑克之夜。

昨晚在圣胡安我们又一起打牌，他赠送我他即将出版的回忆录第一刷的书（装订好的校样）。书名为《如果不跳舞，他们会打败你》（*If You Don't Dance They Beat You*）。这是一本引人入胜的书，书名的贴切也促使我考虑更改自己这本（尚未出版的）回忆录的名字。

要书写一段严重低落、几乎罹患临床型抑郁症的时期很困难，因为在那种状态里，看一切都要透过一面黑暗的玻璃，所见之物不仅覆上阴影，还会扭曲变形。记录这样的时期还很危险，它的病菌仍留滞在你体内，你一回想它们就可能被再次激活。

今天早上我却必须冒险一试，尽管我最亲近、认识最久的朋友奥利弗·埃文斯教授的病情已令我相当消沉，他顽疾复发，回到故乡新奥尔良，在奥克斯纳诊所就医。（几年前他切除一颗脑部肿瘤，之后接受钴治疗。数月后他看起来恢复得很好：在加利福尼亚一所大学的英语系重拾全职的教学计划，写作事业也全面复苏，一切预示着良好的前景。然而近几个月，他常毫无征兆地突发晕眩而摔倒，造成骶髂骨折及多处重伤。现在他已动弹不得，还在担心一个近亲的丈夫——对他怀有敌意——会把他送进一家公立精神病院。）

弗兰克去世后，我紧接着飞往基韦斯特，数月前我叫诗人安琪儿先去了。但安琪儿已帮不了我，很难想到有哪个人还能帮我。或许我该去医院住上几个月，不管情不情愿。很奇怪，在面临巨大的个人危机的时候，你是多么孤独。“奇怪”是个过于省事的词，且太过委婉。严峻而冷酷的事实是，几乎所有认识你的人都躲避你，好像你携带了某种可怕的传染病。至少，在你看来是这样。

在六十年代—“我的麻醉时代”—中精神崩溃，这使我脑中浮现一张楼房被炸毁的慢镜头照片：崩溃旷日持久地渐渐发生，而这种时间上的宽缓并未带给我任何安慰。

在基韦斯特，我恢复了与安琪儿的关系。但纵使是天使安琪儿，也屈服于创造出他们来的人性的软弱与缺陷。

安琪儿在感情中背叛我，喜欢上一个年轻男子（这不难理解），那人从前是民航飞行员，而当时已是个有自杀冲动的瘾君子，但仍散发着魅力，外表也很迷人。

如果说我也有一股与服药及酗酒有关的自杀冲动，它不同于愈发严重的精神错乱，而是几乎完全出于无意识层面。这说法很蠢，我知道。对于我在六十年代精神走向崩溃这个棘手话题，我显然十分不善讲述。真要向各位详述的话，一定乏味透顶。我只是想写下一些最难忘的症状和时刻，比如——

有一天基韦斯特花园俱乐部的全体女士来我邓肯街的房子和小院子参观。

布拉德利和雪莉·艾尔斯（莱缪尔 ·艾尔斯的遗孀）带我去南海滩走走，莱昂西亚和安琪儿接待了花园俱乐部的女士们。

我那天在海滩待不住，吃了一颗速可眠就回家去了，屋子和院子里还挤满了好奇的女士。

我进屋朝她们大喊起来：“出去，出去，出去，出去，出去！”

她们像遇到雷雨的母鸡一般四散而去。我又吞下一颗药便上床睡了……

(这件事在基韦斯特仍家喻户晓。)

那年春末我赶走了安琪儿。我记得他双眼含泪对我说：“我还以为我找到了一个家。”

看，安琪儿真是个可爱的孩子——而我是个被毁掉的人。

我想这件事标志着我在最南端岛屿上社交生活的没落。如果我说自己从未特别在意基韦斯特的传统社交圈，那就是酸葡萄心理了。我有堂吉诃德式的想法，我可以继续享受各种各样的社交圈——波希米亚式的或上层的，“直的”或同性恋的。我认识许多“同性恋圈子”的人谙熟此种门道，然而我觉得这仍需要不少虚情假意，即使人们以为西方社会已摒弃各种偏见。我的感受是，偏见只是转到台面下了。

无论如何，这十年间，我也过于特立独行，就算在同性恋圈子的保守派看来也是如此。

（请不要误解我——除非我误解了自己。）

我的人生方向远离社交和性事，并非出于有意的选择，而是由于我越来越深地遁入自己那个破碎的世界。

完全独居之后，我这段长期的抑郁走到了最低点。我忘了年份，也忘了季节，但本能将我拖回了新奥尔良，独自作最后的努力来振作精神。当时，我尚能作出这种努力，但终究注定失败。我相信抑郁被归类为“临床型”时，病患已停止走动，停止进食和洗澡。我从未陷入那种境地，不过虽然努力不止，我还是觉察到死亡的诱惑。抑郁期最痛苦的一面，是我始终没有能力和人讲话。只要你能与有同情心的人交流，就存在被拯救的希望。

我到新奥尔良时，已快要变成缄默症了。然而心里仍有些什么在疯狂地、不抱希望地找寻出路。

通过朋友的帮忙，我找到一个作最后一搏的理想住所。我不记得那是位男性还是女性朋友了，他或她在法国区多菲内街为我租下一栋装着白色百叶窗的可爱粉红色小屋，租期六个月。这屋子由已故的克莱·肖翻新装潢，十分雅致，是面对多菲内街和圣路易街的那片小屋中的一栋，这些屋子围绕一个带游泳池的漂亮天井排成曲尺形，每一栋都有个小花园。天气晴朗和煦，有个亲切的黑人女孩每天来打扫房间：尽管环境宜人，我还是把这栋房子变成了如卡夫卡的“地洞”一般的心理避难所。

每天早晨我都试图写作，但这和努力说话一样困难。

两三个星期后，我在新奥尔良仅存的一位熟人想办法劝说我举办了一个聚会，我想那应该是史上最不幸最荒唐的一次聚会了。

我找人承办聚会，差不多把城里认识的人都给请来了。客人们我都只能寒暄两句，叫得出名字的寥寥无几。我坐在角落，一脸呆滞孤僻地注视人群。

你们了解要描写这么深的抑郁有多难了吧？

有人为我推荐了一位精神科医生。我每天去看医生，可一进诊所，我就会大喊：“我病得太厉害，说不了话，觉得恐慌，请给我绿瓶子的药。”

“绿瓶子”装着一种有短暂催眠效果的药水。它可以减轻恐慌，但也使我无法讲话。

我记不清那段可怕的抑郁期里所发生的事情的先后顺序了。

我记得自己偶尔回东六十五街漂亮的小公寓住，每天二十四小时只出门一次，去列克星敦大道街角的小杂货店买一盒意大利面。这是我每日吃的唯一一餐，记忆中也没在面条上浇过任何酱料。

我从不接电话，也没有用厨房里的对讲机应答过楼下的门铃。

有两位女士设法打破了我彻底的与世隔绝。一位是我的远房姻亲姐姐娜恩·拉尼尔。她不停地按响楼下所有电铃，直到其他房客打开大门让她进来。她来到我门前，边敲门边叫我，最后我只得放她进屋。她看着我问道：“汤姆，你一直在睡吗？”

“在这里？没有，印象里完全没睡过。”

她告诉我一位精神科医生的名字，把我送到了他那里。医生量了我的血压。我血压非常低，他说不知道我是怎么爬上这段楼梯来到诊所的。他给我打了一针升血压的药。血压升高后，他为我开了处方，多睡丹和甲硫哒嗪，说每晚服用两片多睡丹、一片五百毫克的甲硫哒嗪。他保证这两种药能让我睡着。果然有效。

另一位来探望我的女士是我在较为快乐的日子里认识的朋友，遇见她是在从欧洲回国的船上。她身材高挑，仪容端庄，说话声音格外甜美。不知何故，她的名字我记不得了。我认为她像“阿基坦的埃莉诺”[1]，还说服她录了几段《国王大道》人物玛格丽特·戈蒂埃的对白。她家住巴尔的摩，在当地有很高的社会地位。

一天晚上，她用和娜恩一样的方式进入我在东六十五街的隐居处。

我听出门外她的声音，便让她进来。

“我没法讲话。”我告诉她。

“不需要讲。”她说。

随后她在起居室那张杏黄色双人小沙发上挨着我坐下，用她纤细的手指按摩我的额头。我们没有交谈，但她放在我额头的双手给了我些许安慰。

过了一段时日，这位善良的女士从巴尔的摩打电话给我说：“我快死了，汤姆。”

我说：“啊，天啊，不会吧。”

“真的，我要死了。”

她的语气里，没有半点自怜。

---

[1] “阿基坦的埃莉诺”（Eleanor of Aquitaine）系生活在约十二世纪的阿基坦女公爵，法王路易七世和英王亨利二世的王后，英王理查一世（狮心王）和约翰（无地王）的母亲，欧洲中世纪最具权势的女人。

“已经确定了，”她说，“我希望你祈祷那日子快来，越快越好。”

没过多久她就走了。

我一生中认识过一些英勇的人。

我想也许是因为她走得悲凉——不，这么说不对，她以最崇高、最令人钦佩的方式离去，打电话通知老友，更关心他的反应，而非自己的不治之症。然而，无论是当时还是现在，我仍深感震惊，这也许解释了我为什么只记得这位女士像阿基坦的埃莉诺。

在回纽约住的日子里，我和外祖母戴金的甥孙吉姆·亚当斯联系上了。我说动他陪我去基韦斯特。在那里观察了我几天后，他说：“汤姆，这样子不行。我和我姐姐斯特尔在纽约认识一位很好的心理分析医生，我想他可以帮助你。”于是我们返回纽约。

之后情况好转。吉姆在纽约市立中心那个街区为我们找了一间顶层复式公寓，将我交给那位卡伦·霍妮学派的心理医生，他名叫拉尔夫·哈里斯。他每天为我看诊，诊费低廉，他的关心似乎不仅仅出于专业，其中也有人与人之间的关心。他甚至允许我在沙发旁放一杯高球鸡尾酒，我渐渐能够对他讲话了。

吉姆住在公寓二楼，我住楼下。我服用的新安眠药物有一种飘飘然的催眠效果，至少在入睡前的半小时，我会获得一片安定祥和，脑中纠缠的死结松懈下来，仿佛有天使守在我的大床旁边。

我的麻醉时代也曾一时解冻，那段时间的大部分与我的戏在六十年代上演的时间重合，那些演出都彻底失败了——因为我无力应付演出准备工作，而且随着我转向新的写作风格，开始创造出不同于以往的世界，评论家和观众很难瞬间产生共鸣。

我的生活很不稳定。我四处游荡，常常由亲爱的玛丽昂·瓦卡罗陪伴——我不再和男性情人出游。我记得和她一起去过丹吉尔，去过希腊罗得岛，也记得和她把酒言欢。

在罗得岛发生了一件好笑的事。美国舰队停在那里，海港被战舰的灯火照得通明。我和玛丽昂坐在港边的露天餐厅里，我向她抱怨我们下榻的那家酒店，玛丽昂称它为“集中营”。

“亲爱的，要不你去玫瑰酒店登记我们入住吧，行吗？”

我与玛丽昂相识多年，她从未拒绝过我的任何请求。她醉得脚步蹒跚，朝玫瑰酒店一路走去。

我坐在港边的餐桌旁，酩酊大醉，像只蜥蜴四下环顾，寻觅一个放上岸假的漂亮且单身的美国海军大兵。

我坐在那里，全无好运，坐了很久很久，纳闷玛丽昂到底出了什么事。

后来她总算回来了，浑身上下可有看头了。她连衣裙的正面都湿透了，凭我的嗅觉判断，那无疑是尿味。

“亲爱的，你怎么弄得湿答答的？”我的问法惊人地谨慎。

“唉，宝贝，去玫瑰酒店半路上我尿急，就掀起裙子在路上尿了，刚刚才发现尿得裙子上都是。”

“然后你干了什么？”

“然后，我还是去了玫瑰酒店，想要给我们订房间，可前台那傻子说订满了，三个月都没房间。”

“哦。”

我们两人都笑了起来。

六十年代中期发生了两件对我的人生产生重大影响的事情。其中相对次要的那件事，是我和一个看护我的人在一起了，他非常迷人、幽默，外表难以置信地魅力十足，我暂且给他一个“赖恩”的化名。我现在依旧喜欢他，但必须避免见他，因为即使同他偶尔碰到，短短一晤，也会把我带回人生中灾难深重的那十年，即六十年代。我怕自己有失公允地将他与我在严重抑郁偏执时期勉强熬过的不幸联系在一起。或许他是我一生中最能代表《可爱的青春小鸟》中钱斯·韦恩这个角色的人，虽然——就我记忆所及，且我在极力回忆事情最好的那面——我们的感情中性的内容很少，有的话，也是由他发起。

六十年代中期对我影响更大的事情，是我去一位医生那里看病，有人叫他“快感医生”。我的抑郁已经到了关心我的人必须做些什么来帮助我的程度，结果一位与我共事的先生帮了我——我想他不会希望我提及他的名字。他很长一段时间都在“快感医生”那里接受治疗，解决了曾经的酗酒问题，他由衷相信这位医生能救我于苦难。于是一天晚上，当我在精神几乎崩溃的状态下回到纽约，这位非常关心我的先生把我带去了“快感医生”的诊所，我在那里接受了第一针“快感”注射。我必须承认我害怕打这针，但这位医生周身散发着神奇的气息，充满理解与关爱。他没有叫我作例行的体检，我记得他甚至没有量我的脉搏和血压，也没要我填写病历。他只是看看我。他的检查随意得让人觉得靠不住。他不只看看我，可能也看穿了我。然后他开始调配针剂，看他从一个又一个瓶子里抽取液体，我的焦虑和惊恐也随之剧增。他一边配药一边闲聊，以最轻松的方式让我安心。最后他叫我把裤腰拉下来，将一支装满神秘液体的针扎进我的臀部，不出一分钟，奇迹发生了。我感觉封闭我的水泥棺材蓦地被打开，我像一只被释放的鸟儿一样展翅飞离。

带我去诊所的那位先生已先行回家，我认识的一个年轻演员在场：其实他兼任医生助理，也是他的病人。他开车载我回东六十五街空荡荡的公寓，绕了挺远的路，因为我把行李留在肯尼迪机场了。我不停地说：“我的天，我感觉太舒服了。”然后我问他：“这能持续多久？”他有点哀伤地笑了笑，说：“田纳西，别想这个。”

起初我只去“快感医生”那里打针，不久后他还给我装在小瓶子里的药剂，每次都与之前给的不同，我早上起床自己作肌肉注射。

或许，如果我戒掉酒，每晚不再去依靠两片多睡丹和一片五百毫克的甲硫哒嗪入眠，当然还包括停掉我每次在肌肉注射后立即服用的巴比妥镇静药，我和那位医生的联系就不会产生什么不良后果。

我依旧常常旅行，不管去哪里，“快感医生”都会寄小瓶装的针剂给我。针剂要是比预期时间晚寄来一两天，我就很惊慌：但最终还是会寄到。这些药使我能够工作。它们使我能够生活。直到——这以后再说。

回头谈谈那个被我称作“赖恩”的高大的年轻人。

六十年代里有近五年时间我都和他住在一起。与他相识是在那间顶层复式公寓里，就是我和吉姆·亚当斯短暂居住过的那间。赖恩和迈克·斯蒂恩[1]有一天来公寓，带我乘赖恩的英国跑车出门，那是一辆凯旋牌跑车。

赖恩问我记不记得我们第一次见面的事：我不记得了。他说在五十年代他和一群朋友有天晚上来我住处，我立刻评论起他漂亮的臀部来。好吧，这听起来像是我，没错……

不久后，赖恩开始越发频繁地在晚上来我公寓。我还记得他用橙汁调的古典鸡尾酒。我记得我们一起听比利·霍利迪的最后一张

---

[1] 迈克·斯蒂恩（1928—1983），美国演员，曾出演1962年的电影《可爱的青春小鸟》。

专辑《缎衣淑女》，听得我陶醉不已。

许多人会说赖恩是我的伴侣中最英俊的，但是相信我，比起情感上的依恋，我和他在一起时间久与他的管理才能关系更大——他在管理上的确有一套。是的，他生性欢闹，我们在一起笑声不断。但他把表弟吉姆撵出公寓，自己住进来，手段稍嫌冷酷。

我依旧喜欢赖恩。也许，他与我精神逐渐—我不确定是否可以说逐渐—崩溃大有关系。可他自己一定也受了很多苦。和一个除去上午工作时间便终日如行尸走肉般的作家住在一起并非易事。我只对工作有兴趣。我不知道自己想不想活下去，而赖恩必须应付这件事，而这自然是负担。

赖恩真的为我奉献了许多时间，送我去看我的最后一位心理分析医生，送我去青年会游泳。恐怕他主要还是觉得我有利用价值，我开诚布公地告诉各位，在我们交往的近五年时间里，他只对我献身过三四次，而且在我的记忆中，和他在一起的那段时期，我不曾与别人发生过性关系。

所有亲密关系到后来都会变成诗篇。这本东西本可以收录我和赖恩在罗马、基韦斯特和纽约的照片：电影《富贵浮云》在撒丁岛拍摄期间，赖恩拥抱伊丽莎白·泰勒的照片。他是双性恋，很招女人喜爱，除了玛丽亚·圣贾斯特男爵夫人和埃伦·麦库尔小姐，只有她们俩对他那双十分美丽的蓝眼睛不以为然。

（“上帝保佑你的双眼。”他早晨出门做正职工作时，他的母亲会这样对他说。）

六十年代我和赖恩住在中央公园西大道达科他公寓旁那栋可怕的高层大楼里，分住不同的卧室，我们住在三十三层。我记得一天晚上，夜很深了，我接到一个女性朋友的电话，她服药过度，已经消失好几年了。她说她没钱回父母家。我叫她来我住处，我给她钱坐出租车。

她才来几分钟，就恳求我给她几颗速可眠:“我知道你有。”

我是有，但我担心她再吞下我珍贵的粉红色药丸，就永远回不去父母那儿了。因此我给了她两片眠尔通。

这时赖恩在惯常的夜间巡游后回来了。她默默观察了他一会儿，然后说道:“我想和你单独谈谈，田纳西。”我们走到那个只够放两把椅子的阴森的水泥小阳台。她对我说:“田纳西，你怎么敢和长着那样一双眼睛的男人住在三十三楼，他可以把你从这阳台上扔下去。”

说来，当时我也是个疯子，隔天一早我就打电话给摩根-曼哈顿搬运公司，一下子把公寓里的家具搬迁一空。

我一个人住进一家酒店——好像是阿尔雷酒店——但一两天后赖恩就发现了我的去向，搬来和我同住。我接受了他归来。我们住在一个有两间卧室的套房。那间高层公寓的预付租金只好损失了。赖恩也许是从那时候开始恨我的。不过就算恨我，他也掩饰起来了。我们又恢复每天漫游曼哈顿，购物，在一家名叫“蜗牛”的精致的法国餐厅用午餐，在青年会游泳。

在意大利波西塔诺发生了一段小插曲。我们去那里避暑，娜恩·拉尼尔当时已和丈夫分居，她在那波利的怡东酒店跟我们碰头，然后我们三人同游波西塔诺。当时我注射兴奋剂又服药，走路都走不稳。我们搭出租车去某个地方，我、赖恩和娜恩都坐在后座，赖恩的手臂挑逗地勾住娜恩肩头，娜恩可是个性感的女士。他转向我，用他极度傲慢的语气说:“田纳西，不如你到前座和司机坐一起吧？”

他不知何故错估了我对这种侮辱的反应。

“赖恩，滚下车去！”

于是他下车了……

我在六十年代的昏沉还没严重到可以无视奚落。没错，我常栽跟头，但能奚落我的也只有剧评家而已……

1967年，我拿到好莱坞一家电影公司的40万美金预付款，请大卫·梅里克在百老汇制作，何塞·金特罗导演，推出了《大地王国》——这是我为莫林·斯特普尔顿写的剧本，但最后由埃斯特尔·帕森斯出演。

事情进展得一点也不顺利。

梅里克想解雇金特罗，我却坚持要留下他，梅里克只得勉强同意了我的要求。

我们在纽约的首演惨败，尽管帕森斯和布赖恩·贝德福德演技超群。

有些心存偏见的剧评家对这部戏态度尤其恶劣。他们说等不及洪水泛滥，冲垮剧院，淹没里面所有的人。

很奇怪，倒是沃尔特·克尔在他的周日专栏中评论说，这是一部人物塑造出彩而有趣的戏，他希望我有朝一日能加以修改。

这部戏真正需要的是删节，亲爱的何塞却不善此道。他有幽默感，但那是存在于悲伤心灵中的过于微妙的幽默。

我可能提过了，我在西岸一家偏远的小戏院里看过完美重制的《大地王国》。戏被删减到恰好的长度，选角也很好，导戏的那位女士呈现出剧本色情却动人的风格以及强烈的主题思想。

多说一些“麻醉时代”六十年代的戏吧。

连演的两部短剧《下等悲剧》(*Slapstick Tragedy*) 在1966年推出，媒体再一次相当无情地集中炮火大肆攻击我。

玛格丽特·莱顿演《姑娘》(*The Gnadiges Fraulein*) 很出色，佐伊·考德威尔同样卓尔不群。但是这部独幕剧被沃尔特·克尔在剧评结尾处毁灭性的一句话打发了：“威廉斯先生不适合写黑色喜剧。”

首创美国黑色喜剧的人正是我。他够聪明，绝对知道这件事。

他同样以居高临下的怜悯口吻评论两部剧中的另一部《残缺者》(*The Mutilated*)。这是一部有潜力的作品，但从未得到发挥。这次制作过分铺张，内容过多，依我看来那个头戴红色棒球帽、笑嘻嘻的小个儿导演艾伦·施奈德导得不好。在查尔斯·鲍登和莱斯特·珀斯基的支持下，这部戏演了四场。

首演隔天晚上，我带玛吉[1]·莱顿和迈克尔·怀尔丁[2]去萨尔迪餐厅吃饭。这完全是一种挑战的举动。赖恩和我们同去，我们俩先进门，只听见玛吉对怀尔丁说道：“可怜人啊，真叫人难过，他还不知道自己受到了什么打击。”

我知道受了什么打击，但我缄口不言……

我永远不会忘记莱顿在《姑娘》中的超凡表演，每一位看过这部戏的人都忘不了。

我在六十年代的下一部戏是《在东京饭店的酒吧》。我那段时期依然时常栽跟头，在倒下前，我总会说：“我这就要倒了。”而几

---

[1] 玛吉（Maggie），“玛格丽特”（Margaret）的爱称。

[2] 迈克尔·怀尔丁（1912—1979），英国演员，玛格丽特·莱顿之夫。

乎没有人，没有一个人扶住我。

也正是在这“麻醉时代”的一天早上，事情是那么糟糕，我踉跄走进客厅，发现迈克·华莱士和一支电视团队拥在那里，那天最后迈克说：“好吧，收工吧，我们今天什么也拍不到的。”

制作《在》剧的那对夫妇南下基韦斯特，尽管我在大约一周的时间里每天与他们见面，后来却对他们的来访全无记忆，也根本不记得他们计划制作这个奥德丽交给他们的剧本。

唐纳德·马登和安妮·米查姆主演这部戏，演技非凡。

母亲和戴金前来观看首演。母亲对我说：“汤姆，你是时候改行了。”

噢，天啊，我今天早晨很寂寞。各位知道我在说什么吗，知道我说的寂寞有多深吗？

自弗朗基之后，身边没人了，真的——除了老朋友们。

这听来像是自怜，自怜也是有时难以避免的人类情感，尽管这需要舍弃自尊。

可我度过的是美妙又可怕的一生，我不会为自己哭泣——你会吗？

看样子我就要失去我的母亲了。两天前我打电话给她，因为收到她一封奇怪的信，恳求我回家，然后带上她去我要去的地方。我告诉她我即将出发去新奥尔良，很乐意接待她，可以让戴金送她上飞机，我去接机。

“噢，汤姆，我才刚从新奥尔良回来。我在那儿的女执事医院住院，睡的床单都没洗过，害我喉咙疼得厉害。赶快回圣路易斯家里来吧。”

“妈妈，我打电话给戴金。他现在人在哪儿？”

“应该在他的律师事务所吧。”

“他那里电话多少，妈妈？”

“啊，儿子，我得上楼找找，但我没法走上去。”

我自然是心神不宁。我通过科林斯维尔的查号台问到了戴金律所的电话。他的秘书接了电话，语气冷淡，说这会儿联系不到戴金，可以晚上六点左右打到母亲家里找他。

他六点来了电话，是在母亲家。我对他说，母亲告诉我她刚从新奥尔良的女执事医院回来，我问他母亲说得不清不楚的事情是真的吗。

他说她没去新奥尔良，是刚从圣路易斯的女执事医院出院。

“她怎么样了？”

“很虚弱。走路都困难。”

这时她来到电话边，又一次说道：“汤姆，快回家吧。”

今天我打算给她的医生打电话，了解她真实的病情。

我昨晚太不安了，几乎没办法在纽约新剧院演出。

假如女执事医院医生告诉我的情况不好，如我所想的那样，我就得去圣路易斯那个我害怕的地方，而我自己也正苟延残喘。

我结束了《小船警报》的演出，希望是我在该剧的最后一场表演；这也是我们告别海伦娜·卡罗尔的一场，所以我买了两瓶白雪香槟，谢幕后向观众宣布今晚“是卡罗尔小姐在该剧的第一百五十二场、也是最后一场演出，我们想对她美好精彩的表演致以感谢。”接着，依照安排，我们全体演员转向她，与观众一起为她鼓掌。落幕之后，我们向她以及她当晚来观演的姐姐举起香槟酒杯，于是她的演出在热烈的气氛中结束了——我觉得这是应该的，因为在艰难的环境下，她真的非常努力。

有流言说是制作人想换掉她，为使她请辞，告诉她戏要结束了：换言之，她的离开是管理层一手策划的，我觉得这位娇小的女子足够聪慧，已猜到真相，而如今被佩格·默里顶替，她也应该不好受。

我知道这都是戏剧生涯中必经的残酷事变：在这样的诡计中鲜有或根本不会有什么人情味。这是映射自然法则的一面镜子。为了古老的利润考量，个体被无情地抛弃。

演出结束后，我飞奔回家。简·史密斯和托尼·史密斯在大厅等我，比利·巴恩斯陪我们上楼到维多利亚套房，照计划打电话给愤怒的圣贾斯特男爵夫人。她伦敦别墅和索尔兹伯里乡村庄园里接起电话的佣人均冷冰冰地告诉我们，联系不到“男爵夫人阁下”。我对托尼说，我现在开始担心“男爵夫人患上自大狂了”——他笑了笑。

我和比利打电话到蒙特利尔找热纳维耶芙·比若尔德，同样运气不佳。我越来越担心她害怕《呐喊》这部戏，害怕为了演出而搬来纽约——就这样留我们面对梅里克和计划中九月末要制作的戏?

我们在格林威治村的凯西餐厅吃饭，我点了不少玛歌红葡萄酒，喝得醉醺醺的。回家途中，我被路边石绊倒，弄破了我最好的一套西装的裤子，还擦破了膝盖。这容易被绊倒的毛病复发，自然令我忧心。现在两只膝盖都有疤了。

这说明我该好好休息了，晚上也该少依赖酒精来掩饰日益增加的疲惫——尤其是在欲盖弥彰之后……

回到家中，我打电话给母亲。她过了很久才接起电话，说她得

“等到半夜”给戴金以及和他同住楼上的“一个年轻黑人女子”开家门。虽然我这弟弟行事荒唐，但我听到母亲的话还是觉得不可思议。我请她叫戴金夜里一回家就打给我，因为她记不起她的医生叫什么名字了。

戴金在纽约时间午夜前后打来电话。对于母亲告状说他和“楼上的年轻黑人女子”同居，他一笑置之，把母亲医生的名字告诉了我，我今天会联系他，设法问到母亲病情的诊断。戴金说她若不扶着东西，一次只能走几步路，最惊人的是，他承认自己还没和医生谈过。

六七年夏天一个荒诞的夜晚，比尔·英吉企图把我送进精神病院。我当时住在洛杉矶附近赫米特谷的一栋房子里。那个奇异的夜里，我服了药正睡在后面的卧室，赖恩和一个姑且称之为“帕特”的家伙打起架来。我醒过来，摇摇晃晃地走进厨房兼起居室的屋子，发现地板上沾了血迹，有一个凶恶的陌生人在，他逼我接受他严厉的审讯。我的临时秘书“弗吉尼亚人”一言不发，只是站在厨房那儿洗盘子。

我临危不惧，要求那个陌生人——一问才知是英吉当时的精神科医生，英吉派他来的——立刻离开我的房子，否则我将控告他非法入侵。最后这个医生明白他是问不出个名堂来，也无法使我屈服。

“让他打个电话给威廉·英吉。”他说，“要是他答应不报警的话！”

我打给英吉告诉他赫米特谷的情况，请他马上过来澄清状况。英吉高傲地回答：“对不起，我赶不过去，今晚在招待客人。”

我随即拨“0”转接接线员，朝着电话大吼：“叫警察马上来赫米特谷！有人闯进我家，地上都是血！”

那个医生逃下楼梯，火速窜进他的汽车里。这时帕特双膝跪地擦起地毯上的血迹来。

赢了这场较量，我随后打电话给奥德丽·伍德——她很讨厌帕特，喜欢赖恩——气喘吁吁地报告刚才发生的事。

“目前，”她告诉我，“赖恩在保释中，帕特指控他侵入住宅。我叫赖恩直接去好莱坞罗斯福酒店，在那里等你。”

我在警方护送下离开赫米特谷的房子，前往好莱坞罗斯福酒店，不久后赖恩也来了。第二天我们一起飞回曼哈顿……

然而我还是朝着疯人院去了，就在六九年《在东京饭店的酒吧》遭到凶狠贬损之后。我和安妮·米查姆飞往东京途中，她还告诉我《生活》杂志发表了文章，宣告我事业的败落——我真的开始精神崩溃。

啊，我虽已崩溃多年，但当时这崩溃就如同西海岸的地下断层。

我喜欢在威尼斯和我同行的这群人，喜欢他们所有人：西尔维娅·迈尔斯、乔·达里桑德罗、保罗·莫里西，还有小安迪·沃霍尔，他太像一个迷路的小男孩，迷失在时光里。

我觉得莫里西是个很特别的人。我希望他能把我的一篇短篇小说拍成电影：为什么不拍《双人同行》（Two on a Party）？那大概是我最好的一篇。我会请他读读看。但我十分尊敬他，不会强求。

我正盼望自己能很快出现某种向善的精神变化，也盼望早日摆脱寂寞，希望这两个愿望不完全矛盾，不会彼此抵消掉……

我觉得我喜欢雷克斯·里德。从一见面起，我们就很聊得来，但我想，他为《时尚先生》杂志采访我的时候，我讲得太多了。

不，我收回那些话。我真的没有在布伦南餐厅捏黑人侍应的屁股，但他倒是真懂我。

昨晚过得很愉快。在熟悉亲切的怡东酒店套房里睡了整整一下午，亚得里亚海的波浪在我阳台窗下不断地轻轻冲刷海岸，醒来后我游了一会儿泳。在利多岛必须　水到老远才能游水，海水说不上像陶尔米纳的地中海海边那样通透。到了跟帕特·约克和迈克尔·约克夫妇喝酒的时间了。比利·巴恩斯在我睡觉时安排了我们会面，哦对了，有个伦敦打来的电话——玛丽亚明天到，电话里她的声音听起来热情又兴奋。

当然我也遇到一些独自旅行常见的烦心事。就算和一群人在一起，如果没人和我同住一个房间，我也感觉是在独自旅行。我不会整理东西。我花了四十分钟才配好礼服和配饰。裤子滑到了行囊底部，我以为只带了上衣，自然就咒骂起来。等我搭配完毕，着上盛装——衬衫袖口花边朝外微张，正面镶有褶边，黑色领结最终被摇摇欲坠地固定住了（可以说东西被摇摇欲坠地固定住吗？）—却离六点的鸡尾酒会还早。

我没耐性，打电话给比利说，我觉得我们在鸡尾酒酒廊见面，会比在我的套房客厅见面更有趣。当然和平常一样，我又错了，在那儿一点儿意思也没，明显比原计划糟糕。我和比利坐在一张四人桌旁，有个可恶的同性恋弹起我们正后方的三角钢琴来。

“有个该死的孩子在敲那台钢琴。”我大声对比利说。

“那位怕是他们请来的钢琴师吧。”比利说，“我们最好挪到好讲话的地方。”

从约克夫妇来和我们碰头开始，那一晚大家自始至终都很愉快。帕特刚把头发梳理整齐，所以她和比利待在汽艇船舱里，我和迈克尔则坐在靠背长凳上，这片环礁湖一如记忆中那般美丽。

“啊，威尼斯，珍珠之城。”我引用《国王大道》的台词叹道。

我们简单快速地在格里蒂露台餐厅吃饭（蛤蜊意面），凸月自运河对岸一座教堂的白色圆顶后方渐渐浮起，我先是喝弗拉斯卡蒂喝得酣畅，又喝了一杯更好的威尼斯本地葡萄酒。

不过，我们得赶回利多岛，迈克尔的电影《歌厅》（*Cabaret*）是电影节开幕片。

回到怡东酒店的酒吧，我坐在帕特的椅子把手上，对桌是马里萨·贝伦森等几位美丽女士，迈克尔在我们身后接受采访。相机闪光灯闪个不停。

我问同桌的一位制片人他有没有钱。他说没有。于是我说：“那我不和你讲话。”

1969 年夏末，我和安妮·米查姆还有吉吉在那趟沉闷的东京之旅后回国，我回到基韦斯特的小院子里。我很恍惚，魂不守舍，精神已开始崩溃。

新的大厨房已经动工建设，花费是我 1949 年购买这整块地产的两倍。工程持续近四个月之久，就算是卡萨诺瓦的性欲，也远没有这样持久。

炉子搬到了天井里，方便我在早上煮一壶咖啡。回到基韦斯特几天后的一个清晨，天色未亮，我煮咖啡出了事。各位可能还记得，我在当时常常摔倒，那天当我把煮沸的咖啡从炉子上提下来时，在天井瓷砖上栽了个跟头，滚烫的咖啡泼在我赤裸的肩膀上。

我服过药正迷迷糊糊，完全没感觉到疼痛，和平常一样做起早晨的工作来。

此时起雾了。我记得去看了医生，他用绷带为我包扎红得像龙虾一样的肩头。我还记得戴金也在基韦斯特，记得我们在基韦斯特机场，可怜的伊迪·基德来到我们的餐桌旁，我对她说："我喜欢你的画，伊迪，不过对你完全没有其他的兴趣。"

后来我去了克莱顿威当大道上母亲的那栋西班牙灰泥墙老房子，那是个早晨，我执意不去住院。

"妈，你听过同胞兄弟间相互嫉妒这回事吗？"

"嗯，应该听过。"埃德温娜女士冷淡地说。

过了一会儿，我说如果叫辆救护车来接我，我就去医院。戴金说服我放弃了这个要求。他搀着我上了他的车，载我到巴纳克尔医院。起初，在头一天，我被安置在皇后区病房——这名字可不是我编的，本来就叫这个。这一区病房颇豪华，住的是"轻度受困扰"的病患。医院安排三名神经科医生和一名内科医生"照顾"我。

关于在皇后区病房的第一天，我只记得自己躺在床上看电视。每个节目似乎都带着被严密伪装起来的敌意针对我，就连雪莉·布思的肥皂剧看起来都像是对我的威胁。

大约傍晚六点，戴金笑嘻嘻地走进病房，手捧一束黄色鲜花，还有几张毫无绘画天赋可言的蜡笔画，那是他领养的两个女儿为了让我开心而画的。

母亲也大步走了进来，像个男扮女装的小个子普鲁士军官。

很明显，有什么令人生畏的事情即将发生。我感觉到了，于是身手敏捷地爬下床，说道："我现在就回家。"我跑进洗手间，套上衣服。

"唉，不行，儿子。"

"你们马上开车送我回家，不然我走回去。"

我动作麻利得惊人，一边穿衣着裤，一边骂骂咧咧地冲戴金大吼。

“你跟你领养的两个孩子真该死。你怎么敢让她们姓我们家的姓。”

戴金回答说：“我不是非得坐在这儿挨骂的。”

这时我已穿戴整齐，完全发了狂，我冲进走廊，一直走到电梯间。我正要踏进电梯，却被一个身穿医院制服的魁梧年轻人挡住了去路。我记得他一头金发，结实的脸上满是鄙夷之色。我侧身躲过他溜进电梯，但他撑住电梯门，不让它合上。

我火冒三丈，痛骂他，撇开他奔回病房，母亲正在问一名护士要嗅盐。天啊！

我一股脑儿地朝她发起脾气来。

“女人为什么把孩子带到世上来，又要毁掉他们？”

（我依旧认为这是个很好的问题。）

埃德温娜女士（或许真诚地）说：“我实在不知道我们在做的事对不对。”

我再次转向走廊，可是房门被一辆装了皮带的轮椅挡住了，还有一伙实习医生堵在门口。

突然间我意识到失败，只好认输了。

我手中抓着装了酒、药丸和小瓶兴奋剂的手提包，绝望地、紧紧地抓着，我被绑在轮椅上，飞快地推离皇后区病房，送往弗里金斯暴力病人病房——我的手提包被夺走了，这时我晕了过去……

我现在身处巴纳克尔医院弗里金斯区暴力病人病房。刚才说我晕了过去，是的，就在他们夺走我的手提包时。

接下来要尽量向各位详述这次与死亡擦肩而过的经历。

我晕厥之后，便不知道自己有没有醒来。

我也不知道自己的痉挛持续了多久。我知道早上痉挛发作了三次，还有“无痛冠心病”[1] 发作，这是这场大灾难中我唯一清楚记得的事，因为痉挛中我感到剧烈的刺痛。

我经历了一段全然的幻觉。

我记得被绑在一张桌子上推来推去，但始终无人医治我。

我确信住院医师意图对我实施合法谋杀，且差点得手。我认为这绝非因妄想症而起的念头。

在痉挛过后的晚上，我有一次十分奇特的经历，也可能并未真实发生。

我在走廊里朝一个亮灯的房间非常非常缓慢地走去，口中吟诵着一首诗。

每一节重复出现的诗句是“赎罪，赎罪。”我在走廊缓缓移动，踩着小碎步，做作地学变装皇后走路。我念叨的是什么事呢？是我八岁那年弟弟戴金出生，我在圣路易斯的医院第一眼见到他，他正吮吸着母亲赤裸的乳房。

为了什么赎罪？我想，是为一种我从未透露过的与他之间的同胞争宠。还为我与男孩及年轻男子的情爱生活的“罪恶”……

事实上我真的不想回溯在圣污染城巴纳克尔医院弗里金斯区度过的时光。那些事都已详尽地记录在《威廉斯先生，下一项议程是什么》(What’s Next on the Agenda, Mr. Williams?）中了。

---

[1] 指冠心病发作时没有胸痛症状。——译注

我只讲述一点这首“诗”中遗漏的片段。

在痉挛和不确定多久的昏迷之后，我在一间斗室醒来，身下的床有护栏，像一张大婴儿床。我说自己醒来，指的是睁开眼睛，进行某种程度的思考，但一两个钟头都没有真正清醒，既然我什么都不记得，也不知道自己在哪儿，就不可能是清醒的。

我的意识如死神般降临。

狭窄走廊上有陌生人影经过我敞开的房门，我无法相信他们是真实的。我真的以为自己在做梦。

我觉得天黑以前都没人来看过我，可能连送饭的人也没有，至少我完全没有印象。

晚上，我出了房间，戴金正在休息室里。他脸上有一抹得意的假笑，手中拿着一本《时尚先生》，正是刊载了那篇恐怖虚构文章《田纳西·威廉斯的梦》的那一期，笑笑打招呼、热情握手之后，他对我说的第一句话即是令我震惊的问题：“你知道你刚才发作了一次无痛冠心病，还有几次痉挛吗？”

接着他把那本《时尚先生》交给我，咧嘴笑着离去，我则开始在弗里金斯暴力病人病房拼命撑下去。

我在那里到底是如何暴力的？

我顺从地吞下难以下咽的三餐，其余时间像只毫无防备的动物缩在角落，目睹夜以继日的骇人盛况，恐怖的表演则在我头脑内外持续上演。

我想要生存下去。

回忆中的几件小事。

有一名高大的护士，长着日耳曼人的金发大脑袋，脸上一成不变地带着威风凛凛的怪相，她常常四处巡视，臂膀摇晃得像摔跤手抓住对手前的动作，是的，这是可爱的罗思柴尔德小姐，告诉各位：我不和这位小姐多嘴！

说到嘴，还有一个极度爱出风头的中年同性恋招摇过市，他和罗思柴尔德小姐职位相同，大摇大摆时总不停地飞舞手指梳理他灰色的头发。有一天，一个横眉竖目的爱尔兰卡车司机那样的人跳了出来，朝他嘴上揍了一拳，那是我见过最凶狠的一拳。那个同性恋的门牙都被敲落下来了，像是被大锤子砸到嘴。好几天，他的脸看起来都像狒狒的屁股，嘴肿得贴到鼻子，口中则像个血红的洞穴。但这并未削弱他对那头灰色头发的关注，手指依然在细心梳理过的鬈发上飞舞。

后来，老天啊，攻击他的那人拉了把椅子坐到我旁边，就在我蜷缩的那个角落，还时不时瞪我，神情和他看那个自恋的老同性恋时一模一样。

有一天，一个一头鲜艳红发的小姑娘尖叫着被拖进病房，他们把她扔进一间软壁病室，任由她整晚尖叫，再看到她时，鲜艳浓密的头发已经不见，她头上包着一堆血迹斑斑的绷带。

我向一名年轻的实习医生打听，他比其他人友善些，他告诉我那姑娘那天夜里在软壁病室尖叫时扯掉了自己所有的头发，连根拔光了。

我的寄物柜里有几套西装，是戴金带过来的。

我偷偷地翻西装口袋，发现里面藏的一小包粉红色药丸，大约五颗：我要在睡前吃一颗，补充医生开给我的完全无效的安眠药物，他们还没抽出时间来病房探视我。

这几颗胶囊吃完后，我开始一连三四天日夜失眠。

总有某天晚上太过疲累，我能睡上一个小时。

一天晚上我刚睡着——真的才刚进入梦乡——房门被一名年轻实习医生推开，他的模样很难称得上友善。

“我的天，你想干吗？”

“你没有把电动剃须刀交给前台！”

“那又怎么样？”

他从小柜子里抢走了我的飞利浦剃须刀，说道：“这一区的病人不准在房里留任何可以伤害自己的东西。”

我跟着他出门走进大厅，跑到夜班护士监视病人的玻璃墙小房间。

我用力敲门。几个护士和实习医生围了过来，我对刚才发生的那件事歇斯底里起来。

“我才刚睡着，四夜没睡了，真的刚刚睡着，他就冲进我房间，拿走了我的电动剃须刀。”

我不断重复同样的话，讲着讲着呜咽起来，夜班护士向一个女人求助，那女人轻柔地对我说：

“回房去吧，你的药也许还会起作用的。”

然而并没有。

我的房间紧邻垃圾处理场，一个很大的处理场，破晓前一小时，刺耳的隆隆声便响起了，这是我知道天快亮的唯一途径，我的手表也被没收了，因为表面有玻璃，带玻璃的东西都不允许留给这一区的病人保存。

破晓时分，一个精神奕奕、面无表情、嗓音像自动电钻般的护士会冲进我的房间，查问病情，量体温和脉搏。

“昨天排便了吗？”

我有时候完全不回答，有时候掩面呻吟，所以我在暴力病人病房的住院期延长到了整整一个月——我想是因为不合作的态度吧。

我认为在我的天性里，当呼吸之外的一切都消失时，一种基本的自尊会保留到最后……

住院医师对戴金很亲切，戴金来看我的时候——每周一两次——他会当着我的面和戴金聊天。他告诉戴金在一天早上我是如何痉挛三次的，说这些事情时他自豪地扬起语调，就好像这痉挛是他引以为傲的成就。

我早就读过《时尚先生》上那篇《田纳西·威廉斯的梦》了，然而一天晚上有个医生带来那本杂志，奸笑着说:“我看到这儿有篇写你的报道很棒。想看看吗？”

“不用，我想不必了。我看过了。”

“住院医师嫉妒我们。”莱维医生说，“他们把气撒在我们的病人头上……”

即使在暴力病人病房，病患也有上午和下午各一小时的职业治疗时间。

每天那些可接受职业治疗的人被点名到电梯口排队。我们有拒绝的权力，可以拒绝坐电梯下楼去做那些为我们设计的最简单的工作。

大部分时间我都谢绝下楼，后来才发现，如果我拒绝，就会被严密监视。于是我也开始下去。我选了画水彩画，这是最不乏味的活动，不知为何，我画起自己的左手来。

我记得快画完的时候，高大的老莱维医生过来和我吹牛。

“你的小拇指没那么大，汤姆。”

他的意思是不是我仍患有自大狂？

莱维医生是三人一组的精神科医生中最不残酷的一位，也是最终——在我在暴力病房存活一个月之后——将我转入所谓“开放式病房”的人。

使我得以忍受弗里金斯区监禁的，是高谭书店的安迪·布朗寄给我的几箱书，以及转入开放式病房后，每晚餐后睡前的四小时桥牌时光。我住的第一个开放式病房里有几位女性桥牌好手。我每晚都和她们打上四个钟头左右。其中一位是个七十五岁的女士，她被安排接受一系列不间断的休克疗法，害她怕得要死。到天黑她才会知道第二天早上是否会再次遭受休克治疗。通知一贴到她病房的门上，她就会大受打击，颤抖流泪。

每次电疗后，她就很难打桥牌了。我温暖地记得，我们所有人如何故意无视她记错牌，如何一齐安慰她，缓和她看到翌日早晨电疗的通知的恐慌。

她的儿子们都成年了，大约一周会过来看她一次；他们为什么不阻止母亲受这种折磨呢？我尖刻地怀疑，他们是嫌她“碍事”——她有个儿子是圣路易斯大学的教授，那是一所天主教学校。

我很高兴地向各位报告，几个月后我在基韦斯特收到她一张明信片，说她已经从弗里金斯病房出院“回家”了。

求生！人类心灵拥有的多么伟大的能力，无论年轻还是年迈！

不管在出现之时有多可怕，有些事件与人物，当你与之保持安全距离后再回想起来，却有一种惊人的趣味。譬如，有个体形庞大的黑人女子常坐在休息室中央。每当我走过她身旁，她总会冲我笑着说："你太甜美了，你是一块糖，就是甜甜的一块糖。"

我天真地以为这是她的肺腑之言。后来有一天，她这样甜腻地同我打招呼时，猛地站起身来朝我挥了一拳，要不是打偏了，我怕是已被打倒在地。

我将她写进了我的电视特别剧集《停止摇动》（*Stopped Rocking*）。

还有两位很漂亮的年轻女士曾在伊斯坦布尔大量嗑药，只有给她们服用一种黑社会称之为"米基·芬恩"的化学药物当安眠药，她们才能入睡。每晚分发安眠药时，她们会站起来领药。药一吞下，她们就疯狂地拔腿奔向二十五码开外的病房。她们总是还没跑到门口就瘫倒在地，失去意识，必须由人抬到床上去。

啊，我多羡慕这两个姑娘！我乞求莱维医生给我吃同样的药，但他说："没门。"

我现在已被准许外出，但至少一个月内只能在这个街区走走，而且有一辆弗里金斯病房的小车跟着，确保我不能设法逃跑。

快要出院时，我终于可以坐出租车到克莱顿市区逛一小时。

我径直走进一家药房，买了一盒名为"尼托"的非处方安眠药。

我发现这药会使我视觉模糊，便不再吃了。

后来有一天，在克莱顿市区，我走进一位医生的诊所，自称克莱门斯·奥特——我德裔祖母一个兄弟的名字——说我来城里开会，睡不着觉，问他能否开些速可眠给我。

医生坚持要我体检。他注意到我心脏的问题，就给我作了心电图。然后他开药给我，一共才三颗粉红色药丸……

就在那天下午，我回到弗里金斯病房时，被叫去莱维医生的办公室。他通知我第二天可以出院了，在三个月的监禁之后。

我回到家的第一晚，正值 1969 年圣诞假期。

母亲和我坐在楼下，看电视播映我的《罗马之春》。母亲停不下话来，尽管我再三请求她让我听听对白，她还是从头聊到尾。

说服不了她，我只得坐在那里观赏费雯·丽的优雅与悲剧派头。我觉得这部电影是一首诗。它是丽小姐、也是导演何塞·金特罗的最后一部重要作品，导演和丽小姐一样是我亲爱的人。

弗朗基生命的最后几个月里，费雯·丽办了个宴会，邀请弗朗基参加。

那是他最后一次出门。

费雯·丽出于本能的同情心，让整场晚宴以他为中心，这将使我永远珍视对她的回忆。她不动声色地做了那一切……

她了解精神失常，知道被拽向死亡是怎么一回事。

她当时也正被拽向死亡，虽然无人知晓……

从弗里金斯病房出院的头一晚，看完电视，我问母亲我可不可以喝一杯热可可。她进厨房翻找了老半天，然后说："苏茜给'搬'回家了。"

苏茜是她半辈子的黑人女佣。后来母亲在厨房碗柜里找到了可可粉。

可怜的苏茜与可怜的埃德温娜女士！

苏茜晚上回家时，母亲会松开前门的四道门闩，惶恐地朝外窥探，接着重重关上门，对苏茜喊道："苏茜，你还不能走。街角有几个黑人在等公交车。”

现在埃德温娜女士又指责戴金在楼上藏了个“年轻的黑人女子”，因此埃德温娜女士她只好待在房子一楼……

弗朗基放大的护照照片在写字台后方凝望着我，令我心神不宁。我将照片正面朝下夹进我的诗《老人在夜里发疯》（Old Men Go Mad at Night）的纸页中间。

在我这年纪还依然耽于声色，遐想联翩，真是极度不光彩，令我蒙羞，且让我长夜无眠。

今天早些时候，其实是中午时分，我得知迈克尔·约克已试读了《呐喊》的最新修改版本，口头答应担任主演。缴税方面有些问题，不过我的经纪人比利·巴恩斯认为他和梅里克能够解决。

有一次我和聪慧可爱的女演员鲁思·福特在乔·艾伦餐厅吃饭，她对于人情世故的天生智慧似乎比我迄今在人生中累积的还多。我对她说起我的寂寞，说需要雇一个伴侣。

“那就雇人陪你吧。”她建议我，“可是别让他兼职床上的事。那种事你总能上街搭讪一个人的。”

“噢，天啊，你不懂。没有比在街头搭讪更空虚、更尴尬的事了。通常都会染上阴虱，没得淋病就算走运了，而且每一次你的心都会被削掉一小块，丢进阴沟里。”

对此她没有答话，美丽的脸庞露出神秘而凝重的神色。

“那怎么办呢？”我问道。

（那张高雅的南方人的脸上表情丝毫未变。）

似乎有太多人无法理解我在1971年夏天为何必须断绝与奥德丽·伍德的职业联系。

我想，我们关系破裂得归咎于我的妄想症与全然不知感恩，以及道德品质的全面崩塌。我认为应该根据我能持有的最为诚实的观点，从我的角度将这段经历告诉各位。

确实，奥德丽自1937年至1971年一直是我的代理。在这段出奇漫长的时期的最后十年里，这份代理关系已然被消磨得走样。

或许是因为她先生健康衰退，我又深居简出，沉溺于药物、酒精和“快感”注射，奥德丽变得——或者说在我看来变得——与我六十年代日益绝望的处境越来越隔阂。

弗兰克死后，没人能帮我从几乎陷入临床型抑郁症的情况中走出来。

似乎只有玛丽亚真正尽过力，给予我当时迫切需要的关怀。

与奥德丽关系破裂，发生在一部新戏首演之前我歇斯底里发火的时候。说来惭愧，当时还有几个见证者在场，那是1971年《呐喊》在艾凡赫剧院的一次早期预演之后，我们聚在唐纳德·马登的化妆室里。

我为《呐喊》付出了大量时间，这部戏特别贴近我生命的本色，虽然我说不出具体哪里贴近。首场预演，来看戏的大部分是年轻人，唐纳德·马登和艾琳·赫利表演精彩，观众的反响相当鼓舞人心。但我似乎看不出奥德丽对当晚的戏及其效果有任何积极的反应。奥德丽于我而言仍非常亲近与重要，若非如此，我也不会这么介意了。

第二场预演由一个叫作“萨拉·西登斯姐妹团”什么的戏迷社团包场。她们多半是贵妇，对《呐喊》这样的戏剧冒险持严厉又过时的态度。当晚她们反应很冷淡。而且，我可能为自己内在的焦虑所蒙蔽，我觉得比起前一晚年轻观众较多的热情，奥德丽似乎更认同萨拉·西登斯姐妹团的反应。

在唐纳德·马登的化妆室里，我成了一个疯子。我瞪着奥德丽说：“今晚观众的反应一定让你很高兴吧。你想要我死，已经想了十年了。不过我是不会死的。”

我没有对她大喊，我是平静而凶狠地说的，但这些话说出口很可怕，纵使奥德丽从长久的经验中一定了解，在一部费尽心血的戏正式首演前，我会心烦意乱。

奥德丽保持她一贯的端庄，对于我在马登化妆室里大发脾气，她没作任何反应。但是她没有留在芝加哥看首演。她飞回了纽约。

这次事件衍生出一些荒腔走板的故事。甚至有人说我动手“殴打”她。我抗议！我一生从没打过女人。（还有人曾说，我把玛丽亚锁在芝加哥国宾东大酒店，威胁说要是她想逃走，我就从窗口跳下去！）

还用我说吗？这些故事里没有一丁点真话。荒诞的幽默倒是不少。然而，就算我再怎么声称自己在所有场合都是值得信任的理性之人，我做的事以及处事方式着实不能为此作证。

我由衷觉得自己一辈子从未想过要伤害任何人，但是度过一生而不对别人造成伤害，几乎是不现实的，而且你伤害的极有可能是你深深在乎的人。

我曾深深在乎奥德丽，我认为现在我依然在乎她，虽然十年的疏离自然将关心程度降低了。

我相信随着时光的流逝，在我对这位超凡女子的记忆中，那十年将会变得暗淡，这位女士应该受到来自她专业领域的尊敬，她还是几位著名作家优秀的代理人。

对我来说，她很像我特别依赖的家人。她对我新作品的反应总是我首要关心的——更确切地说，她与卡赞的反应。

假如我对她的感情局限于职业范围，那么当她对我的关心——曾经那么多又那么真诚，至少看起来如此——看上去有所减退时，我或许也不会觉得自己孤独得像个迷路的孩子，像只被遗弃的老狗，从而极度不安，最终暴怒……

11

身为作家是什么感觉？我想说，是自由的感觉。

我知道有些作家并不自由，他们是受雇于人的职业作家，不可同日而语。

在职业方面，他们可能是世人眼光里“更好”的作家。他们对于如何写出畅销书消息灵通：他们讨好出版商，想来也讨好他们的读者。

然而他们不自由，因此并非我心目中真正的作家。

有了自由便生而无憾。

这指的是各种各样的自由。

指的是想停就停、想走就走、想去哪里就去哪里的自由，指的是四处游历，悲伤或快乐地离开旅馆，无所阻碍，不留太多遗憾。

指的是做自己的自由。曾有人明智地说过，如果不能做自己，做人又有何意义？

我不常读也不常引用《圣经》，但我很喜欢其中一句教诲：

“你们的光也当这样照在人前，叫他们看见你们的好行为，便将荣耀归给你们在天上的父。”

如今有新新闻主义，有新批评派，新面貌和新风格出现在电影和戏剧领域，实际上也出现在我们生活的方方面面，但我认为我们最需要的是新道德。

我认为我们已经到达了一个关口，需要做些什么使我们的生活可以继续下去，可以令人忍受……

我刚才醒来，对着漆黑的房间暗自抛出这布兰琪式的呼喊，所幸深夜中无人得以窥探：“噢，我会心碎的。”

我确定这只是南方人的一种夸张的说法，并非由衷的呼喊：放心，我不是在说“布兰琪式的呼喊”不是或不可能是由衷的呼喊。实际上她在绝望时对世界发出的所有呼喊几乎都留存于世了，因为那些是她困顿心灵真实的呼喊；正因其真实，才能存续，回响在许多认识与不认识的女士心里。但这听起来不像我，甚至不像是在维多利亚套房中的我。我缺少布兰琪的幽默，正是这幽默以及真实，使布兰琪成为较为不朽的舞台人物，近年来在大型舞台剧中不断重生，一次在西岸，由乔恩·沃伊特饰斯坦利，一次在东岸的林肯中心，由埃利斯·拉布导演，主角布兰琪则由他的前妻罗斯玛丽·哈里斯饰演。

今天一早开始就极不顺利，像是用坏了腿的三脚架做事似的，并且看起来不像是能换一副正常三脚架的样子，暂且假设存在着正常的三脚架，而我觉得没什么事情是理所当然的。

我昨天上午起晚了，只好独自在楼下餐厅吃午饭。干掉半瓶基安帝鲁芬诺酒后，我又回到床上。寂寞如同患狂犬病的狼群一般袭击我，我的红色小地址簿留在了威尼斯，所以我只能在电话簿里查一个认识的老鸨的号码，叫她派一个收费的伴侣过来。我觉得这个人一定读过也记得我的小说《欲望与黑人按摩师》，他让我这副疲惫衰老的身体经受了一顿从没受过的猛捶狠捏。

“喂，我说，我可不是受虐狂。”

接着，他把我翻过来翻过去，来回好几次，持续了一个钟头，我得承认我感觉放松下来了。

除了无可避免地死亡以外，对于不久的将来我还有一些计划。我会搬去意大利南部或西西里，实现自己的许诺，买一小块好地方养羊养鹅，还要再完成一个剧本。

我忍受不了那个阴茎形状的半岛北部如今涌现的一种意大利“中产阶级”男妓，但我永远难忘当地农民的可爱，尤其是那次和弗朗基吵架之后，我一个人带上装了马丁尼的保温瓶，开着我的捷豹双门跑车去巴塞罗那，途中有辆卡车从岔路急转出来，我打方向盘闪避，却没能控制住车，这辆高档车重重地撞上一棵树，那台“好利获得”牌手提打字机从后座弹了起来，不偏不倚砸中我的后脑勺，我被砸晕过去，也不知昏迷了多久。等我醒来，发现身边围着一圈农民，几乎每个人颤抖的手中都握着一小杯葡萄酒或甜酒要给我，带着他们的体贴和关心。

当我在一张双人床上死去时，我希望和他们在一起，也和理想中那个年轻迷人的园丁兼司机在一起。

有何不可？执着的梦想有其意义，有时候也会实现。

1970 年我从弗里金斯病房出院回到基韦斯特，面对一个令我恼火的证据，证明赖恩并不期望我活下来。他不仅建了一个造价高昂的厨房，装了一面彩色玻璃大窗户，宛如盖了座大教堂，他还造了一个贝弗利山庄才应该有的全新的露台。我幸存下来，回到基韦斯特，显然令这位老爷非常失望——是的，可以说是冒犯了他。

他一直开心地在城里猎艳，有个和他一样放荡成性的女人长期作陪。一天晚上，他请她来家里吃饭。我冲进卧室，见他跟来，就告诉他说，她离开之前我是不会出来的。

可悲啊他！他只得开车送她回家了……

大概一个礼拜之后，赖恩自己也被逐出家门了。是我亲爱的朋友玛丽·路易丝·曼宁策划那次必要行动的。

他原计划在一家非常昂贵的餐厅办个盛大宴会，我拒绝了；我说我一个宾客都没邀请，也不会招待他们的。他一怒之下站起身，愤然走出家门。

午夜时分，我和玛丽·路易丝·曼宁、作曲家亚历克·怀尔德还有约翰·杨一起坐在客厅，喝醉的赖恩不怀好意地走进来，开始奚落我。

我回起嘴来。玛丽·路易丝抓着我的手腕，对赖恩说："汤姆的脉搏很快，他的身体受不了这样，收拾好你的东西，马上搬出去。"

她请约翰·杨当天夜里留下来陪我，他一留就留到了1970年春末，在此期间做我的临时秘书，而我从弗里金斯病房的监禁中脱险后，在痛苦中渐渐复原。

监禁一直是我一生中最大的恐惧：在我的剧本《呐喊》中可以看出这一点。

我认为《呐喊》是一部重要作品，它在百老汇的遭遇并未改变我个人对它的评价，尤其是在上演后、出版前的那段时间里，我得以删去了有损流畅感的内容，改进了开场独白，这段独白之前受困于作者与导演对它产生的争议，在华盛顿交给导演的修改稿也被后者拒绝了。由于导演独断专行，我对他心生怨恨。我仍然相信，热纳维耶芙·比若尔德与迈克尔·约克联合主演所发挥的号召力可以把戏留在百老汇舞台，直至找到属于它的观众。卡拉·达夫－麦考密克是一位有天赋的年轻演员，但她的名气和台风还不能满足《呐喊》的特殊要求。在莱塞姆剧院首演之夜的幕间休息期间，我听到一位和我一起从楼座下楼的人评论说，这部戏上一年的芝加哥试演更好，我回头对这位陌生人说："谢谢，我同意。"

不过，它还是在首演夜吸引住了观众：没有人咳嗽，也没有人坐不住，有一种专心致志的气氛。然而我感觉此次制作注定失败，我安排了一辆豪华轿车在剧终前半小时到戏院接我，把我和一位朋友迅速送往拉瓜迪亚机场，我们要搭红眼航班去迈阿密。我理解谢幕时两位主演获得的热烈的掌声，这当然是他们应得的。亲爱的迈克尔拼命练戏。小卡拉勤勉地坚守她的角色，或许在所有演职人员中，除了作者以外，她是最理解也最热爱该剧的内涵的人。她在舞台下习惯感情用事，有一次我们在华盛顿吃午餐时，她转头对我说："我觉得这是史上最好的剧本。"

我笑她这种年轻夸张的想法，她脸红了。

啊，我的天啊，可是我多需要这些年轻夸张的反应，它们是我如今生活中不可或缺的生气！

曼哈顿的日报没有毁掉这部戏：我们没有收买它们，但剧评均没表现出摧毁该剧的念头。

克莱夫·巴恩斯谨慎地表达了敬意。除了伦纳德·哈里斯的剧评外，电视评论我一律不理会。我料想它们一般都是负面的。

要说我不理会电视评论，也不完全是实话。我又怎敢不理会任何可以决定一部戏生死的评论？我说的是自己不特别重视他们的鉴赏力。然而在曼哈顿首映时把一位电视剧评家拒之门外的不是我，是大卫·梅里克。

我至少花了整整一年时间，才从莱塞姆剧院的那部戏中恢复过来。我猜想自己尚未完全复原，之所以对于完成《红鬼炮兵连的信号》和另一个剧本《这是》（*This is*）感到倦怠，就是源自这历时一年的伤口——它缓慢而持久地流血。

突然间要重新振作，继续前行：就我而言别无选择，除了死亡……

我突然着手修改《小船警报》，渐渐意识到它结构上的主要缺陷——紧接着同性恋电影编剧昆廷那一长段独白之后的酒保蒙克的冗长独白。昆廷的独白是剧中最有效果的一段，因为这个剧本的价值大多在人物语言上，昆廷的发言显然是高潮，至少在第一幕中如此。这几天我已交了三份修改稿，以蒙克的独白开场，让他在酒吧开门营业。这赋予剧本一种形式感：开场时蒙克开门，他独自一人，惧怕自己心绞痛，结尾时他打烊，将就接受了无家可归的可怜人维奥莱特作伴侣，至少说服她上楼洗澡。

我发觉自己作为剧作家是多么老派，如此在意传统的形式。但我并不为此尴尬，我觉得缺乏形式，哪怕不是每一次，也总会令观众与我自己都感到失望。我坚持认为《热铁皮屋顶上的猫》是我所有长戏中的最佳作品，因为它遵循时间与地点一致的三一律，并且大爹具有国王般的威严。而这样一来我似乎显得自相矛盾。我太常写一些不具威严的人物，至少表面上如此。我写“小人物”。但是真的存在“小人物”吗？我有时认为，那只是把人看小了。凡是活着、有强烈感情的，就不微小，深入探究起来，在我眼中大部分

“小人物”生活中都怀着那种我写作时可以汲取的强烈情感。

布兰琪是“小人物”吗？当然不是。她是个魔鬼似的人，她的感情力量巨大，若不以疯狂发泄，她就无法承受。那么阿尔玛小姐呢？她是“小人物”吗？当然也不是。她的激情使这部戏、也使李·霍伊比的《夏日烟云》歌剧更为饱满。

各位要如何看待我人生中的自相矛盾都可以，而我已经真正努力地去挖掘其意义了。

的确，我是个斗士，从圣路易斯一路走来不容易，自弗朗基离去后，我经历了人生中很长的一段遭遇挫败的时期。然而接下来，我感觉自己的生命和他一样已经结束，于是放弃了这场战斗。现在不同了。我有继续活下去的欲望，还有重要的新计划。

我的天啊，我的论调听起来好像尼克松！

此处我想穿插一段在1970年去曼谷旅行的事情，内容很有戏剧性，我长话短说。我是带着奇怪的误会踏上这段旅途的，我疑似患了乳癌，要去那里接受手术，误以为做这次手术的医生不是别人，正是泰国国王的外科医生。

那年早些时候，我漫无目的地在地中海地区航游许久，途中发现左边乳头下方有一个小肿块。因为没有疼痛感，我也就没怎么在意。不久后我在新奥尔良逗留期间，去一位名医那里咨询我的心脏问题。他注意到我胸部的肿块。

他对我说：“男性得乳癌极少见，但罕见的事也是会发生的。”

我请他相信，对此我相当同意。

他建议我取消曼谷行，尽快切除肿块。但是我一心要继续航行，而且有个朋友信誓旦旦地说他和泰王的外科医生有私交，那位医生可以为我治病，这更坚定了我向东方进发的决心。

听闻我又要越洋远游耽误手术，那位美国医生很不高兴。但我的行程不容动摇，于是那年秋初，我开始了一次太平洋上的愉快航行，只有扩大的肿块以及在传奇之城曼谷即将进行的手术在我心里投下些许阴影。

“克利夫兰总统”号邮轮中途停靠火奴鲁鲁等港口，我想就是在火奴鲁鲁，那天夜里我在岸上喝了两杯迈泰鸡尾酒，向几个多嘴的人透露自己到目的地后将接受乳癌手术。

始料未及，这随口一提的计划竟引得下一个停靠港横滨的记者们大为骚动。我一下船，立马被摄影师、新闻记者和口译员团团围住。

闪光灯照得我眼都花了，口译员们不停地喊着：“威廉斯先生，您真的得了癌症吗？”

在此只停留两天，期间我最后一次与三岛由纪夫会面。船靠岸后，我住进横滨一家酒店，一天晚上他开车到港口来和我吃饭。

我猜想当时他已决定切腹，才一两个月后，我仍在曼谷，他真的自尽了。他走进酒店酒廊的时候，我注意到他身上有一种紧张严肃的感觉，这使我相信他已经下定决心，我认为他这么做并非出于对日本传统崩毁的政治关怀，而是因为他写完三部曲之后，感觉已经完成了自己身为艺术家的重要工作。

我很感动他特别关心我酗酒的问题，虽然晚餐时我只喝了一杯鸡尾酒和一点葡萄酒。第二天他打电话给我，要我注意自己贪杯的习惯……

横滨之后我们到香港停靠。我从香港飞往曼谷。我住在东方大酒店的套房，那间套房曾住过诺埃尔·考沃德和萨默塞特·毛姆，因而成为圣地。

有关我（尚未证实）的乳癌的消息也跟着我到了那里。我在房间刚安顿下来，酒店的接待员就打电话来说，新闻记者正在楼下的餐厅等我开发布会。

接待员说的是真的。餐厅一张长桌边挤满了兴奋的记者、口译员和摄影师。

他们提的第一个问题令我震惊。

“威廉斯先生，您真的是来曼谷等死的吗？”

我到曼谷来是抱着完全不同的目的，因此我大笑起来。

“如果可以选择，我唯一愿意去等死的地方，”我告诉他们，“就是罗马，不是因为梵蒂冈在那里，而是因为那一直都是全世界我最爱的城市。”

我向各位保证长话短说了，我会尽量做到。

结果并不意外，那位要为我疑似罹患的乳癌动手术的外科医生，非但不是国王的医生，他还大笑着坦承王室成员他连一个都没见过。他只是暹罗军队的军医，在美国受过医学培训。

不过，我喜欢他。

手术是在草率、甚至可以说简陋的环境下进行的：比起尚未证实的乳癌，我还是更担心自己的心脏，手术过程中我手里一直握着一小瓶硝酸甘油药片。手术做到一半，局部麻醉已失效了；这次手术持续了大约一小时，病理报告为男性乳房发育症，在早年重度饮酒而损伤肝脏的男性身上，此种乳腺增生的情况算很常见。

我没有在这间小诊所预约病房。手术结束后，我立即喝了一大口雪利酒。随后我在一个小个子泰国青年的陪同下离开，去了城里最好的餐厅，我们点了黑胡椒牛排和陈年葡萄酒，大快朵颐。

我在曼谷接下来的日子是一场美梦，但愿有朝一日能重返梦中。我真希望还有篇幅容我赞美那里的异国风情！

我取道旧金山回国，生平第一次发现自己的名字上了报纸头条。标题类似这样："田纳西·威廉斯笑看癌症与死亡"。我被形容为"丑陋、优雅而傲慢"。

这是五年前的事了，如今我在寻找另一个好借口返回曼谷：或许我已经有借口了，与手术无关的借口。

这是自1946年夏天以来，我头一次在屋里还有别人的情况下试图写作。1946年是在楠塔基特，卡森·麦卡勒斯坐在工作桌一端，我坐在另一端，她将《婚礼的成员》改编成剧本，而我正受着那该死的角色的折磨，这是指《夏日烟云》中的阿尔玛·瓦恩米勒小姐。如今屋里的另一个人是位青年才俊——尚未成为我的门生——我很快便忘记了他在旁边，他的存在如同卡森一般温暖而梦幻，当我敲打出这些琐事的时候，他也在管理人员帮我们租的打字机上同样专注地写作。

我刚刚挂断革命家埃里克·曼打来的电话，他去年冬天曾在这里客厅的地板上睡过一晚。他在他所称的"亚美利加"的监狱中养成了睡硬板床的习惯。对于把"美国"这样美丽的词用卡夫卡的方式拼写[1]，我不知道自己对此有多大兴趣；实际上，我想我根本不喜欢。

---

[1] 《亚美利加》（*Amerika*）是卡夫卡未完成的长篇小说。

我相信，我喜欢的是革命——个人与艺术的革命，而非武装革命，亦非地下革命——我觉得或许就在我有生之年，这样的革命自会成功，无须全面的暴力破坏。

暴力！以往我所有的精神科医生，特别是法国人劳伦斯·库比医生，都对我说我心里存在暴力，这一点说得没错。只是我的暴力仅仅是语言上的。

不过我也不逃避可能发生的肢体冲突，这让我想到昨晚在纽约新剧院中场休息时发生的一件令人吃惊的事。

我当时坐在男演员化妆室里，突然间所有的技术人员以及那位演小角色警察的漂亮演员都冲向了观众席，那里突发暴力事件。我一跃而起，突破重围，直面挑起事端的那个人。我不知道自己说了什么、做了什么，昨天一整天都不对劲，只听见自己高喊："我们全都为这部戏费尽了心力。要是你不喜欢，我是写剧本的人，有事冲我说！"这时才发现面前是一个个子大概比我高出一倍的年轻人，他恼怒得涨红了脸。大家马上聚到我身边，用力将我推出这场纷争。重要的是，我并不害怕，尽管那人简直可以把我扔到墙上。当受到侮辱，面对无礼之人时，我似乎对可能发生的危险无动于衷。

你们瞧，我真的很爱我的"小船"。

我原以为《小船警报》会在纽约新剧院演上六个月，惊闻将提早两周结束，我感觉无所适从。于是我去找我的医生，他给我打了一针强力的利他林，这是一种兴奋剂，去年夏天芝加哥一家酒店的医生也给我打过这种药，当时我请他来，告诉他我没力气下床，他为我打针之后，我真的爬起来了。

打完兴奋剂后，我总能爬起来，昨晚感觉利他林药效过了之后，我一上场就表现得像个疯子一般。我窜改了自己的台词，然后对饰演蒙克的吉恩·范宁说："我已经说过这句了吗？好吧，我再说一次。"当道具收音机播放该死的天气预报时，蒙克对我说："医生，小船警报。"我转身，正面对着观众说道："是啊，这是戏的名字，我是主角。"观众哄堂大笑。可是我敢保证，可怜的吉恩·范宁——他爱自己的角色，也始终正统地演出——双眼向我射出毒箭。

可惜我才是"主角"：他们把我的名字排在佩格·默里之上，我一定得向各位说明，对此我是抗议过的。见鬼，我连个演员都算不上，我只是登台亮相来促进夏季票房的。不过我也有点本事。我知道如何言行放肆。而当我想要正规地演戏时，我想自己可以做到，也可以做好。比如昨晚我（饰演医生）杀了一个孩子胎死腹中的孕妇之后回到酒吧——医生实际上没有真的杀了她，就像医生对蒙克坦承的那样，孕妇大出血快死了，他本可以为她叫救护车的。但医生说他考虑到可能要承担的后果，在考虑的当下，那个女人就死了。

但你们知道，我可不像戏中的医生。我会毫不犹豫地为她叫救护车，尽管因酗酒被吊销执照后仍秘密行医，可能将承担后果。

啊，我和医生之间有相似之处，年龄相仿，甚至自卑的程度也差不多。但是感谢上帝，我一定会不计后果为那个娇小的女人叫救护车的，不会只是把当天为堕胎手术而收的五十块钱还给与她同住在房车里的那个男人。

各位该明白，本周末即将在纽约新剧院停演的这部戏是如何在我心头萦绕了吧？我不会允许它停演的。在纽约是停了，但我会设法迫使 ECCO 制作公司完成已经定下的巡演。

好几晚没吃安眠药之后，我昨天从一个医生那里弄到了二十几颗耐波他，在玛丽昂称为“黄蜂”的单人床上为几乎没睡的几夜补眠，从半夜睡到早晨九点。起床时我期望久睡可以恢复我工作的精力，但很快便发现适得其反。

我尝试继续写短篇小说《萨巴撒与孤寂》(Sabbatha and Solitude)，状态近乎昏昏欲睡。于是我只是把写好的页数排了排顺序，便放弃了。

关于这篇小说：它算是一篇讽刺作品，但恐怕未能表现出效果。

实际上，它在一些地方几乎是不连贯的。近来有不太顺利的事情发生，而且发生的时间非常不利，我的最后一部重要戏剧作品即将开始制作了。也许是大事将近令我胆怯。但我不是一直都很胆怯吗？所以这个借口无法站稳脚跟，或者说根本站不住脚。

不过，这篇小说有一天会顺畅的。只要时间充足，一部作品就会完成的。急什么呢？

回首持续记录现在与往昔时光的这几个月，我发觉在这记录中并未美化自己，这没有违反前提——前提能够违反吗？

我需要与我同声欢笑的人。

自六九年末圣诞前后从弗里金斯病房出院以来，我时常需要有人一起欢笑，现在我意识到这有点损害我的写作。我的作品中出现太多歇斯底里的笑声，本质上并不幽默，音量却很大。

像我这样的作家活着并不轻松，脑袋因为一上午痉挛三次而受损，心脏则伤于冠心病，使我每晚入睡时都怀着第二天早上也许不会醒来的紧张心理，这有时甚至发展为令人恐惧的狐疑。

早晨，我是如此爱早晨！它们战胜夜晚。

有时候在我看来，我的一生是一个早晨接着一个早晨度过的，因为我只在早晨工作，以前也大抵如此。

有个朋友告诉我，她打电话给一位在《纽约时报》工作的朋友要一份她的讣告，这位美国报业巨擘无疑已将她的讣告归档，因为她年事已高，一个“名人”去世时，讣告必须迅速刊出。

新闻界这种做法有些可怖。

我这么说并不是质疑美国艺术家逝世的消息应快速被报道，而是因为我觉得，任何真正的艺术家最重要的天赋是诚实的初衷，而这无法在一小篇罗列日期与荣誉、提及主要作品的讣告中探讨，他有权得到对于他人生和“作品全集”的反思性研究。

“作品全集”这个词有嫌虚夸。为何不单纯说成他的工作呢？

工作——最可爱的字眼，大多时候甚至超越了爱的重要性。

令我最忧虑的是我睡觉越来越困难：以前从未这么困难。

好像我无意中被什么东西纠缠，阻止睡眠超过安眠药发挥作用的最短时间。

是即将制作的戏吗？

所有可能发生的不幸，像老猫那样舔一舔伤口，都能熬过去，再说我将自由地永远移居那个“西西里的小农场”去“养羊养鹅”。

我猜想纠缠我的，是我对自己隐藏的东西，它并非有意却又很明智地隐藏起来了。

或许是我母亲危急的病情，这的确一直折磨着我的“心灵”，但我又没有给她足够的关心。要为自己开脱的话，可能要用我害怕回到圣路易斯作借口，我太畏惧了，感觉身体无法承担。

或许是我姐姐的病？这更像个合理的理由。然而就算是这个理由似乎也不充分……

曾有采访者问我，为什么作家如此关注疾病与死亡。

“任何艺术家都会经历两次死亡。”我告诉他，“除了他肉体的死亡，还有他创作力的死亡，创作力随他一起死去。”

一个剧本要经手那么多人，面临那么多的状况，这些状况有些可以改变，有些则不能，再经过接受剧本的人各种莫名其妙的阐释，作者若没有患上不治的眩晕，无可挽回地跌进满是毒蛇与疯狂的深谷，已经算是奇迹了。

然而，今天，当我对已出版版本的《呐喊》完成修改时，却完全没感觉到不平衡。天气晴朗；身边有好友环绕；今晚我要去看《欲望号街车》的一场预演，主要角色由理解并喜爱这部戏的几位演员饰演，而且此次重演由颇具天赋的年轻导演詹姆斯·布里奇斯搬上舞台。

倘若前方有停止标志，它们尚未显眼到令我停止前行……

一个人度过一生，伴随着自己一系列小小的恐惧与愤怒，猜疑与虚荣，以及精神与肉体上的欲望。

生活由这些建造而成，而人由生活建成。

脐带是一条长长的血脉之绳，使人如杂技演员一般摆荡于一座几乎永无休止的高空秋千，噢，如此漫长的路途，从第一个获得生命的有机体一路至今。

将此定义为造物的热情，这是我们对上帝全部的认知。

这是一种不可知论的说法吗？我认为不是。

或许各位会同意我声称自己特别诚实，无论身为作家还是身为一个人而言。如果你们认识这本书之外的我，也会发现我是个珍视良善以及耐心的人。

我的大半辈子都是与天性复杂又难相处的亲密伴侣一起度过的。直到最近我才学会如何妥协，我指的是珍惜他们天性中都存在的可爱的一面，同时隐忍地与他们粗粝的脾气共处。毕竟，他们也没有一个人觉得我是真正好相处的生活伴侣或旅伴。

两年半以来，是一个性情暴躁的年轻人陪伴着我，他习惯讲些在东南亚服役期间学来的污言秽语。他说他爱我。我问自己："他怎么可能？"

假如他今天离开我，我也会深感满足，因为我知道在同居的日子里，他完成了两部我读过的最杰出的现代小说。

假如他今天离开我——但我觉得他不会的……

我们两个都是南方人，都是作家，我们对自己的写作与人生都极尽诚实。

写作的诚实有两种：有品位的诚实，以及没有品味的诚实。

我在 1972 年动笔写这本书，如今是 1975 年了。因此，目前的这几段在时间上也是来回跳跃的。

对于写一个人的人生的书来说，这并非没有先例。聪明绝顶又才华横溢的加森·卡宁写过一本萨默塞特·毛姆的传记，比我的写法更加不顾时间顺序：我喜欢这种方式。如今过往的时光与当下的时光在这本东西里已汇聚到一起。

今晚罗丝小姐从岩居过来吃晚餐。陪伴她的亲爱的塔蒂亚娜不克前来，所以由我和年轻作家护送她到圣里吉斯餐厅吃饭。

我有没有提过，上次她进城时，我们谈话间聊到出国旅行，我问她想不想去英国？我的朋友玛丽亚（圣贾斯特男爵夫人）邀请她随时去威尔伯里做客，我觉得罗丝小姐会对此感兴趣的。我对她提起这邀请，还补充说，我认为或许可以安排她见见英国女王。她毫不犹豫且自信满满地答道："我就是英国女王。"

我想如果是活在梦境里，做那里的女王也不错。

她的确常常带着一种帝王气派，看起来十分自然。走进餐厅时，她会举起一只手，或者对陌生人点头。

今晚，她特别注意我们走向公园的一小段路上经过的一群孩子。她高兴地朝他们挥手，他们也全都挥手回礼。

"罗丝，那个孩子是谁？"

"我的儿子。"她说。

(英国王位的继承人？)

前两次她来的时候，带了牙刷牙膏，显然希望在这里过夜。让她旅行一趟自然很好：那为何不去英国呢？

玛丽亚依然保有她爱找乐子的非凡爱好，在威尔伯里那座漂亮的帕拉第奥式宅邸里让罗丝成为一位女君主，女士们向她屈膝行礼，先生们则鞠躬致意，这会很好玩的。她英勇地忍受了精神失常的折磨，不曾低头，从未消沉，难道不应受到这般敬意？无论是否是以英国女王的身份。

我有没有提过，她现在以为母亲（王太后？）也是岩居医院的病人？塔蒂亚娜说她会轻轻拍着假想中母亲的肩头说："你好，妈妈。"得不到回应，也不期待回应，她就走开了。今晚我问她："妈妈在岩居过得好吗？"

"噢，她很好。"

"她在干吗呢？"

“坐着。”

卡森·麦卡勒斯很喜欢罗丝，我们常带她去奈阿克拜访卡森。卡森的亲昵总是溢于言表，她有一次说：“噢，罗丝，过来亲亲我。”

“不要，谢谢，”罗丝说，“我有口臭。”

还有一天晚上，卡森邀请我们吃饭，却迟迟没有上菜，罗丝小姐习惯早早用餐，她越来越坐立不安。不知何故她总是称呼卡森为“C”。最后她硬要进厨房看看晚餐准备得如何了。晚餐可说是毫无进展，实际上烤肉已经烧焦了。

“C，”罗丝说，“我想烤肉已经焦了。”

卡森喝着波本威士忌，正喝得神情恍惚，对这件事毫不关心，但罗丝小姐可等不了。

“C，你起来穿上衣服好吗，我弟弟可以带我们去餐厅的。”

卡森自然过了好一会儿才站起身来，然后请罗丝帮她穿裙子。

罗丝小姐不太乐意。

“我想你得自己穿好。”

卡森与她先生里夫斯从他们的乡间“古宅”来到巴黎。他们和我还有弗兰克住同一家酒店——皇家桥酒店。那是马尼亚尼的一部电影在巴黎首映当晚，我被她召去参加首映式，正穿上礼服时，电话铃响了。电话那头是卡森，语气十分焦躁。

“啊，田，亲爱的，我们必须从五楼搬到二楼去住了，因为里夫斯可能会从窗口跳下去。拜托你马上过来，尽量劝劝他。”

这传唤可比安娜的更加紧急了，于是我冲去他们房间。

“要自杀是怎么一回事，里夫斯？你不是认真的吧！”

“是啊，就是认真的。”

“为什么呀？”

“我发现自己是同性恋。”

我当然无法预见一两年后他真会自尽，我大笑起来。

“里夫斯，我绝不会因为自己是同性恋而去跳楼，除非我被逼着不当同性恋。”

麦卡勒斯夫妇被我的话逗乐了，里夫斯自杀的念头也暂时放到了一边。

马尼亚尼的首映式我迟到了。我偷偷溜进她的包厢时，她对我怒目而视。

麦卡勒斯夫妇回到他们种着棵樱桃树的古宅，里夫斯不断向卡森提出，他们应该在树上上吊。

他甚至为此备了两根绳子。但是卡森并不想听取这个提议。

她身患顽疾，不得不回巴黎医治。

里夫斯开车送她，半路上又掏出那两根绳子，再次劝她跟他一起上吊。

她假装顺从，说服他在路边一家酒馆停车，说要买一瓶葡萄酒来给他俩壮壮胆。

他一进酒馆，卡森就爬出汽车，搭便车去了巴黎郊区的美国医院。

她再未在可怜的里夫斯生前见过他。几个月后，他灌酒吞下一瓶巴比妥镇静药自尽了。

这些可怕的回忆我写得多么轻巧！

我又能如何向各位陈述这些事？毕竟你们中少有人认识卡森和里夫斯。

昨天晚上，我生平头一次接受纽约剧评家的采访，那人正是沃尔特·克尔。

我很害怕。他谢绝了我在楼下“阳台”餐厅共进午餐的邀请，也不愿共饮我带进套房来的一瓶苏瓦韦白葡萄酒——我想是我一个人喝光了，客厅的瓶子里已滴酒不剩。

这个真实的普通人令我宽慰，他笨手笨脚地摆弄录音机，还落下一盘磁带——面对他我没有紧张兮兮地东拉西扯。

当然，采访发表时长什么样永远也没个准，就像剧评一样。其实，戏剧也是如此。

我在新奥尔良的心脏科医生在四年前建议我回基韦斯特，像鳄鱼一样生活。我没理会这建议，我不知道鳄鱼怎样生活，只晓得它们懒洋洋地活在沼泽里，而那种生活对我的吸引力和死亡差不多。

“步子轻一点，你可以走很远。”很远是多远？当然我会尽量这么做，虽然对活动和旅行的渴望从未停过。

说到旅行，这是打从 1974 年以来我第一个没有出国旅行的夏天，至少没去意大利。与年轻朋友在“妇女市集”餐厅用午餐时，我突然打消了去蒙特利尔的念头，那里算不上国外，也完全放弃再去新奥尔良或基韦斯特隐居。飓风季节的柯卡鲁尼岛[1]在我眼里也没什么魅力。于是我热烈地谈论起九月飞往意大利的想法。也许我可以在波西塔诺租一间可爱的小屋，夏季的游客大多已散去，海水清凉澄澈，我可以画几幅画，让几个新的写作计划浮出水面，最好不是像浮尸那样浮出，而更像克莉奥佩特拉那样由水、气、火组成的造物。

---

[1] 柯卡鲁尼岛，田纳西·威廉斯剧作《姑娘》的虚构背景地，原型可能是基韦斯特。

我可以取道伦敦回美国，在玛丽亚那里小住；年轻作家和玛丽亚互不喜欢对方，他可以从罗马飞回去。在伦敦，我可以设法吸引皇家宫廷剧院或汉普斯特德剧院推出《一个著名女配角的暮年》（*The Latter Days of a Celebrated Soubrette*），这部戏由安妮·米查姆主演，今晚她刚请我们吃过饭。她仍希望彼得·库克和达德利·摩尔能答应与她同台演出——我对此不抱那么多希望，也没有那么大的兴趣。我认为这项计划目前需要的只是一家外西区剧院和一位欣赏戏中的绝妙幽默的好导演——安妮会说是“恐怖”，但我认为它的恐怖感被笼罩全剧的恣意的黑色喜剧效果驱散了。

引用《国王大道》中拜伦的话：“远航吧，去尝试，没有别的了。”

我觉得是时候考虑自己是疯子还是神志较为正常这个问题了。我猜想读完这本东西的各位此刻大多已得出你们的结论，且结论很可能对我不利。面对这些读者，想来应是多数，我只能说“不予争辩”。你们有你们各自的世界以及各自相应的对于神志正常的标准。你们多半归属于某种提供稳定作用的事物：家庭、明确的社会地位、机构中的职位、更为安定的生存习惯。我像吉普赛人一般生活，我是个逃亡者。似乎不再有任何地方能让我长久安居，连我自己的皮囊也一样。

正常与失常其实是法律术语，我相信凯利中尉[1]——如今已成传说，象征着盲目的暴行，这名年轻军官用手无寸铁的平民的鲜血

[1] 威廉·凯利（1943— ），前美国陆军中尉。1968 年 3 月 16 日越战期间，美军在越南广义省美莱村进行屠杀，威廉·凯利因杀害平民而被判处终身监禁，后软禁三年即被释放。

染红了泥沟，从老人到婴儿皆不能幸免——在法律上未被宣告为精神失常。

世界上还有无数被视为神志正常的例子可以用来探讨这个问题，但这是个枯燥的问题。我还是回过头来谈谈自己，我承认，我觉得自己极其怪异。

我对自己立约要继续写作，我别无选择，写作作为一种生存方式和逃避生活的方式已根深蒂固——但我可能不会再介入任何戏的制作，只当作者和观众。我不会再苛待自己，也不会再允许自己因参与将剧本搬上百老汇舞台而焦虑紧张，饱受煎熬。

我真的这么打算吗？如今，我一定得等着看了。

死亡是无可避免的结局，多数情况下我们尽可能躲着它，然而最后，当所有可行的办法都失效时，我们必须尽可能地发挥尚存的风度去尝试接受。这件事绝无惊人之处，或许除了对某些狂热的基督教科学会成员而言。我最近读到的关于死亡最美好的话，出现在斯图尔特·艾尔索普的书《延缓行刑》(*Stay of Execution*）中。他写道：“垂死的人需要死亡犹如疲乏的人需要睡眠。”

当然，需要一样东西和想要它是不尽相同的。

在《热铁皮屋顶上的猫》里，大爹在第二幕的某段说猪才叫唤，人对这事绝口不提。他说猪占了便宜，因为它们对死一无所知。动物糊里糊涂就死去，但死的时候，它们会长嚎或叫唤。然而，人明白这件事，却对此绝口不提。

讽刺的是，第三幕中，大爹疼痛得高声叫喊，可怜的大妈真的爱他，冲进玛吉和布里克的卧室拿来吗啡缓解他临终的痛苦。

两年前的夏天，我在曼哈顿的医师医院做手术，他们推我进手术室的时候，我绝口不提自己的恐惧，麻醉师为我脊椎注射麻醉，我由此怀疑自己醒不过来了。但是当我在病床上醒来，他们揭开手术纱布时，我嚎叫的样子像只动物，或者说像第三幕中的大爹。感谢上帝，他们立即让我服下一片配西汀止痛药，使我又昏睡过去。不过仁慈的睡眠不久便消逝了，第二天我将前一夜形容为“长刀之夜”。

我希望大限来临时，我会在睡梦中死去，希望是在新奥尔良公寓那张美丽的铜床上，纽约东五十八街与东六十五街公寓那张留有我与梅洛的许多爱意的床上。

我曾读到过，像三岛由纪夫那样为人英明的艺术家也相信转世。若真如此，他倒是从未与我讨论过此事。

我无法相信死后除了永恒的忘却之外还有别的什么。人活这一生离不开可怕的变节。有人曾告诉我，宇宙中所有的直线最终都会弯曲，而曲线最终会弯回起点，本质上这可能是某种再生。但这是多么漫长的等待，如果想及这遥远的可能性会是一种慰藉，这又是多么寒冷的慰藉啊，你会在一颗已化为石堆的星球上重生，假如它真的存在的话。其他的情况我更是不敢想象。

我甚至不确定，人们是否已无可辩驳地证明了太空和宇宙是像我们观念中那样弯曲。

所以，最后我们心中或者只剩不为成人接受的童年时代的单纯信仰，或者……或者剩下什么呢?

真的，是什么呢！是日夜生活的琐事，我们用以掩盖走向尽头的寂静而巨大的脚步？还是独坐观心，从而缓慢却出奇坚忍地超越肉身及其挂碍?

我当然觉得远东这种顺应内心的方法很有魅力，但我是个太典型的西方造物，若没有一管烟枪在手，是无法遵行到底的。

对我而言，仅存的无非是体内不断腾起的难逃一死的感觉，所能做的无非是从血液中唤起所剩的与生俱来的勇气，曾经这勇气并不少。

不久之前，我们与一位颇有才华的黑人青年一起吃饭，他正在撰写哈莱姆区的爵士音乐与流行音乐的历史。吃饭时他说了这么一句非常聪明有趣的“黑色”言论，我在餐巾纸上记了下来。

“上帝不会在你想要他的时候来到，但他如期而至。”

等待的同时，做什么呢？我当然会继续工作，但不会骗自己相信，现在完成的东西仍具我全盛时期作品的生命力，当时的作品如春潮般活跃。

> 这泉水如此凶险地奔涌
> 我是无惧航行其上的人。

（这是我早期的诗句，当时我有满脑子的意象，但尚未打破抑扬格五音步的限制。）

等待时还能做什么？

作为一个喜爱酒色的造物——我为什么一直用“造物”，而不直接说“人”呢——等待时我会继续做现在做的事情。我会用美酒佳肴安慰自己，但不会喝醉、过饱、耽于粗鄙的肉欲。我会尽力留住那些在我艰难又愤怒的年月中不离不弃的朋友，我认为那些岁月已过去了。我会——我仍希望会与一个年轻的意中人有精神与肉体的交流：如今不会那么频繁，而是审慎地留出间歇。

我不会沉溺于虚荣，但是会守住自尊，这是两样截然不同的东西，前者软弱而放纵，后者坚强，且是光荣地活下去的必要条件。

各位觉得我已讲完一生的故事了吗?

我已对各位讲述了我人生中的大事，在排除了法律上的后顾之忧的前提下，也尽我所能描绘了剧中人。

然而人生是由精神与感知中时时刻刻发生的事所组成的，再怎么尝试，也无法将这些毫无疏漏地写进自己的历史。

一位优秀画家的作品凭借的仅仅是他依照心意选取的抽象或者具象的视觉图像，却更能为你勾绘出他感知中刻骨铭心的生命时刻。杰克逊·波洛克能够画出无法书写的狂喜。梵高能为你捕捉美的瞬间，陷入疯狂般不可名状。

那些描绘与雕刻出赤裸生命辉煌瞬间的人，使你能够触及指尖与敏感部位永远感受不到的美感与性感。

年轻的诗人兰波，是我此刻唯一可以想到的能超脱文字进入生命感觉的作家，他在遍布革命、动荡不安的青春年华里，夜夜靠着苦艾酒抒发胸臆。当然还有哈特·克莱恩。这两位诗人都点燃了将自己活活焚毁的火焰。或许只有通过这种自我牺牲，我们这些活着的人才能在一本书的合理范围内为各位呈上我们全部的真相。

如果事实如此，那么，我尝试讲述自己人生故事时的不足——请相信，我已尽力讲述——可能是，应该说一定是对我有利的，我相信也没有令各位太过失望。

今年罗丝是在（1975 年）元旦庆祝圣诞节的，圣诞期间我去内地旅行，罗丝只提前收到我送的一副珍珠耳环作为象征性的礼物。这副耳环可以配我在“萨克斯”精品店为她买的珍珠项链，那是和一条名为“开心果绿”的可爱银色晚宴服一起买的。元旦前一天我又去萨克斯给她迟到的圣诞节挑选了隆重的礼物：一件漂亮银色毛皮夹克和两件带春花图案的丝绸衬衫。（罗丝对于衣服的热望虽曾受挫，可丝毫未减，这使她在少女时期花费了那么多时间在圣路易斯县的商店外愉悦地浏览橱窗。如今的问题是在岩居找柜子摆她所有的衣服——现在大部分都得存放在她房间外面。）

不过，她最最重要的礼物，是岩居的医护人员授予的。他们同意她到纽约市和我共度三天，陪同她的是我先前提及的塔蒂亚娜——一位来自“圣彼得斯堡”的白俄难民。塔蒂亚娜是位年逾古稀的可爱女士，在纽约当“待命”的护工。罗丝需要有护工照顾，因为她偶尔会有癫痫小发作，这是她在密苏里州立精神病院做脑叶白质切除术遗留的伤疤造成的。我认为那是一次悲剧性的错误手术，我相信不动那次手术的话，罗丝可能会康复，回归所谓的“正常生活”，尽管那将百般侵袭她脆弱的天性，但也总比关在精神病院要好。

就这样，元旦下午，我和塔蒂亚娜乘坐一辆租来的豪华轿车去奥西宁接这位自命的英国女王。我很难记起这是多少年来罗丝第一个真正的假期了，至少二十五年了，我和塔蒂亚娜都有些担心这假期会如何度过。

罗丝热忱地接待我们，邀我们去她的新房间，屋子挺小，但很温馨。她没有旅行包，塔蒂亚娜带了一个过来，罗丝把能打包的东西都装了进去，利落得惊人。她清楚地知道每样东西在哪儿，装行李时还宣称打算永远和我住在一起。我们心想最好不要提醒她，这次小住仅限三天。护士们把罗丝要吃的药交给塔蒂亚娜，我和罗丝在接待室等候。有个女孩躺在地毯上怪异地扭动，还做出各种鬼脸。罗丝小姐不以为意。她跨过这个平躺在地的人，礼貌地说了声“不好意思”，便坐上沙发，点起了一支烟。

在岩居，罗丝每天只准抽三四支烟，但是她一进城就抽个不停。我给她看烟盒上“吸烟有害健康”的卫生部长警告。罗丝假装看不懂，然而后来她在餐厅轻易看懂了法文菜单。

除了她一有机会就拿烟抽之外，这次出行相当成功。第二天晚上，比利·巴恩斯在他的顶层豪华公寓招待我们吃饭，这席佳肴是由他六十八岁的贴身男仆欧内斯特·威廉斯准备的。之前罗丝第一次见欧内斯特的时候，欧内斯特告诉她他也姓威廉斯，罗丝笑着对他说：“说你是威尔士人就行了。”

和我一样，罗丝很喜欢黑人，这也许是因为我们在密西西比州的童年时代深爱我们家美丽的黑人保姆奥齐。她以前写信给我，总是这样结尾：“献上对孩子们的爱，无论是白人还是黑人小孩。”我注意到在纽约的街道上、商店里，罗丝不断地对白人和黑人小孩挥手。

我非常喜爱塔蒂亚娜。她勇敢且十分热心。她身患严重的关节炎，如今突然走动就会头晕得厉害。她对此并不在乎，我却很担忧，尤其是想到她必须继续谋生。

第三天下午，我们去看了费里尼的电影《阿玛柯德》。罗丝看得很高兴。其中有几处怪诞滑稽的色情场面，我原以为会吓到她。结果根本没有！这次出行结束时，罗丝无奈接受了不能与我们永久同住的消息，塔蒂亚娜问她此行最喜欢的是什么。“那部精彩的电影。”罗丝说。这部影片不再需要什么推荐，不过欢迎费里尼引用这位自称统治不列颠群岛之人的话。

这次短暂假期的成功唤起了我旧日的心愿：罗丝在一位护工的

陪伴下，也许可以获准在佛罗里达椰子林区的房子里居住，那栋房子是多年前我和玛丽昂·瓦卡罗为她选的，从购买价 40000 美金已经涨到了 150000 美金的价格，可能还会上涨。她和塔蒂亚娜或许能够在那里养老，请个好管家，或者她们也可以住在新奥尔良我出租的一间公寓里。

当然要实现这个梦想，取决于我自己每况愈下的身体状况能否好转。

无论如何，没有比罗丝更温柔更和善的君主了，或者在我看来，没有比她更具淑女气质的君主了。毕竟，人生的崇高地位是以勇敢赢得的，这种勇敢使人在困厄的经历中优雅地活下去。

跋　注记与勘误

阿莱安·黑尔

三十年前此书第一次出版时，我写了一篇评论，以这句糟糕的句子开头："田纳西·威廉斯的回忆录如今出版了，要是他没有完全打开心扉，他也打开了裤裆。"这种意见反映了当时诸多针对此书的震撼效果而发表的评论观点。在这再也难感震惊的2006年，马不停蹄地猎艳听来几乎像是健康的运动。

在田纳西的回忆录中，他尝试着"意识流"风格，很少允许自己停下来核对事实。或许现在应该由我们来做这件事。他开篇愤慨地指出不久前在《名人录》里读到的一处"错误"：四十年代初，他曾获美国艺术暨文学学会授予的一笔补助金。实际上，这并无差错；他显然遗忘了1944年当他还是个穷困潦倒的艺术家时他们所赠的一千美元补助金。他将自己因精神崩溃离开鞋厂、继而写出第一部上演的剧本《开罗，上海，孟买》的年份误记为1934年（实际是1935年），而那部戏的反响激励他成为一名剧作家。他把姐姐接受脑叶白质切除术的时间记成1938年，其实是1943年，那一年才开始做此种手术。他还说1959年《俄耳甫斯降临》在百老汇失败——实际为1957年。他回忆自己初次表演是在爱荷华大学的《波尔多的理查德》一剧中，事实上他曾在《亨利四世前篇》中饰演福斯塔夫的一名兵士。（这是个有趣的小错误，《波尔多的理查德》——伊丽莎白·麦金托什剧作，不是莎士比亚的《理查二世》——是1933年为约翰·吉尔古德赢得声望的戏。）这类误记散见于这本回忆录中，且时常作为事实重复出现。也许是为了报复圣路易斯这个地方，威廉斯将其建立者的姓氏“Choteau”（肖托）写作“Chouteau”，将宏伟的联合车站说成是被拆毁，其实它被改建为一座商场。而且，他逗趣地给圣路易斯艺术馆中的一件希腊雕像加上了一片可以揭开的叶子。

通过如今真相大白的资料，我们似乎有根据确认威廉斯1972年掩饰的几位伴侣的身份。不过他大学初期的两位伴侣可以不予披露。传记作者莱尔·莱弗里奇自纽约飞往加利福尼亚采访“斯米蒂”——威廉斯在密苏里大学的第一个情欲对象——他找到的那位爷爷否认了与威廉斯的一切情爱关系。汤姆仅有的女性情人，即爱荷华大学的那个女生，最好还是被允许保留“萨莉”的化名：他对两人结合的描写可谓滑稽又精彩。他交代了第一个恋人基普·基尔南以及相恋多年的伴侣弗兰克·梅洛的真名，他早年在新奥尔良的那位脾气暴躁的“圣”是当地一名服装推销员潘乔·罗德里格斯·y.冈萨雷斯，这也几乎不是秘密了。四十年代初期在纽约收留田纳西的作曲家是卡利·米尔斯，他写了一首描绘他们两人共度时光的曲子:《如果我少在乎一些，而你多在意一点》(If I Cared a Little Bit Less and You Cared a Little Bit More)。威廉斯欣赏的那名在地铁上撞断头部的哈佛学生是比尔·坎纳斯特拉。基普的朋友乔是舞蹈家乔·哈赞。梅洛临终时，在基韦斯特与威廉斯同居的那位青年诗人安琪儿是弗雷德里克·尼克劳斯。梅洛过世后，用神奇针剂使威廉斯用药上瘾的“快感医生”就是臭名昭彰的马克斯·雅各布森医生，后来他的行医执照被撤销了。威廉斯沉迷药物的垂暮之年，掌管他五年生活的那位英俊伴侣“赖恩”是比尔·格拉文，而他晚年那位暴躁的爱人则是罗伯特·卡罗尔——一名二十五岁的越战退役军人，1973 年开始与威廉斯同居。威廉斯将他 1975 年的小说《莫伊兹与理性世界》（*Moise*）献给卡罗尔，并在 1978 年画了卡罗尔的肖像《罗伯特精神》（*Esprit de Robert*）。

在当年谈论这本书的二十几篇书评中，出现最频繁的批评是认为这位剧作家未能讨论他的剧作。“我该尝试用我的戏剧还是我的人生博君一笑呢？”他在这本书中这样问读者。选择“他的人生”的读者不会失望的。